2017/2018

中国家用纺织品行业发展报告

中国家用纺织品行业协会　编著

中国纺织出版社

内 容 提 要

《2017/2018中国家用纺织品行业发展报告》共分为七个篇章。行业报告篇介绍并分析2017年家纺行业的运行情况及发展态势，对家纺协会在行业质量和行业标准方面做出的成果进行汇总，并首次推出了床上用品的产业研究报告。国际动态篇概述了2017年我国家纺进出口贸易及主要出口市场的发展变化；根据全球2016年家纺贸易情况，对世界家纺出口贸易格局进行整体综合分析。国内市场篇分别从全国大型零售市场、全国纺织专业市场对家纺内销市场及产品销售特点做出系统的分析。专家论坛篇探讨“新零售”下的家纺行业，在渠道融合、协同创新下的发展路径；梳理纺织业积极建立和加深与“一带一路”沿线国家纺织业的合作所取得的成绩。上市公司篇分别对家纺行业主板上市公司和新三板上市公司2017年的生产经营情况及发展特点进行分析综述。研发创新篇着眼家纺文化与时尚，对家纺协会2017年举办的三个全国性的家纺设计大赛成果进行总结，并发布2018~2019年家纺流行趋势。相关产业篇囊括棉纺织、化纤、印染及缝纫机等家纺产业链相关行业年度运行情况。另外，附录部分收录2017年度各类奖项及相关经济数据等资料。

本书是一部集中反映家用纺织品行业年度发展情况与趋势的研究报告，旨在为相关企业、部门机构科学决策和国家宏观经济管理提供具有权威性和指导性的参考依据。

图书在版编目（CIP）数据

2017/2018 中国家用纺织品行业发展报告 / 中国家用纺织品行业协会编著 .-- 北京：中国纺织出版社，2018.6
ISBN 978-7-5180-5039-0

Ⅰ.① 2… Ⅱ.①中… Ⅲ.①纺织工业—工业发展—研究报告—中国—2017-2018 Ⅳ.① F426.81

中国版本图书馆 CIP 数据核字（2018）第 101870 号

策划编辑：孔会云　　责任编辑：沈　靖　李泽华　　责任校对：寇晨晨
责任印制：何　建

中国纺织出版社出版发行
地址：北京市朝阳区百子湾东里A407号楼　邮政编码：100124
销售电话：010—67004422　传真：010—87155801
http://www.c-textilep.com
E-mail:faxing@c-textilep.com
中国纺织出版社天猫旗舰店
官方微博http://weibo.com/2119887771
北京佳诚信缘彩印有限公司印刷　各地新华书店经销
2018年6月第1版第1次印刷
开本：889 × 1194　1/16　印张：15.25
字数：285千字　定价：268.00元
京朝工商广字第8172号

凡购本书，如有缺页、倒页、脱页，由本社图书营销中心调换

《2017/2018中国家用纺织品行业发展报告》

编辑委员会

序 Foreword

2017年是家纺行业不平凡的一年，家纺大会以“智能制造助力新家纺，物联网开启新零售”为主题，开启了行业智能发展的新篇章，在深入推进供给侧结构性改革、贯彻实施“十三五”规划的背景下，家纺行业积极贯彻《中国制造2025》精神，有序推进行业自动连续化生产和信息化技术应用进程。同时，家纺行业着力转型升级，紧紧围绕“创新、协调、绿色、开放、共享”五大发展理念，推动产业升级与协作，重视品牌与质量建设，推动跨界融合、科技创新，持续推进渠道多元化发展，积极运用共建共享创新平台，借力“一带一路”推进海外布局，在新时代中乘风破浪，拥抱“大家纺”的到来。

《2017/2018中国家用纺织品行业发展报告》在业内外人士和专家的指导与帮助下如期问世，对2017年家纺行业的发展进行客观阐述，并且对行业热点与亮点进行深度分析。2017年家纺行业运行稳中有升，在此基础上，《2017/2018中国家用纺织品行业发展报告》新增“中国家纺行业质量（标准）发展报告”和“床品产业研究报告”，研究与参考价值颇大；“国内市场”专栏分析阐述了家纺产品由耐用品向快消品、低频消费向高频消费转化；“专家论坛”进行了新零售下家纺企业模式创新路径的探讨，同时梳理了中国纺织业参与“一带一路”建设的背景、成绩与展望；《2017/2018中国家用纺织品行业发展报告》仍延续历年惯例，较全面地呈现了我国家纺产品进出口格局以及世界家纺产品出口格局，分析了家纺行业上市公司以及新三板公司情况，整理了三大设计大赛成果和流行趋势，充实了相关产业运行分析情况。

《发展报告》自问世以来，获得了业界和社会的多方关注和好评。本书编著人员进行了大量工作，搜集整理行业信息数据，深入研究、探讨行业发展前沿热点问题，听取相关专家意见，最后形成本发展报告。虽然还有不尽完善之处，但协会一直在努力，力求把本书打造成一部集中反映行业年度发展情况与趋势的研究报告，为产业发展升级提供服务指南。

最后，本书在编写过程中得到了社会各界人士的大力支持、真诚鼓励和热心帮助，在此本人代表协会借此机会向相关单位及个人表示衷心的感谢！

杨兆华

2018年5月

目录 Contents

行业报告

2017年中国家用纺织品行业运行报告 ······ 2

中国家纺行业质量（标准）发展报告 ······ 10

床上用品产业发展研究报告 ······ 26

国际动态

2016年世界家用纺织品出口贸易格局 ······ 40

2017年家用纺织品进出口贸易综述 ······ 55

国内市场

2017年家纺由耐用品向快消品、低频消费向高频消费转化 ······ 66

2017年纺织服装及家纺专业市场运行分析 ······ 73

专家论坛

新零售下家纺企业模式创新路径研究 ······ 82

中国纺织业参与“一带一路”建设的背景、成绩与展望 ······ 88

上市公司

2017年家用纺织品行业上市公司概况 ······ 100

2017年新三板家纺行业企业表现 ······ 115

研发创新

竞出新智慧　赛出新水平　创出新成就

——“海宁家纺杯”2017中国国际家用纺织品创意设计大赛综述 ······ 128

“张謇杯”2017中国国际家用纺织产品设计大赛综述 ······ 137

“震泽丝绸杯”2017中国丝绸家用纺织品创意设计大赛综述 ······ 143

相关产业

我国棉纺织市场形势运行分析 …… 162
2017年中国化纤行业运行分析与2018年运行预测 …… 168
2017年中国印染行业发展报告 …… 178
2017年中国缝制机械行业运行发展分析及2018年展望 …… 189

附　录

2017年度中国纺织工业联合会奖项 …… 208
2017年度中国纺织工业联合会科学技术进步奖获奖项目名单（家纺） …… 210
2016~2017年度中国家纺金销奖 …… 212
“张謇杯”2017中国国际家用纺织品产品设计大赛获奖名单 …… 214
“海宁家纺杯”2017中国国际家用纺织品创意设计大赛获奖名单 …… 216
“震泽丝绸杯”2017中国丝绸家用纺织品创意设计大赛获奖名单 …… 224
2017年国民经济和社会发展统计公报 …… 233

行业报告

2017年中国家用纺织品行业运行报告

杨兆华　魏启雄　王冉

十九大报告指出，我国经济已由高速增长阶段转向高质量发展阶段，要坚持质量第一、效益优先。过去几年，中国经济发展的一个重要特征是“结构转型”。增长驱动因素从出口和投资向消费转型，与之相匹配的是服务业占比不断提升。对于家用纺织品行业而言，正在经历从传统产业模式向新模式探索和过渡的时期。2017年，行业深入贯彻供给侧结构改革，加快转型发展，运行稳中有进，并呈现新的发展特点与趋势。

一、2017年行业运行情况

（一）趋势向好，运行稳中有进

国家统计局公布的数据显示，2017年行业1927家规模以上企业（简称规上企业）实现主营业务收入2626.04亿元，同比增长4.76%，增速较2016年提高1.55个百分点。协会跟踪的15个产业集群实现收入3018.5亿元，同比增长5.68%，增速较2016年增长2.38个百分点。协会跟踪的210家企业实现主营业务收入846.13亿元，同比增长5.11%，增速较2016年增长4.49个百分点。从近几年的统计数据可见，家纺行业经过回调之后正逐渐回升，近三年行业运营增速稳中有进，趋势向好（图1）。

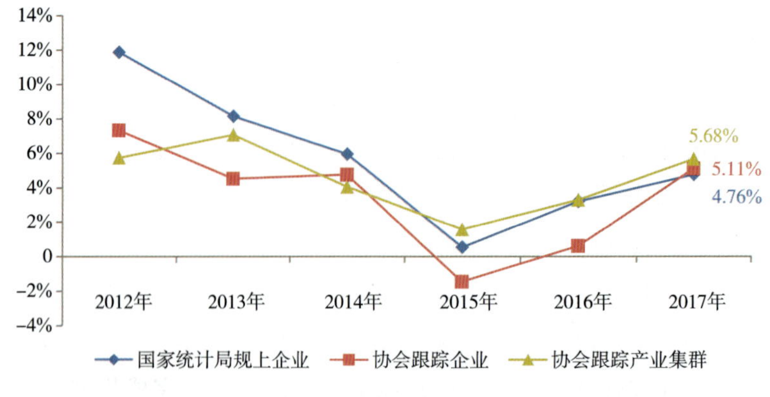

图1　2012～2017年行业主营业务收入增速走势

资料来源：国家统计局、中国家纺协会

从“企业经营管理问卷调查”结果显示，2017年第四季度家纺企业对当前行业总体运行状况持“乐观”态度的比例为34.2%，比三季度提高13.3个百分点，并较2016年同期提高5.9个百分点。2017年第四季度 “订货需求量增加”的企业占55.3%，较2016年同期大幅提高20.7个百分点。

（二）市场回温，内外销齐发力

全球经济持续复苏，对家纺行业出口市场呈现利好局面。据海关数据显示，2017年家纺产品出口394.65亿美元，同比增长2.25%，12月当月家纺产品出口36.63亿美元，同比增长7.5%。行业出口增速呈现逐步提升的态势。

2017年传统市场美、欧、日均实现出口数量和出口金额双增长，是带动我国家纺产品出口总体向上发展的主要动力。东盟10国2017年全年成交额39.9亿美元，同比略降0.83%，但出口数量依然保持11.36%的增长，除此之外，中亚及中东欧等新兴市场也保持双增长（表1）。

表 1　2017 年主要家纺出口市场增长情况

国家或地区	数量同比（%）	金额同比（%）
美国	9.79	6.77
欧盟	9.11	1.29
日本	4.73	3.75
东盟 10 国	11.36	-0.83

资料来源：中国海关

行业内销增长保持稳定。2017年国家统计局统计的1927家规模以上企业实现内销产值2029亿元，同比增长5.43%。协会跟踪的210家企业实现内销产值625.5亿元，同比增长3.87%。协会跟踪的15个产业集群实现内销产值2485.2亿元，同比增长8.20%。

另外，行业价格指数和景气度指数也有回温趋势。据柯桥纺织指数显示，2017年家纺产品年均价格指数102.19点，较2016年小幅增长0.1%，而此次微增是在2016年大幅回升的基础上完成的；年均景气度指数1198.65点，较2016年增长0.5%，增幅较2016年增长9.02个百分点。内销产值增长平稳，价格与景气度指数回温，出口呈现向上攀爬趋势，内外销齐发力，市场回温，局势良好。

（三）投资回升，发展信心增强

2017年，投资增速呈现逐步回升的态势，至8月份投资增速恢复至正增长。体现出家纺企业正在逐步适应新常态下的经济形势，投资者的信心正在逐步提升。据国家统计局数据统计，2017年家纺行业实现固定资产投资774.6亿元，同比增长5.49%。从分行业来看，毛巾行业投资增长明显，2017年实现固定资产投资121.9亿元，同比增长10.07%；布艺行业2017年共完成投资75.04亿元，同比增长21.17%，增势一直保持良好；床上用品行业2017年完成投资333.27亿元，较2016年略降1.63%；其他家用纺织品行业完成投资244.4亿元，同比增长9.7%（图2）。

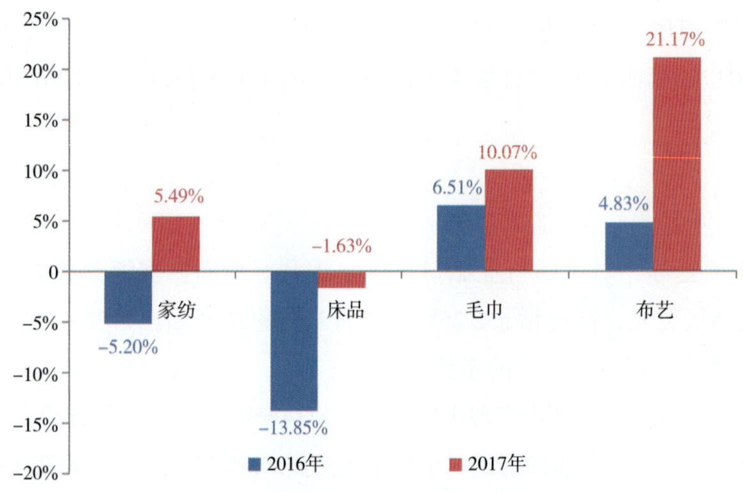

图2　2016～2017年家纺行业实际完成投资增速

资料来源：国家统计局

（四）效率提高，运营质效提升

根据协会跟踪的数据显示，2017年15个产业集群年人均主营业务收入较2016年增长2.83万元，年人均利润增长0.13万元。210家企业年人均主营业务收入较2016年增长4.91万元，年人均利润总额增长0.69万元，两项指标均高于2016年（图3、图4）。

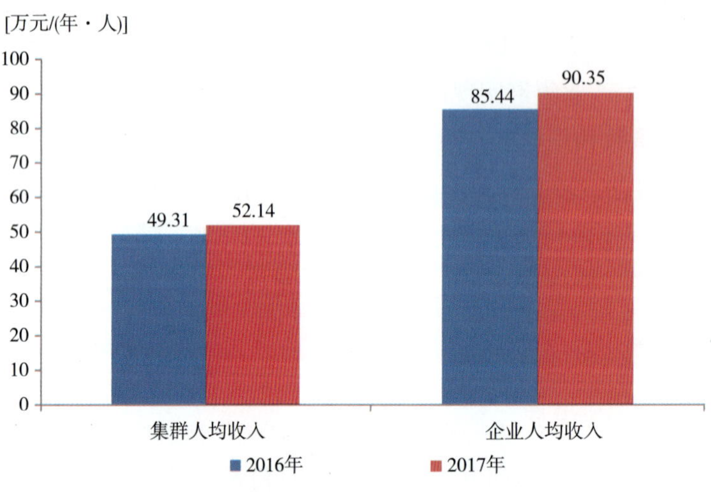

图3　协会跟踪集群及企业年人均主营业务收入

资料来源：中国家纺协会

效率的提高促进了行业运营质效的提升。据国家统计局数据统计，2017年规模以上家纺企业流动资产周转率为3.15次/年，同比略增0.51%；资产负债率49.36%，较2016年下降0.5个百分点。

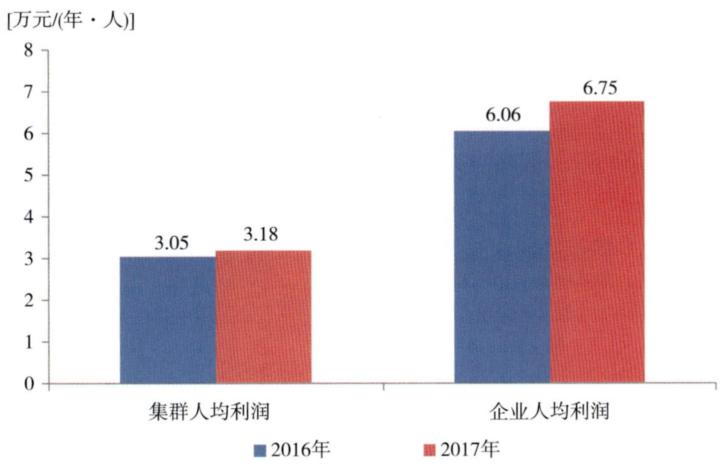

图4　协会跟踪集群及企业年人均利润总额
资料来源：中国家纺协会

（五）费用增加，利润增速放缓

从行业效益方面来看，近年来行业效益增长幅度与行业主营业务收入增长幅度保持一致，且效益增速一直高于主营业务收入增速。然而至2017年，首次出现利润增速放缓且低于主营业务收入增速这一特点。据国家统计局数据显示，2017年家纺行业1927家规模以上企业实现利润总额154.36亿元，同比增长3.06%，增速较2016年下降2.42个百分点；利润率为5.88%，较2016年略降0.1个百分点（图5）。

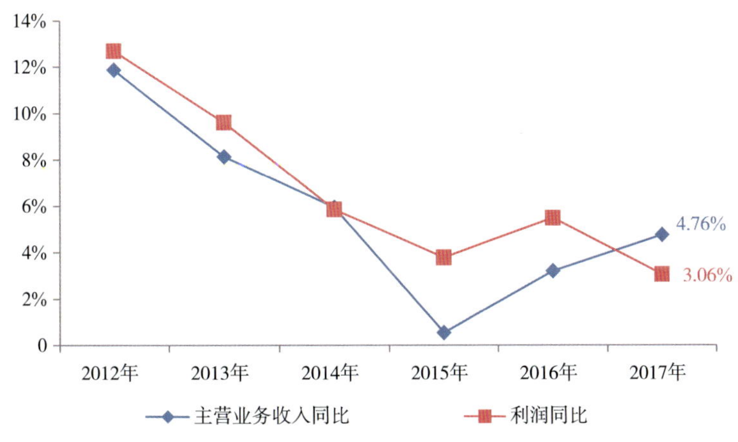

图5　近几年行业利润增速与收入增速对比
资料来源：国家统计局

其原因首先是行业成本一直偏高。家纺行业每百元主营业务中的成本份额一直高于全国规模以上工业，致使利润空间变小。2017年全国家用纺织品规上企业每百元主营业务收入中的成本为86.77元，比2016年下降0.51元，但高于全国规上工业企业1.85元。在中国纺织工业联合会（简称中纺联）统计的2017年企业经营管理问卷调查结果显示，2017年第四季度的受访企业中有47.4%选择“成本增长过快”是企业目前面临的首要困难，比重普遍高于2016年（图6，表2）。

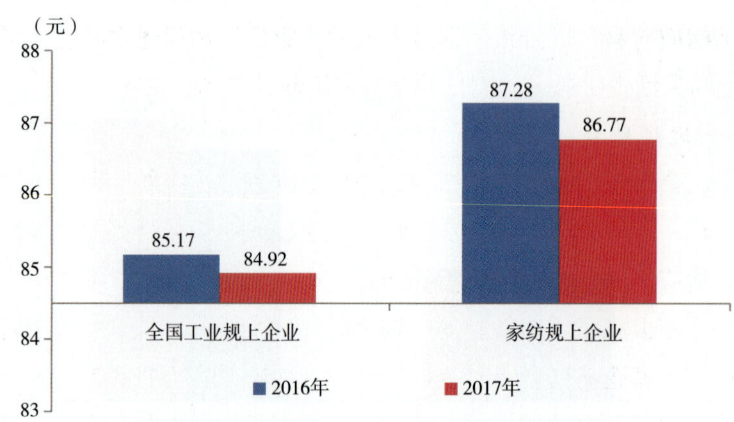

图6 家纺与全国工业规上企业收入每百元中的成本
资料来源：国家统计局

表2 选择“成本增长过快”为主要困难的企业占比

季度	2016年	2017年
第一季度	18.9%	32.6%
第二季度	14.3%	47.2%
第三季度	16.7%	53.5%
第四季度	32.1%	47.4%

资料来源：中国家纺协会

其次，成本居高不下的同时，期间费用快速增长，从而导致利润空间进一步遭受挤压。据国家统计局数据显示，2017年，1927家规上企业的三费（销售费用、管理费用和财务费用）占比6.9%，较2016年提高0.47个百分点。成本费用的增长还未传导至终端销售，从而压缩了行业原有的利润空间。同时，行业期间费用的增长也反映出行业在销售等方面有更多投入（图7）。

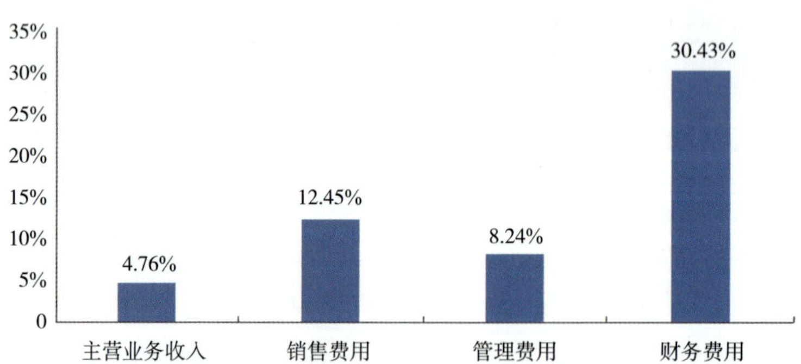

图7 2017年家纺行业收入与三项费用增速对比
资料来源：国家统计局

二、家纺行业高质量发展的特点

（一）大家居，多渠道，强化产业服务

2017年家纺行业深化供给侧结构改革，以消费者为中心和导向，扩大有效供给，用创新

驱动的供给侧新结构应对新需求升级。通过发展“大家居”和渠道多样化，增强产品供给对需求变化的适应性和灵活性，满足人们日益增长和不断升级的消费需求。

1.“大家居”贴近消费者

2017年，海宁、余杭、桐乡等布艺产业集群积极推进“大家纺”向“大家居”转型，打造整体软装模式，从一块布到一个家，从家纺到家居，从平面设计到立体设计，不断推进产业结构变革，不断适应消费者的需求和消费方式，在转型升级方面取得了可观的成绩。布艺产业集群的众多企业着力经营整体软装的一体化设计生产销售模式，让消费者省时、省钱、省心、省力，加速生产型企业向服务型企业转化，企业的软实力也得到了明显的提升。从销售布艺窗帘、沙发、地毯等单独的产品，发展到为消费者提供一种全新的整体软装。许多企业经营者感言到：“过去卖的是产品，现在卖的是空间和生活理念。”

床品企业、毛巾企业也积极推进“大家纺”到“大家居”的发展。罗莱、富安娜、巴贝家居等企业率先向“大家居”转型，且取得一定成效。罗莱生活科技有限公司（简称罗莱生活）积极向“大家纺小家居”方向转型升级，探索全品类生活家居馆（HOME店），在近1700家罗莱自主品牌门店中陆续展开转型和升级，扩充家居品类，不断提升家居品类收入占比，呈现丰富的家庭生活场景，为消费者提供一站式家居购物全新体验，满足个性化消费需求。另外，罗莱注重对消费者的贴心服务，通过“私享家”这一创新服务业态，向千百万家庭客户提供更周到的追加服务，涵盖了日常服务、家居洗护、婚房布置、软装定制等个性化的专属服务，把产品的价值提升为真正可以尊享的生活方式。目前罗莱“私享家”已在全国铺开，截至2017年年底，共开出近100家，服务消费者共计十余万人次。

“巴贝家居”通过巴贝纺织有限公司研发的优质特色面料与图森整体木作合作，结合全屋定制的概念，将布艺跟木作整合起来，建立了一个系统，把软装和硬装打通，为消费者提供更完善的家居搭配服务。“巴贝家居”还将逐渐延伸到家具、软装等领域，同时打通线上线下销售服务，从传统的制造商向生产服务型企业转型。

富安娜家纺有限公司最新推出的“富安娜·美家”更是以全新的“全屋艺术美家配制”模式切入转型，以整体解决顾客的美居问题作为其核心经营定位，涉及板式家具、成品家私、布艺软装、家纺配饰、瓷砖卫浴等五大板块，开启全新艺术生活美学时代。同时全面贯彻以VIP为核心的经营理念，建立客户关系管理（CRM）数据库，为消费者带来更加精准精细的服务。

2. 多渠道助推服务提升

为加快推进家纺产业向服务型发展，行业积极主动地与渠道平台联手，有效整合了生产与流通的优势资料，延伸了服务职能，转型发展迈上新台阶。在2017年上海春季家纺展上，行业首次推出“天猫直播”，实现了线上线下的完美结合。“天猫直播”的成功引入，使得传播素材总送达人群1966万，总阅读量高达1203万，并获得优酷视频、腾讯视频网站频道推荐。参与的14个商家店铺访客数平均增幅189%，店铺成交金额环比增长662%，支付买家数环比增长459%。

2017年，家纺品牌企业加强线上销售力度，罗莱、富安娜、梦洁、水星等品牌企业，通过线上线下的完美整合推进品牌提升，将线下品牌影响力进一步扩大到线上，线上销售比重保持持续增长态势。一直致力于打造布艺平台的“帘到家”，注重线上线下融合和消费者体验，在线上对产品进行场景化展示，增强消费者对场景的带入感；线下在全国已设有1526家体验店，通过体验店的展示机方便消费者查看；同时，也给门店创造了相互交流的平台，并定期策划全国性活动，通过各级运营商、门店社群、微信朋友圈影响更多消费者。

（二）高品质，高科技，着力转型发展

应用先进的科学技术，提升家纺产品品质，满足消费者日益增高的需求，创造更加美好小康生活的内在需要，同时也是推动家纺产业迈向中高端水平和转向质量效益型发展的必然选择。

1. 高品质开启新时代

2017年是家纺行业开启质量新时代的重要一年。在全国质量月之际，行业率先召开“2017中国家纺行业质量大会”，多举措打造行业质量标杆，11家质量管理标杆企业、6家实施卓越绩效示范单位、20家卓越绩效模式先导企业、20位质量管理优秀推进者受到了表彰。并根据行业发展的需求，组建成立了中家纺团体标准化技术委员会，从战略思想、工作理念、品牌建设、标准工作、供应链管理、人才培养等6个方面提出了家纺行业质量提升的措施建议，着力把行业质量工作提高到一个新水平、新发展阶段，打造家纺质量的新时代。

质量是行业、企业的重要命门，只有严把质量关，行业才能实现稳健、长期的发展。以科学的标准、优质的原料、先进的加工工艺和流程以及精益求精的工匠精神，合力打造高品质产品，打造高品质企业和产业。2017年行业骨干企业在高品质发展方面发挥出先锋队的作用。孚日集团股份有限公司新推出的“A+生活”系列产品就体现出孚日集团对改善供给、提升消费品品质的主动担当。“A+生活”即“A类优等品”，坚持A类要求、卓越品质、平衡生活三大基点，企业坚持开展职业技能培训和比赛，一流的装备加上一流的职工队伍，确保每个环节都严格按照A类产品要求来执行，为注重生活品质的消费者提供安全舒适的软家居用品。

江苏红柳集团引进世界高端的数码印花机后，通过一年多探索，2017年在各个环节的工艺配合上取得突破性进展，生产出高品质的数码印花产品。

亚光、洁丽雅、罗莱、富安娜、愉悦、金太阳等行业骨干企业在突出原创设计和品牌风格的同时，加强对原材料的选择。一方面与国内的优质原料基地和企业构成供应链；另一方面整合全球的优质资源，如泰国的乳胶，西伯利亚、波兰、匈牙利等地的羽绒，美国、秘鲁、以色列、澳大利亚等国的皮马棉，制造优质的家居产品，满足不断升级的消费需求。

2. 科技创造美好未来

纵观世界产业发展历程，产业的竞争最终是科技的竞争，科技将是助推家纺产业转型升级的核心动力。同时，消费升级同样离不开科技的创新重塑，人工智能、3D打印、大数据、云计算等，不管是科技应用还是创新思维的突破，都可能产生改变甚至颠覆消费本身的力量。

在生产端，科技带给行业的变化是不断推进的自动化生产以及探索发展的智能化生产。出席2017年家纺大会的工业和信息化部领导明确提出：未来，家纺行业的发展趋势一定是智

能制造。事实上，自动化、智能化不仅是家纺行业未来的发展趋势，也是其他传统行业转型升级的一大“利器”。智能化技术能帮助企业降低运营成本、缩短产品研制周期、提高生产效率、降低产品不良品率，助力企业朝着高质量、高效率、低能耗的方向转型与升级，从而提升其综合赢利水平。梦洁家纺上榜工业和信息化部公布的《2017年智能制造试示范项目名单》，在自动化、智能化生产方面取得新的突破。梦洁家纺通过互联网与工业技术的联合，推进智能制造生产系统建设、云数据处理中心建设和智慧门店建设，打造全程信息化处理的协同智慧门店的家纺智能化工厂。孚日集团、亚光家纺、梦兰等行业骨干企业在自动化生产、智能化方面都已取得不同进展，快步走在行业的前列。

在产品端，科技不仅为产品质量提供保障，而且科技不断为家纺产品拓展出新的功能和新的消费领域。随着科学技术的发展，石墨烯、相变储能材料、具有光伏特性的纤维等新型材料不断应用到纺织领域，将使家纺产品有更多、更前卫的原材料选择，为家纺产品开发创造出有利的条件，进而不断丰富家纺产品品种、优化产品性能，促进家纺功能性、智能化等特色产品的研发与生产，为人们健康、美好的生活做出更多的贡献。

中国家用纺织品行业协会

中国家纺行业质量（标准）发展报告

叶兆蓓　阮航　朱晓红

2015年5月8日，国务院正式印发《中国制造2025》，作为我国实施制造强国战略第一个十年行动纲领。《中国制造2025》是在新的国际国内环境下，中国政府立足于国际产业变革大势，作出的全面提升中国制造业发展质量和水平的重大战略部署。《中国制造2025》战略规划提出，坚持"创新驱动、质量为先、绿色发展、结构优化、人才为本"的基本方针。规划明确提出，必须把质量作为建设制造强国的生命线，全面夯实产品质量基础，不断提升企业品牌价值和"中国制造"整体形象，走以质取胜的发展道路。其中，加强质量品牌建设是该战略规划的任务和重点之一，以质量铸就中国制造的灵魂、以标准引领中国制造质量的提升、以品牌打造中国制造的名片、以质量秩序保障中国制造的健康繁荣是该战略规划的核心要素基本内容。创新是关键，质量是根基，将质量发展提升到国家战略高度，体现了我国走质量强国的坚定意志。

《中华人民共和国国民经济和社会发展第十三个五年规划纲要》中提出，纺织工业是传统支柱产业、重要民生产业和创造国际化新优势的产业，是科技和时尚融合、衣着消费与产业用并举的产业，在美化人民生活、带动相关产业、拉动内需增长、建设生态文明、增强文化自信、促进社会和谐等方面都发挥着重要作用。

家用纺织品作为纺织业的三大终端产品之一，与人民群众生活息息相关。随着我国经济的高速发展，日用消费品的安全问题日趋成为人们关注的焦点，广大消费者在关注家用纺织品的舒适性、美观性和实用性的同时，更加注重其安全性。提高家用纺织品质量效益水平是国家质检总局部署的重点工作。2017年9月在南通召开了中国家纺质量大会，南通是中国家纺产业的集聚地，占据全国较大的家纺行业市场份额，质量大会的成功举办对全国家纺行业产品质量提升具有重要的现实指导意义。

一、国家质检总局家纺产品全国联动抽查情况及比对分析

本质量发展报告采用的数据来源于中国质量新闻网（www.cqn.com.cn），并对2014~2016年国家质检总局家纺类产品全国范围内监督抽查和各地方质监局家纺类产品地方抽查数据（床上用品件套类、絮用纤维制品、毛巾制品三大类产品）进行汇总和分析。

（一）床上用品件套类抽查基本情况及比对

1. 概况

床上用品是家用纺织品的重要组成部分，包括床单、被套、枕套、床罩等。随着国民经济的高速发展，人民生活水平的不断提高，床上用品的质量日益受到消费者的重视。

2007~2016年，国家质检总局连续组织了7次床上用品件套类产品全国范围内的监督抽查工作，涉及产品1255批，合格批次1170批。历次抽查的实物质量合格率分别为：2007年62%，2008年88%，2011年91%，2012年96%，2014年96%，2015年96%，2016年96%，平均合格率为93%。历年国家监督抽查床上用品实物质量抽查批次及合格率见图1和表1。

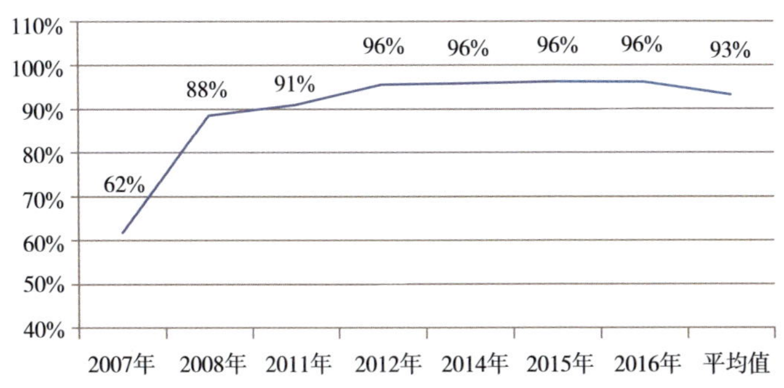

图1　2007~2016年国家质检总局床上用品件套类抽查合格率曲线图

从图1历年抽查合格率曲线图可以看到，近年来随着床上用品国家监督抽查力度的不断加强，床上用品件套类质量整体呈现上升态势，2011年国家监督抽查合格率首次突破90%，2012年后一直维持在96%以上的较高水平。

表1　2007~2016年国家质检总局床上用品件套类
抽查批次及实物质量合格率一览表

抽查年度	抽查批次（件）	合格批次（件）	产品抽样合格率（%）
2007	60	37	62
2008	104	92	88
2011	120	109	91
2012	180	172	96
2014	120	115	96
2015	159	153	96
2016	512	492	96
合计 / 平均值	1255	1170	93

2. 主要不合格项目占比情况

从表2可以看出，床上用品件套类抽查主要不合格项目为：pH、水洗尺寸变化率、染色牢度、可分解致癌芳香胺染料、纤维成分含量等。

表 2 2007~2016 年国家质检总局床上用品件套类抽查不合格项目占比情况

抽查年度	pH（%）	水洗尺寸变化率（%）	染色牢度（%）	可分解致癌芳香胺染料（%）	纤维成分含量（%）
2007	23	17	26	2	2
2008	36	23	23	2	5
2011	47	0	41	0	12
2012	50	0	0	0	50
2014	57	0	43	0	0
2016	41	0	0	9	41

3. 抽查结果比对

（1）按抽查企业所在地区统计。国家质检总局2014~2016年连续三年对北京、上海、重庆以及河北省、辽宁省、福建省、山东省、湖北省、湖南省、广东省以及内蒙古自治区11个省自治区进行抽查。从图2可以看出，河北、重庆连续三年保持100%的合格率，北京、辽宁、福建、湖北、湖南、广东等地合格率虽有波动，但也保持上升趋势。

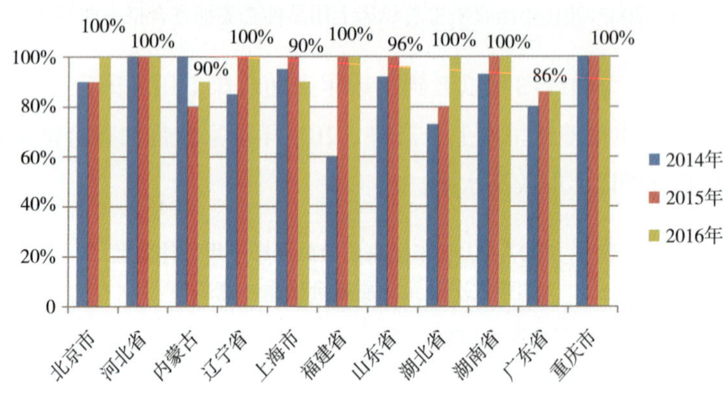

图2 2014~2016年国家质检总局床上用品件套类连续三年抽查省市合格率

（2）按抽查企业规模统计。国家质检总局2014~2016年连续三年对床上用品件套类产品抽查，按企业规模不同分为大型企业、中型企业和小型企业。从图3可以看出，中型和小型企业的抽查比例连续三年保持在95%以上，反映出质检总局对中、小型企业的监管范围和力度更大。

从图4可以看出，大型企业的产品抽查合格率连续三年保持在100%的高水平。中、小型企业产品抽查合格率虽然不如大型企业高，令人欣慰的是小型企业的合格率上升幅度较大，从2014年的89%上升到2016年的96%。

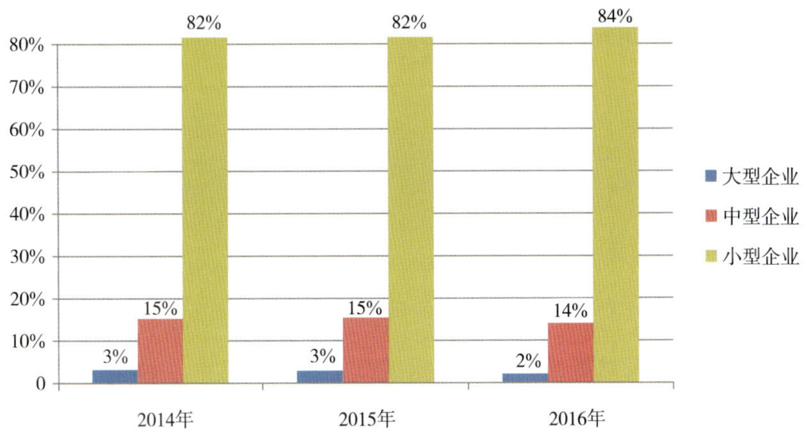

图3　2014~2016年国家质检总局床上用品件套类
不同规模企业连续三年抽查数量占比

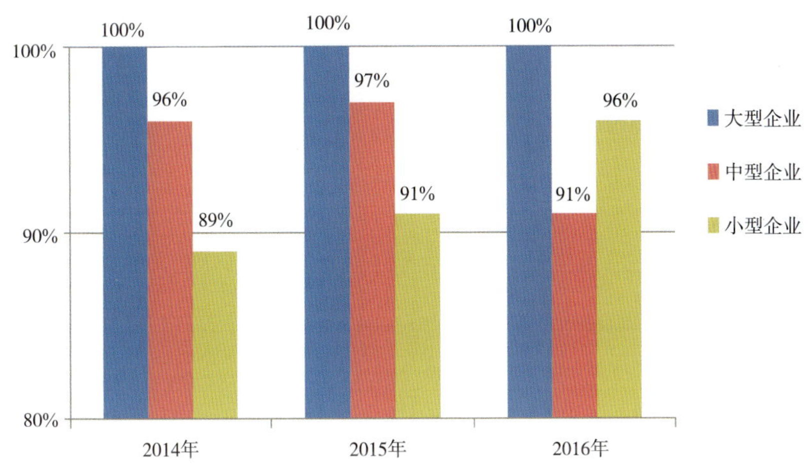

图4　2014~2016年国家质检总局床上用品件套类
不同规模企业连续三年抽查合格率

（3）按抽查不合格项目统计。从图5可以看出，2014~2016年国家质检总局床上用品件套类连续三年抽查反映的不合格项目基本一致，主要不合格项目为：pH、染色牢度、可分解致癌芳香胺染料、纤维成分含量和絮用纤维原料要求等。

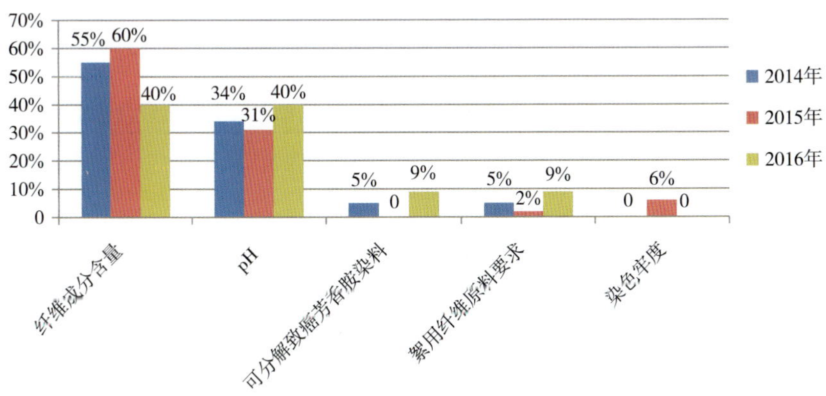

图5　2014~2016年国家质检总局床上用品件套类
连续三年抽查不合格项目占比

大、中型企业技术力量强、管理水平高、产品质量意识强，产品质量一直保持较高的水平。

小型企业由于资金缺乏、设备水平落后、质量意识淡薄，质量控制不到位，造成产品质量合格率波动较大。

（二）絮用纤维制品抽查基本情况及比对

1. 概况

絮用纤维制品是指以天然纤维、化学纤维或其加工成的絮片、毡垫等作为填充物等的制品，广泛应用于学校、医院、宾馆等社会服务领域的产品。絮用纤维制品质量的好坏，关系到广大百姓的健康。

2011~2015年，国家质检总局共连续组织4次絮用纤维制品全国范围的监督抽查工作，涉及产品1205批，合格批次1107批。历次抽查的实物质量合格率分别为：2011年90%，2012年93%，2014年91%，2015年93%，平均合格率为92%。历年国家监督抽查絮用纤维制品实物质量抽查批次及合格率见图6和表3。

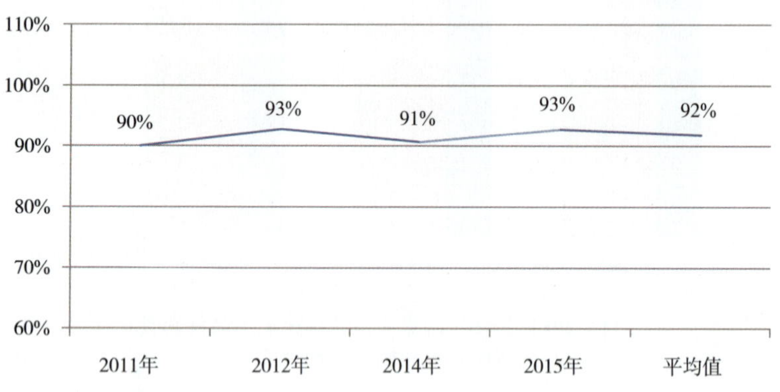

图6　2011~2015年国家质检总局絮用纤维制品抽查合格率曲线图

从图6历年抽查合格率曲线图可以看出，絮用纤维制品整体质量平稳，历次抽查合格率均保持90%以上的较高水平。从表3可知，国家对絮用纤维制品的抽查也是比较频繁的，2011~2015年五年中在全国范围内进行了4次抽查，2015年的抽查批次达到了512批。

表3　2011~2015年国家质检总局絮用纤维制品抽查批次及实物质量合格率一览表

抽查年度	抽查批次（件）	合格批次（件）	产品抽样合格率（%）
2011	120	108	90
2012	220	204	93
2014	353	320	91
2015	512	475	93
合计 / 平均值	1205	1107	92

2. 主要不合格项目占比情况

从表4可以看出，絮用纤维制品抽查主要不合格项目为：pH、染色牢度、可分解致癌芳香胺染料、纤维成分含量、絮用纤维原料要求等。

表 4 2011~2015 年国家质检总局絮用纤维制品抽查不合格项目占比情况

抽查年度	纤维成分含量（%）	pH（%）	可分解致癌芳香胺染料（%）	絮用纤维原料要求（%）	染色牢度（%）
2012	81	19	0	0	19
2014	55	34	5	5	0
2015	60	31	0	2	7

3. 抽查结果比对

（1）按抽查企业所在地区统计。国家质检总局2014年、2015年连续对北京、上海、天津、重庆以及河北省、内蒙古自治区、辽宁省、福建省、山东省、湖北省、湖南省、广东省以及云南省13个省市自治区进行抽查。

从图7可以看出，天津、河北、重庆连续两年保持100%的合格率，辽宁、上海、福建、山东、湖北、湖南、广东、云南等地合格率稳步提升。

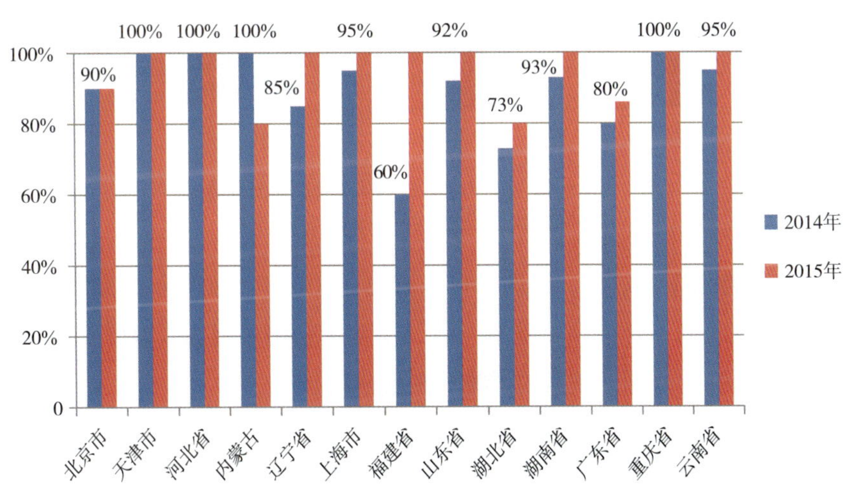

图7 2014年、2015年国家质检总局絮用纤维制品连续两年抽查省市合格率

（2）按抽查企业规模统计。国家质检总局2014年、2015年对絮用纤维制品的两次抽查，按企业规模不同分为大型企业、中型企业和小型企业。

从图8可以看出中型和小型企业的抽查比例连续两年保持在95%以上，反映出质检总局对中小型企业的监管范围更大。

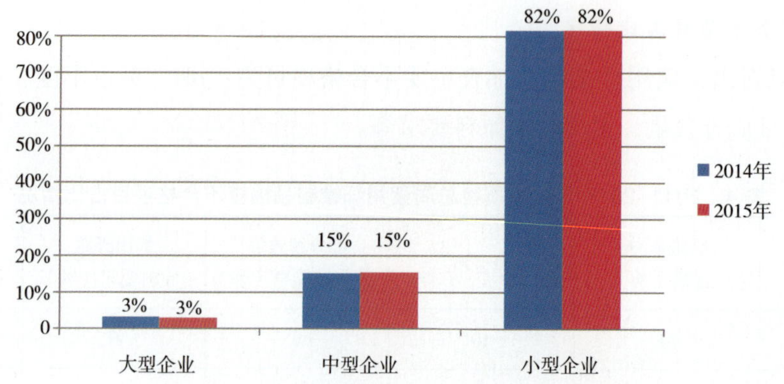

图8 2014年、2015年国家质检总局絮用纤维制品
不同规模企业连续两年抽查数量占比

从图9可以看出，大型企业的产品抽查合格率连续两年保持在100%的高水平。中、小型企业产品抽查合格率都有不同程度的提高。

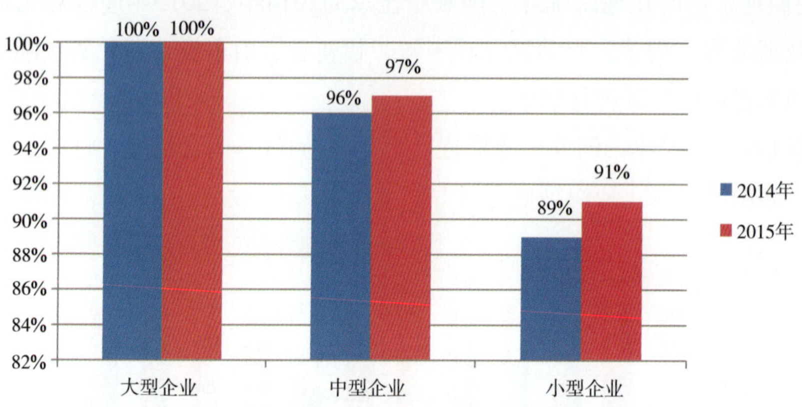

图9 2014年、2015年国家质检总局絮用纤维制品
不同规模企业连续两年抽查合格率

（3）按抽查不合格项目统计。从图10可以看出，2014年、2015年国家质检总局絮用纤维制品连续两年抽查反映的不合格项目基本一致，主要不合格项目为：pH、染色牢度、可分解致癌芳香胺染料、纤维成分含量和絮用纤维原料要求等。

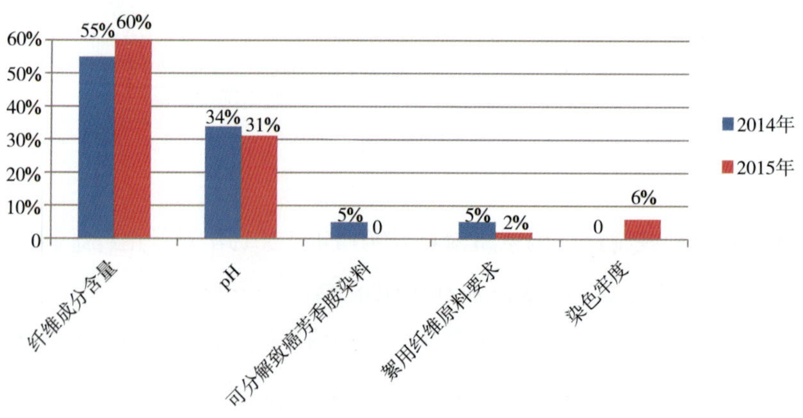

图10 2014年、2015年国家质检总局絮用纤维制品
连续两年抽查不合格项目占比

（三）毛巾制品抽查基本情况及比对

1. 概况

毛巾是由毛经、地经和纬纱三个系统纱线相互交织而成的具有毛圈结构的织物。市场上销售的绝大部分为机织毛巾，包括面巾、枕巾、浴巾、方巾、地巾、沙滩巾等，近年来又出现了经编毛巾织物。毛巾类产品在盥洗用品、厨房用品、宾馆旅游、医疗卫生等方面都有着广泛的应用，也是家用纺织品重要的组成部分。

2009年、2013年，国家质检总局共组织了两次毛巾制品全国范围内的监督抽查工作，涉及产品295批，合格批次230批，实物质量合格率分别为：2009年74%，2013年87%，平均合格率为78%。国家监督抽查毛巾制品实物质量抽查批次及合格率见图11和表5。

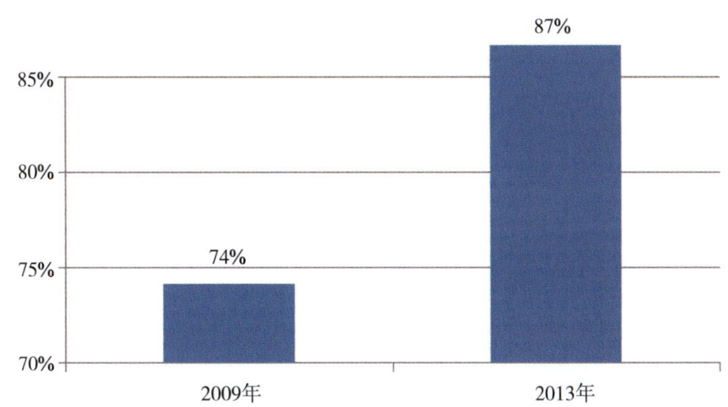

图11　2009年、2013年国家质检总局毛巾制品抽查合格率

从图11可以看出，与2009年相比，2013年合格率有了较大幅度的提升。

表5　2009年、2013年国家质检总局毛巾制品抽查批次及实物质量合格率一览表

抽查年度	抽查批次（件）	合格批次（件）	产品抽样合格率（%）
2009	205	152	74
2013	90	78	87
合计 / 平均值	295	230	78

2. 主要不合格项目占比情况

从图12可以看出，毛巾制品抽查主要不合格项目为：pH、纤维成分含量等。

通过以上数据分析显示，我国家纺产品整体质量稳步提升，整体向好。但有些问题依然较为突出，比如pH指标。pH作为重要的纺织品安全性能指标，一直是各监管机构重点监测的质量指标，同时也是引起纺织产品检验不合格频繁出现的指标之一。国家标准GB 18401—2010《国家纺织产品基本安全技术规范》对纺织产品pH做了明确、严格的要求，标准规定：A类产品（婴幼儿纺织产品）pH应为4.0~7.5，B类产品（可直接接触皮肤类）的pH应为4.0~8.5，C类产品（不可直接接触皮肤类）的pH应为4.0~9.0。纺织品在染色、整理或特殊工艺处理环节如果工艺设计不合理，或者如果没有进行充分水洗或酸碱中和，一般会导致使pH

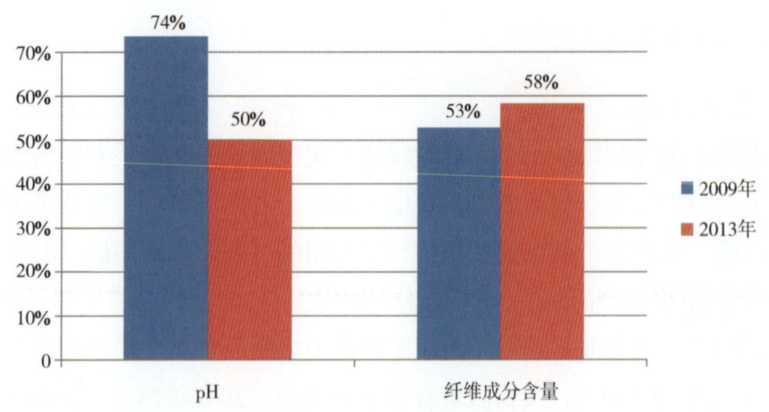

图12　2009年、2013年国家质检总局毛巾制品抽查不合格项目占比

偏高，从而导致pH超标。企业只要提高质量管理意识，加强供应链管理，就能大大降低质量风险，从而提高产品质量。

综上所述，家纺行业是一个新兴并高速发展的行业，品牌集中度分散，市场占有率不高，抽查结果受样本采集渠道的影响较大，抽查合格率会受取样城市、取样渠道、取样品牌等影响。通过以上数据分析显示，我国家纺产品整体质量稳步提升，整体向好。国家质检总局抽查的特点是：第一，覆盖全国大部分地区，抽样批量大，兼顾大、中、小型企业；第二，取样地点大多在企业的成品仓库或市场上随机抽取，具有比较强的代表性；第三，其抽查结果相对省市地方质监局抽查合格率高，基本反映了我国家纺产品整体质量状况。与此同时，电商作为新兴渠道，受到社会越来越广泛的关注，产品质量稳步提升，但差距依然存在，还有较大提升空间。

二、家纺标准化发展

质量是企业生存的立足之本，是行业发展的根源之道，是国家强大的坚实基础。质量提升需要从意识、标准、体系、方法、技术等多方面不断完善与创新，尤其标准体系的完善与标准化工作的推进是产品质量的基础保障与质量意识提升的核心抓手。国务院在《消费品标准和质量提升规划（2016~2020年）》中提出了“以先进标准引领消费品质量提升，倒逼装备制造业转型升级，扩大有效供给满足新需求，改善消费环境，释放新动能，创新体制机制激发新活力，以科技创新支撑标准化和质量提升，突出标准引领，创新质量供给，着力增品种、提品质、创品牌，不断满足人民群众日益增长的消费需求”的总体指导思想，更是彰显了推进标准化战略对于提升行业质量的重要意义。

通过翔实的质量抽查情况反映了我国家纺整体质量趋势向好，质量抽查是产品质量考核的重要表现形式，其参考依据多以国家（行业）标准为准绳，对标准化的认识和理解是完善质量体系、提升质量意识的重要手段。因此，通过对家纺标准化发展与实施进行梳理，并结合在质量抽查依据的标准中的重点技术指标进行解读，进一步发挥标准化对推动和促进产业调整升级、转变经济增长方式、提升国际竞争力的技术支撑作用。

（一）家纺标准化体系机构建设

随着国家《深化标准化工作改革方案》的推进与落实，家纺标准化体系机构也得到完善与规范，逐步形成国家（行业）标准、团体标准、企业标准三级划分的标准化体系机构：全国家用纺织品标准化技术委员会（TC302）下设三个分技术委员会，主要负责家纺行业国家（行业）标准制修订等工作，业务受中国纺织工业联合会指导和管理；中家纺CHTA团体标准化技术委员会拟下设三个工作组，主要负责中国家纺协会团体标准制修订等工作，业务受中国家用纺织品行业协会管理；企业标准由企业自主发布。具体机构见图13。

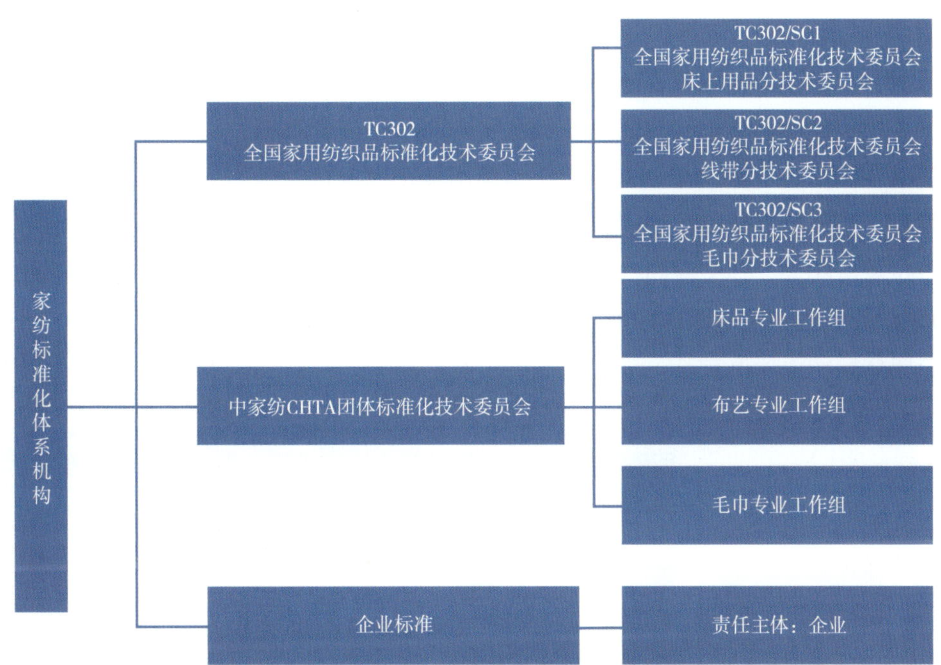

图13 家纺标准化体系机构

（二）家纺行业标准体系及所属标准概况

家纺行业标准体系以国家（行业）标准为主，随着国家标准化改革深入，联盟（团体）标准、企业标准也逐步发展起来。

1. 国家（行业）标准体系及所属标准概况

家纺行业国家(行业)标准体系是通过基础标准、通用标准、产品标准和综合管理标准四个层面进行顶层设计规划，其中涵盖基础通用（含样照标准）、试验方法、床上用品（床品分标委）、线带产品（线带分标委）、毛巾产品（毛巾分标委）、布艺装饰类产品、厨浴卫生类产品、公共用纺织品、静电植绒类产品、铺地类纺织品、家用纺织品综合管理以及其他类产品12个门类。

截止到2017年9月1日，家用纺织品已颁布实施和正在制定的标准125项，已颁布实施标准106项，其中国家标准22项，行业标准84项；正在制定标准计划19个，其中国家标准3项，行业标准16项，均为推荐性标准（家纺主要产品标准见附录）。

已颁布实施的106项标准中，基础通用标准2项（其中含样照标准1项），方法标准15项，产品标准89项；按家用纺织品类别分：通用标准5项，床品标准29项，线带标准47项，毛巾标准14项，布艺装饰类产品标准7项，其他类标准4项，涵盖家纺标准体系中基础、通用、产品等三个层面10大类，唯有铺地类纺织品标准和家纺综合管理类标准暂未有相关标准。

2. 中家纺（CHTA）团体标准化技术委员会成立概况及工作思路

团体（联盟）标准是国家标准化工作改革，积极建立完善市场化标准体系工作的重要一环。2017年1月4日，中国家用纺织品行业协会起草《中国家用纺织品行业协会团体标准管理办法（试行）》，并通过邮件、微信等方式征求协会理事单位意见，反馈均同意成立“中国家用纺织品行业协会（CHTA）团体标准化技术委员会”，2017年1月22日，中国家用纺织品行业协会发布《关于成立“中国家用纺织品行业协会（CHTA）团体标准化技术委员会”的理事会决议》（中家纺［2017］3号）的通知，正式成立中家纺团标委。

期间，中国家用纺织品行业协会积极组建中家纺团标委成员，从顶层设计的角度积极贯彻国家质量强国与“三品”战略，拟对中家纺团体标准进行分级划分（中家纺团体标准体系表，见图14），从家纺终端产品品质提升与引导科学消费的角度征集首批团体标准项目。现已征集单位委员80家，其中检测机构6家，床品委员43家，布艺委员14家，毛巾委员16家，地毯委员1家，并收到16项目团体标准立项申请，并拟定于在首届中家纺团标委成立大会期间，进行讨论团体标准立项事宜。

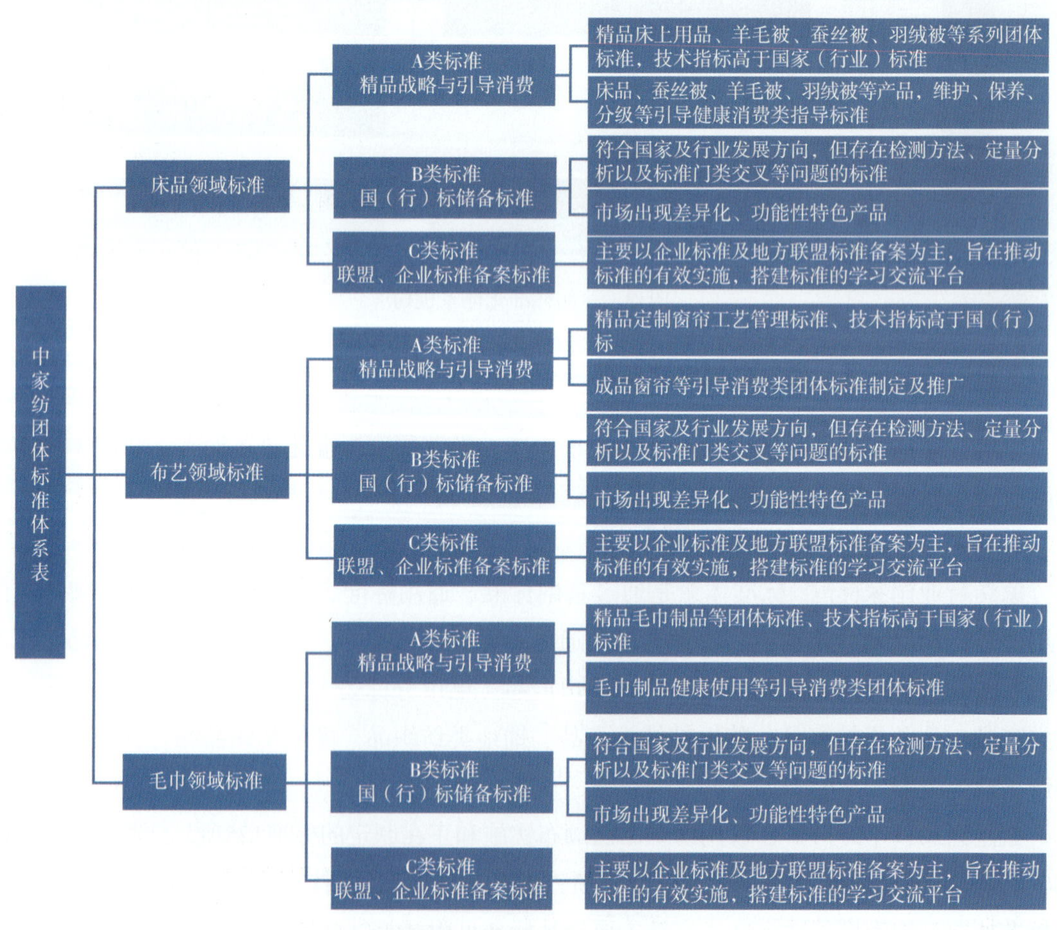

图14　中家纺团体标准体系

3. 家纺企业标准推动与发展

家纺企业标准是未来国家市场化标准体系的主体，承接着家用纺织品品质提升的重要使命。中国家用纺织品行业协会所属的行业会员单位，多数根据产品品质要求及产品特性制定了相应产品的企业标准。为了更好地推动企业标准发展，2016年，中国家用纺织品行业协会在质检总局的指导下，联合中纺联科技发展部、中国航空综合技术研究所共同发布“配套床上用品企业标准示范榜”。协会组织重点品牌床品企业进行网上平台申报，通过微信群组协助做好企业标准申报及数据核实工作，在首批企业标准排行发布仪式上，配套床品用品、LED灯、打印纸三类产品企业标准获得企标排行发布机会。“配套床上用品企业标准示范榜”中紫罗兰、罗莱、博洋、富安娜、梦兰、孚日、南方寝饰七家企业进入榜单。

三、质量提升措施与建议

（一）从行业协会层面

中国家用纺织品行业协会一直非常重视行业质量问题，把质量工作列为协会工作的重要内容之一。为进一步提升行业整体质量水平，协会将从战略思想、工作理念、品牌建设、标准工作、供应链管理、人才培养等六个方面做好以下引导工作。

1. 牢固树立“品质为先”的战略思想

党的十八大以来，党中央、国务院多次部署，要以提高发展质量和效益为中心，将质量强国战略放在更加突出的位置。家纺行业是与消费者息息相关的产业，家纺产品的质量提升将直接关系到人们对美好生活新期待的实现，家纺企业要牢固树立质量第一的意识，坚持优质发展，以质取胜，品质优先。要通过树立行业质量管理典型，真正形成企业追求质量，人人关心质量的行业氛围。

2. 大力弘扬“工匠精神”的精神理念

以极致的态度对产品精雕细琢，不断改善生产工艺，打造行业最优质的产品，努力追求卓越的创造精神、精益求精的品质精神、用户至上的服务精神。使工匠精神成为企业决策者、经营者和全体员工共同的价值取向和行为准则。鼓励和引导企业实施精细化质量管理，积极推广和运用精准制造、全面质量管理、卓越绩效等先进质量管理技术和方法，积极组织家纺企业参加中纺联开展的QC小组评价，参与评定“产品开发贡献奖”“纺织十大创新产品”“纺织行业质量奖”等，不断提高生产管理水平。

3. 加强品牌建设，努力培育世界一流的家纺企业

加强品牌建设是培育世界一流企业的战略选择，充分发挥协会的桥梁纽带作用，引导企业提升产品在国际市场的竞争力，强化行业在国际市场的话语权，努力打造家纺自主品牌；在产业集群地区，积极推进公共服务平台建设，深入开展区域品牌培育工作；鼓励企业参加国家工业和信息化部开展的品牌培育试点活动、国家质检总局开展的品牌价值评价等活动，引导企业在提升产品质量的同时全面提升服务质量，不断提高品牌的美誉度。

4. 加强团体标准化工作，积极开展标准培训及宣贯

要乘国家标准化改革的东风，充分发挥中家纺团标委平台的作用，制定满足家纺消费市场和创新需要的标准，发挥团体标准引领行业先进生产力的主体作用，多做精品标准，引导健康科学消费；鼓励企业制定高于国家标准、行业标准、地方标准、具有竞争力的企业标准；协会也将积极与第三方机构合作开展企业标准排行榜，推动企业标准的质量提升，为家纺消费升级铺平道路。

对中、小型企业，要加强标准的解读、宣贯与交流工作，提高生产经营者对标准的理解和质量管理水平，力争做到所有行业企业关注标准、了解标准、重视标准、践行标准，不留死角。

5. 建立和加强供应链管理体系

有条件的大、中型企业应建立、健全原料采购到生产销售全产业链质量控制体系。鼓励企业采用先进智能技术装备组织生产，扩大在线质量检测控制系统应用，提高生产过程产品质量控制的精准性和一致性；自身暂不具备条件的企业，可委托有资质的专业检验机构对原辅料进货和出厂的产品进行严格的把关。

6. 加强人才队伍建设，打造高素质员工团队

随着新知识、新技术、新装备的不断出现，加强职业技术培训，提高职工素质、稳定职工队伍是提高产品质量的重要举措。只有拥有一只稳定的高素质职工队伍，企业的产品质量才有保障。家纺协会已坚持16年组织开展家纺设计大赛，旨在通过搭建设计大赛平台，相互学习，不断提高行业的研发设计水平；行业很多龙头企业每年坚持开展操作比武，也是打造高素质员工队伍很重要的举措，条件成熟的时候协会还将开展全行业操作比武；同时，也将积极推动企业与高等院校、职业学校联合培养人才的机制，培训更多满足市场需求的职业技术工作，真正提高家纺行业从业人员的整体素质。

（二）从行业企业层面

企业是产品质量的主体，应严把质量关，积极完善供应链质量管理体系、促进产品检测工作、加强质量标准落实。

1. 积极建立健全供应链各个环节质量管理体系

从设计研发、原材料供应、生产流水线上各个工序、仓库管理到售后服务等，严格控制产品过程的每一个环节。企业应建立“质量可追溯体系”，利用互联网及RFID等技术手段，使每批进货的原材料、辅料进行“入检”，做到每一件成品都有编号，以保证产品质量水平及“质量可追溯”。

2. 加强生产各环节的检验检测

企业应从原辅料进厂加强检验，提升企业自检能力和送检机制，积极推进企业检测中心、技术中心及工业产品设计中心的建立，使企业对绝大多数的产品外观质量、内在质量能够自行检测、自行控制，使产品生产过程中出现质量问题能够快速得到解决，确保产品符合安全要求；同时针对每一道生产工序积极做到质量检验，努力实现成品出厂全检，严禁不合格、缺陷产品流入市场。

3. 重视产品标准的制定与培训

加强质量标准管理工作，根据消费升级需求，积极推动企业制定高于国标行标的企业标准，组织企业从产品质量提升的角度上加强产品标准培训，参与行业标准化工作及行业标准宣贯活动，使产品生产各个工序的工作人员都能了解标准、掌握标准，并将标准贯彻到生产过程，保证有标可循、依标生产、高标出厂。

四、结语

党的十八大以来，习近平总书记的重要讲话中多次提及“供给侧改革”，指出“在适度扩大总需求的同时，着力加强供给侧结构性改革，着力提高供给体系质量和效率，增强经济持续增长动力，推动我国社会生产力水平实现整体跃升。”工业和信息化部编制发布的《轻工业发展规划（2016~2020年）》提出，“十三五”要以市场为导向，以提高发展质量和效益为中心，以深度调整、创新提升为主线，以企业为主体，以增强创新、质量管理和品牌建设能力为重点，大力实施增品种、提品质、创品牌的“三品”战略，改善营商环境，从供给侧和需求侧两端发力，推进智能和绿色制造，优化产业结构，构建智能化、绿色化、服务化和国际化的新型轻工业制造体系，为建设制造强国和服务全面建成小康社会的目标奠定基础。大力实施“三品”战略是推进供给侧结构性改革和建设纺织强国的重要举措。

随着供给侧结构性改革的不断深入，以提高质量和效益为中心，强化创新驱动，加快产业转型升级已成为众多家纺人的共识。在时代发展和社会进步中，居民消费正从以衣、食为主的生存型、温饱型消费向以住、行为代表的享受型、小康型消费转变，从粗放消费向个性化、多样化的精细消费转变，消费者对日用消费品的花色、品种、质量、规格、品牌、安全性等方面的要求不断提高，消费在经济增长和转型升级中的贡献率越来越高，日益成为扩大和提升需求的主导力量。

家用纺织品在居民日常生活、宾馆饭店、旅游交通、医疗卫生等方面起着越来越重要的作用，对美化和改善居住环境，提高人们生活和工作的舒适性等方面有着深远影响。

随着科技进步和企业责任意识的加强，近年来，家用纺织品的质量有了很大提高，尽管也存在一些问题，但随着全行业和企业质量管理意识的提升，供应链管理的加强，家纺行业有信心打好提质增效的攻坚战。

附录　家纺产品质量安全、产品标准编号、名称及实施日期

标准编号	标准名称	实施日期
	通用强制类	
GB 18401—2010	国家纺织产品基本安全技术规范	2012-08-01
GB 5296.4—2012	消费品使用说明 第 4 部分：纺织品和服装	2014-05-01
GB 18383—2007	絮用纤维通用技术要求	2007-05-01

续表

标准编号	标准名称	实施日期
GB 31701—2015	婴幼儿及儿童纺织产品安全技术规范	2016-06-01
	床品类	
GB/T 22796—2009	被、被套	2009-12-01
GB/T 22797—2009	床单	2009-12-01
GB/T 22843—2009	枕、垫类产品	2009-12-01
GB/T 22844—2009	配套床上用品	2009-12-01
FZ/T 62012—2009	防螨床上用品	2010-04-01
FZ/T 62018—2009	家用羊毛制品	2010-04-01
FZ/T 62013—2009	再生纤维素纤维凉席	2010-04-01
GB/T 22855—2009	拉舍尔床上用品	2009-12-01
FZ/T 62023—2012	枕、垫类产品荞麦皮填充物质量要求	2013-06-01
FZ/T 62019—2012	工艺绗缝被	2012-11-01
FZ/T 61007—2012	家用纺织品 超细纤维毯	2013-06-01
FZ/T 62020—2012	家用纺织品　经编间隔床垫	2012-11-01
FZ/T 62024—2014	慢回弹枕、垫类产品	2015-06-01
FZ/T 62031—2015	针织被套	2016-01-01
FZ/T 62028—2015	针织床单	2016-01-01
FZ/T 62029—2015	手工粗布被套	2016-01-01
FZ/T 62026—2015	手工粗布床单	2016-01-01
FZ/T 61008—2015	摇粒绒毯	2016-01-01
FZ/T 61005—2015	线毯	2016-01-01
FZ/T 62030—2015	磨毛面料被套	2015-12-01
FZ/T 62027—2015	磨毛面料床单	2015-12-01
FZ/T 61009—2015	纤维素纤维绒毯	2016-01-01
GB/T 32605—2016	羊毛、羊绒被	2016-11-01
FZ/T 62037—2017	灯芯绒被、被套	2017-10-01
FZ/T 62038—2017	灯芯绒床单	2017-10-01
FZ/T 62035—2017	经编网眼织物复合凉席	2017-10-01
FZ/T 62036—2017	乳胶枕、垫	2017-10-01
GB/T 33734—2017	婴幼儿机织床上用品	2017-12-01
	毛巾类	
GB/T 22864—2009	毛巾	2009-12-1
FZ/T 62017—2009	毛巾浴衣	2010-04-01
FZ/T 62016—2009	无捻毛巾	2010-04-01
FZ/T 62015—2009	抗菌毛巾	2010-04-01
FZ/T 62033—2016	超细纤维毛巾	2016-09-01
FZ/T 62021—2012	厨浴清洁巾	2013-06-01
FZ/T 62032—2016	机织毛巾布	2016-09-01

续表

标准编号	标准名称	实施日期
装饰布艺类		
FZ/T 62022—2012	家用纺织品　窗纱	2013-06-01
FZ/T 62025—2015	卷帘窗饰面料	2016-01-01
FZ/T 62011.1—2016	布艺类产品　第 1 部分：帷幔	2017-04-01
FZ/T 62011.2—2016	布艺类产品　第 2 部分：餐用纺织品	2017-04-01
FZ/T 62011.3—2016	布艺类产品　第 3 部分：家具用纺织品	2017-04-01
FZ/T 62011.4—2016	布艺类产品　第 4 部分：室内装饰物	2017-04-01
FZ/T 62034—2016	磁性软纱门	2017-04-01

中国家用纺织行业协会

床上用品产业发展研究报告

杨兆华　魏启雄　刘丹　王冉

产业基础研究一直是家纺行业协会的重点工作，特别是在新的发展时期，行业的产业研究工作更是不断加强。为做好我国床上用品产业的发展研究，中国家纺协会较早确定了研究人员和内容要求，协会主要领导人与项目研究人员一起克服重重困难，不断探索，多角度深入研究，力求研究报告能较客观地反映产业发展现状与特点。研究初始阶段和进行过程中，实地调研了大量的行业企业、产业集群以及相关产业的集群和企业，与行业内及相关行业的专家、企业经营人员进行了深入的研讨，并对全国12个城市的家纺终端消费进行了面对面的调查，整理出有效调查问卷一万多份。同时，通过国家统计局、海关总署等全国和地方机构与网站，查阅搜集了大量资料与数据，获得了近5年来我国居民消费以及宾馆、学校、医疗等社会需求等基础数据信息。在调查研究和广泛搜集资料的基础上，通过对数据和信息的综合处理，建立起本报告研究数据之间的关联逻辑及整体模型，并确立了通过产能端与消费端对照比对的研究方法。在行业企业和产业集群、企业家和行业专家、相关行业组织和领导的大力支持帮助下，完成了我国床上用品产业总体架构和发展研究报告，此次刊出期望获得大家的关注和帮助，进一步推进行业基础研究工作和水平。

床上用品产业是指从事床上用纺织品设计、生产及营销的制造产业，床上用品是人们生活的必需品，产品主要分为套件产品和芯被类产品两大类。其中，套件产品涵盖床单、床罩、被套、枕套和三件套、四件套、多件套等；芯被类产品涵盖被子、睡袋、垫褥、枕头和靠垫等。随着经济发展以及消费升级，床品消费日益受到消费者的重视，床品已经不仅仅是简单的铺铺盖盖，而是融合了科技、时尚、健康的生活方式，承载着创造美好生活的职责，我国床品行业正向着拥有先进设备和全新经营理念的现代化工业转型升级。

一、产业定位：家纺核心产业

床上用品是家用纺织品的重要组成部分，是家用纺织品产业规模的半壁江山。2016年国家统计局统计的家纺行业规模以上企业数据中，床上用品行业企业户数占53.1%、资产总计占50.2%、主营业务收入占51%、利润总额占51.5%（图1）。在家纺行业制成品出口中，床上用品也体现出明显的规模优势。2016年我国主要家纺制成品出口金额见图2。在我国现代家纺产业建设中，床品产业发挥着重要的推进作用。

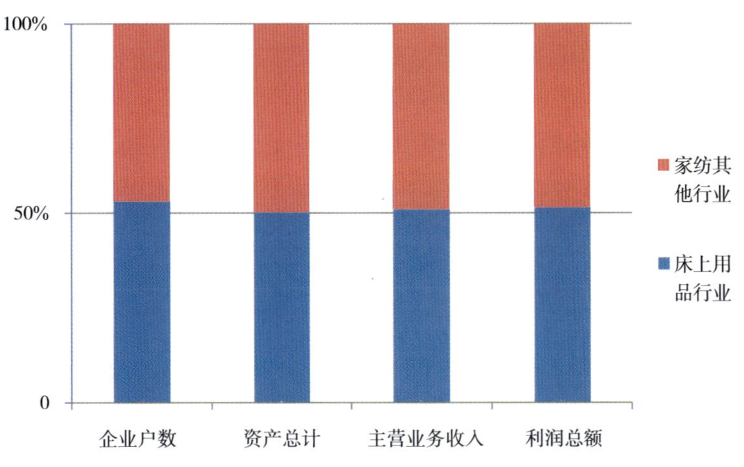

图1 2016年家纺行业规模以上企业主要指标比重分布
数据来源：国家统计局

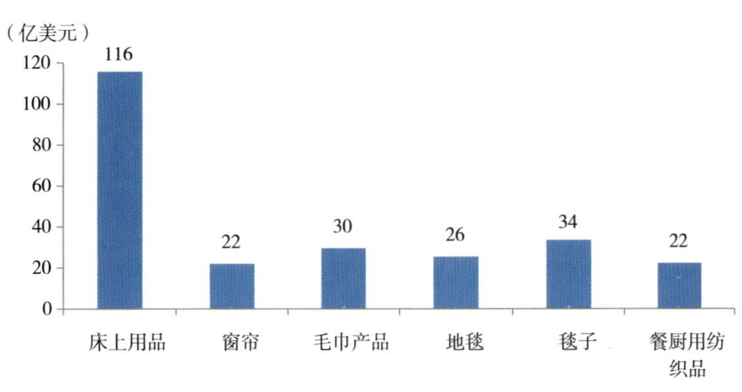

图2 2016年我国主要家纺制成品出口金额
数据来源：中国海关

二、产品功能：睡眠用品，科技家纺，具有抗菌、防螨、促进微循环等改善睡眠质量和健康的功效

床上用品又称为寝用纺织品，是睡眠的必需用品，人的一生有1/3的时间在睡眠中度过，睡眠是一种生理需要，是维持生命必不可少的环节。为唤起全民对睡眠重要性的认识，2001年国际精神卫生和神经科学基金会将每年3月21日定为“世界睡眠日”。睡眠的重要性可概括为7个方面：消除疲劳，恢复体力；保护大脑，恢复精力；增强免疫力，康复机体；促进生长发育（睡眠与儿童生长发育密切相关）；延缓衰老，促进长寿；保护人的心理健康；有利于皮肤美容。

床上用品肩负着保障人们睡眠的重要职责，目前失眠已经成为一个影响现代人健康的重要问题，它不仅会影响人的情绪，甚至能影响人的免疫系统。床品企业，特别是一批床品骨干企业越来越重视发挥床上用品帮助解决睡眠问题和提高睡眠质量的作用，不断加大投入，加强技术研发，针对不同的群体，开发生产多种有利于促进睡眠功能的床上用品，力求从关注睡眠到关注健康，从关注睡眠质量到关注生活质量。

三、市场规模：我国床品内外销市场总额达4000亿元

2016年，我国床品内外销市场规模共4000亿元，其中内销市场消费3231亿元，占80.8%；出口769亿元，占19.2%。提到床上用品，除了大家所熟知的居民家庭生活用消费以外，还运用在许多社会需求方面，如宾馆、旅游及交通工具、教育（学校、幼儿园）、医疗卫生、社会服务机构、救灾和转移安置、军队武警、团购礼品等其他消费。经调查测算，居民家庭生活用消费是主力内销市场，占78.9%，另外，随着我国居民对生活质量要求不断提高，宾馆、旅游及交通工具用床品的需求将进一步扩大，同时公共福利用床品的质量和数量也将随着社会福利保障的发展而释放潜力。

截至2016年，我国人口共计13.83亿人，其中高收入群体约占37%，中低收入群体约占63%，根据国家统计局人均家纺及床上用品消费水平和家纺协会调查的人均床上用品消费数据，得出在2016年我国居民家庭生活用品消费中床上用品消费额为2551亿元。另外，2016年我国拥有宾馆客房数378.3万间（套），床位605.5万张，其中星级客房142.05万间（套），床位248.28万张，宾馆、旅游及交通工具全年床上用品需求约为150亿元；学校教育用床品越来越受到社会重视，2016年，我国幼儿园新增人数以及中高等教育、研究生、特殊教育招生合计2417.9万人，共消耗床品100亿元；医疗卫生对床品的清洁安全要求更高，床品更换频率更快，2016年我国医疗卫生机构拥有床位数747万张，加上手术垫单等消耗，消费需求约为130亿元；可以提供住宿的社会服务机构包括养老院、智障与精神疾病服务机构、儿童福利和保护服务机构、救助站等，2016年床位数716.1万张，需耗床品50亿元；2016年我紧急转移安置和需紧急生活救助1263.9万人次，床上用品消费需求约为30亿元；解放军和武警合计310万人，年消费床上用品约20亿元，其他内需年消费约200亿元，主要为其他社会团体购买及礼品等。我国主要8大床品消费市场见表1。

表 1　我国主要 8 大床品消费市场

序号	项目	消费需求（亿元）
1	居民家庭生活用消费	2551
2	宾馆、旅游及交通工具	150
3	教育（学校、幼儿园）	100
4	医疗卫生	130
5	社会服务机构	50
6	救灾和转移安置	20
7	军队、武警	30
8	其他（团购、礼品）	200
合计		3231

数据来源：中国家用纺织品行业协会

2016年，我国床品行业出口115.66亿美元，合人民币769亿元。美国是我国床品出口的第一大市场，占总量的30%以上，排在第二位、第三位的分别是欧盟和日本市场，可以占到12.3%和10.1%，床品出口市场相对集中，前三大市场包揽一半以上份额，床品出口市场分布见图3。另外，2016年我国床上用品进口2.3亿美元，同比增长2.17%。

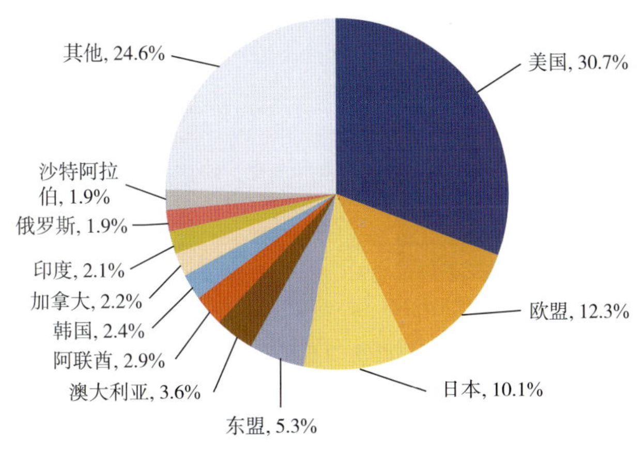

图3　2016年我国床品出口市场分布
数据来源：中国海关

四、原料构成：棉、涤占主导，新材料应用多

2016年我国床品行业消耗面料折合标准幅宽（2.5米）160亿米，其中，件套类产品消耗面料99.8亿米，芯被类产品内胆用料60.2亿米。床上用品面料和填充料共消耗纤维678万吨，纤维用料主要为棉和合成纤维，其中合成纤维用量336万吨、棉纤维用量268万吨，两者合计占总量的89.1%。2016年床品消耗纤维材质比重见图4。

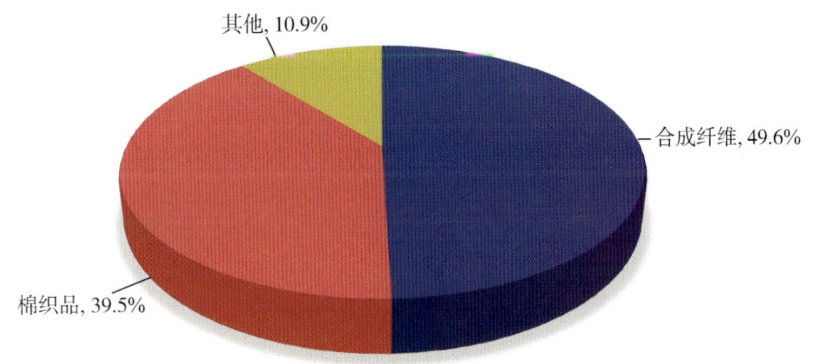

图4　2016年我国床品消耗纤维材质比重
数据来源：中国家纺协会

在床上用品纤维消耗中，填充物用量254万吨，占37.5%；面料（含芯被类产品内胆面料）用量424万吨，占62.5%。在填充物用料中，合成纤维居多，占填充物的73%，而面料则以棉制品居多，占面料用量的57%。我国床上用品原材料应用显现出多元化的趋势，件套原料在棉的基础上，近几年化纤面料发展较快，涤纶产品性能和档次不断提高，天丝等新材料产品及暖绒面料、凉爽面料等功能面料受到广泛欢迎。在填充料方面，化纤填充料性能不断

发展，功能化产品不断增多，蚕丝、羽绒等高端产品也越来越受到消费者的关注。2016年我国床品面料、填充物消耗纤维主要材质见图5。

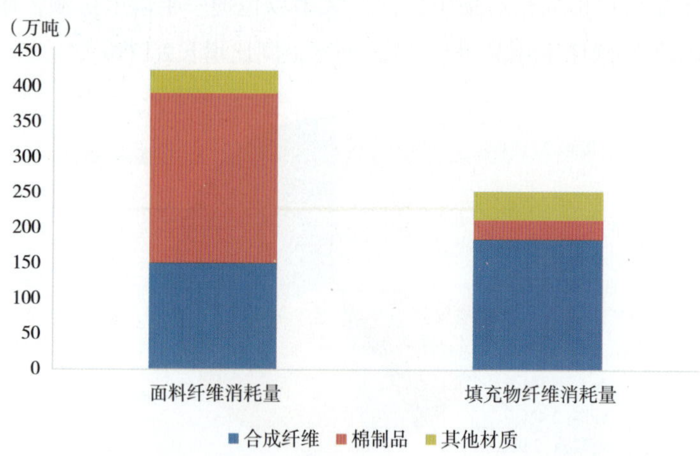

图5 2016年我国床品面料、填充物消耗纤维主要材质

数据来源：中国家纺协会

五、产品结构：件套产品总值略高，芯被类产品纤维用量更多

2016年，我国床品行业共实现销售收入3305亿元。其中，件套产品销售收入1823亿元，占总额的55.2%，其中内销实现1520亿元，出口实现303亿元；芯被类产品销售收入1482亿元，占比44.8%，其中内销实现1015亿元，出口实现467亿元。2016年件套及芯被类产品销售收入比重见图6。

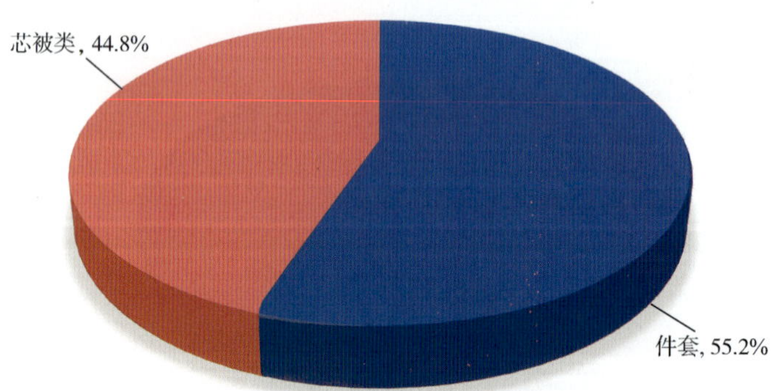

图6 2016年件套及芯被类产品销售收入比重

数据来源：中国家纺协会

2016年床品行业共消耗678万吨纤维，其中芯被类产品消耗386万吨，占总量的56.9%；件套产品消耗纤维291万吨，占43.1%。2016年件套及芯被类产品消耗纤维量比重见图7。目前，芯被类产品以合成纤维被为主，可达到75%；件套类产品内外销材质侧重略有不同，内销市场约7成的件套为棉制品，而外贸市场约7成的件套为合成纤维。

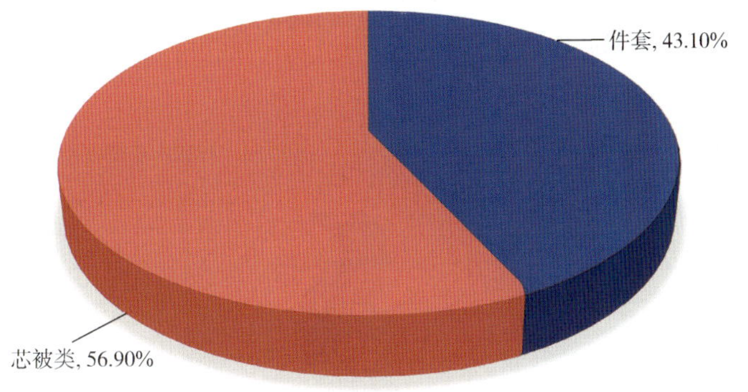

图7　2016年件套及芯被类产品消耗纤维量比重
数据来源：中国家纺协会

六、产能分布：东部优势明显，江苏尤为突出

我国床上用品成品企业主要集中江苏等东部省（市）。据国家统计局统计，2016年我国986家规模以上床上用品企业完成主营业务收入1386亿元，江苏、浙江和山东的规上床品企业主营业务收入占比达到62.8%。主营业务收入排在前十位的省（市）中，东部地区占6个，主营业务收入占比为77.4%。主要地区规模以上床上用品企业销售收入比重见图8。另外，床上用品面料印染加工主要集中在东部地区，江苏、山东、浙江三省床品面料印染加工能力占到全国的80%以上。

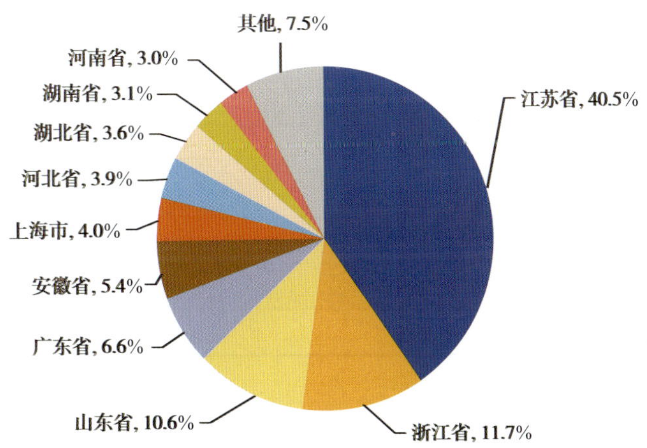

图8　主要地区规模以上床上用品企业销售收入比重
数据来源：国家统计局

由中国纺织工业联合会最新一次集群复评结果产生的床品“全国纺织产业集群试点地区”共12个，其中，江苏省5个，浙江省4个，山东省、安徽省和四川省各1个，东部地区优势明显。床品行业产业集群分布见图9。

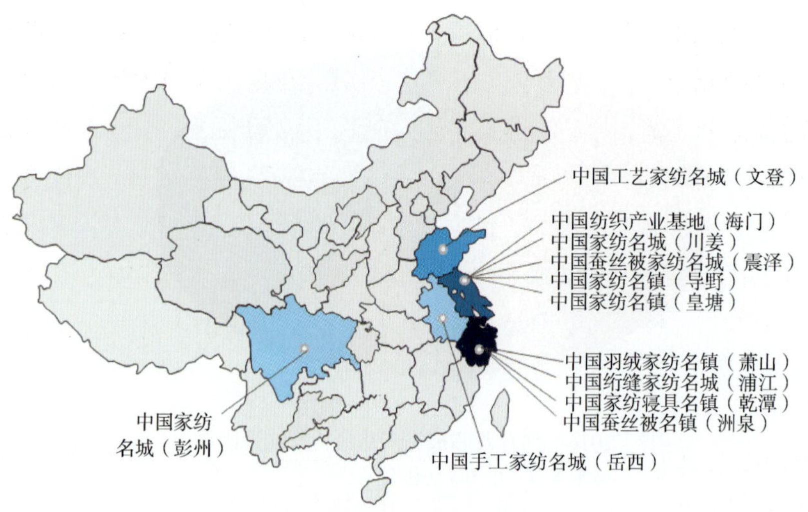

图9 床品行业产业集群分布
数据来源：中国家纺协会

（一）江苏——“优势产能＋超级市场”

江苏是我国床品产业最为集中的地区，拥有红柳、梦兰、堂皇、悦达、海聆梦、凯盛家纺、金太阳、紫罗兰、蓝丝羽、宝缦、美罗、万斯、明超、心愿、晋帛、恒康家居、苏丝、鑫缘、太湖雪等一大批品牌骨干企业，拥有海门、通州两个纺织基地及川姜镇、震泽镇、导墅镇、皇塘镇等四个特色名镇。江苏省床品面料印染加工能力、床品规模以上企业产能均位居全国首位。江苏省床上用品类产业特色名城（镇）见表2。

表2 江苏省床上用品类产业特色名城（镇）

称号	地区
中国纺织产业基地	江苏省海门工业园区
中国纺织产业基地	江苏省南通市通州区
中国家纺名镇	江苏省南通市通州区川姜镇
中国蚕丝被家纺名镇	江苏省吴江市震泽镇
中国家纺名镇	江苏省丹阳市导墅镇
中国家纺名镇	江苏省丹阳市皇塘镇

数据来源：中国家纺协会

江苏省南通市是全国床品生产最集中的地区，也是全国规模最大的家纺市场，是全球最大的床上用品集散中心，拥有通州、海门两大基地以及“南通家纺城”和“叠石桥国际家纺城”两大专业市场。南通床品产业主要集中在海门和通州两个区域，产业集聚度高、品牌影响力大、市场功能强，配套有近万家生产企业，市场交易额超过1000亿元。先后被评为全国知名品牌示范区、国家新型工业化产业示范基地、国家外贸出口转型升级示范基地、国家现代服务业家纺研发设计产业化基地等一系列示范性称号。

南通家纺积极打造现代制造产业集群，一是发展高端家纺产业，通过建设“互联网+家纺”新模式、重视建设和发展生态家纺、率先发展科技家纺、率先发展服务型家纺、率先研发生产智能化家纺产品及创意性家纺产品，推进南通家纺高端化发展。二是打造“世界级家纺制造贸易中心”，完善市场服务，扩大影响力，加快家纺产业国际化发展水平，通过集聚更多的人流、物流、信息流、资金流，促进市场经营向大家居、大纺织拓展，扩大市场对周边区域专业市场、出口企业、产业集群的辐射效应，创建一个产业特色鲜明、综合环境优美、市场业态领先的国际家纺生产制造贸易新城。三是加强专业市场升级与特色小镇建设的同步发展，通过小城镇区域建设不断完善市场配套设施和功能，不断增进市场活力和影响力，构建集商贸流通、创业创新、文化娱乐、休闲及旅游于一体，具有时代特征的新型专业市场。

（二）浙江——芯被类产品更具特色

浙江省是我国印染强省，同时也是家用纺织品制造的重要地区，拥有一批家纺产业集群，其中以生产床上用品为主的有萧山、浦江、乾潭、洲泉等4个特色名镇及一批重点企业，产品包括了羽绒、蚕丝、绗缝等特色芯被类产品。4个产业集群合计约有企业1500家，职工5万余人，2016年实现工业总产值近200亿元。浙江省床上用品类产业特色名城（镇）见表3。同时，浙江省还有博洋、维科等床品行业骨干企业。

表3　浙江省床上用品类产业特色名城（镇）

称号	地区
中国羽绒家纺名镇	浙江省杭州市萧山区新塘街道
中国绗缝家纺名城	浙江省浦江县
中国家纺寝具名镇	浙江省建德市乾潭镇
中国蚕丝被名镇	浙江省桐乡市洲泉镇

数据来源：中国家纺协会

萧山新塘素有“世界羽绒看萧山，萧山羽绒看新塘”的美誉。新塘羽绒寝用产品生产拥有多个品牌，产品出口量大，随着传统产业的转型升级，当地创办了中国羽绒交易中心网，并利用跨境电子商务产业园的出口平台，推广外销市场，目前已在美国注册品牌商标。

绗缝家纺产业在浦江有着悠长的历史，目前浦江绗缝制品已由被子、床垫等较单一的产品，延伸到绗缝床品套件、婴童系列、垫系列、收纳系列、饰品系列等上千个花色品种，并注重推进产品质量安全建设，以水洗绗缝制品为主导的绗缝家纺产品稳居全国前列。

作为家纺寝具名镇的乾潭镇注重开发生产特色寝用家纺产品，积极打造区域品牌，产品以出口为主，兼顾内销。在“十三五”发展时期，当地积极推进传统企业向现代企业转型，从做精做细做专产品入手，促进产品由中低档向中高档发展。

洲泉蚕丝被历史悠久，所产蚕丝被品质优良。经当地政府和行业共同打造，洲泉镇已成为专业蚕丝被生产基地，产品畅销国内外市场，并通过创办桐乡国际蚕丝城品牌展示中心、批发交易中心和零售体验中心的优势，不断扩大影响力。

（三）山东——床品面料生产优势突出

山东作为全国纺织大省，2016年主营业务收入1.3万亿元，位居全国第二位，拥有纺纱、织造、印染、家纺等纺织产业链上所有细分产业门类，链条完整，特别是家纺床上用品专用的宽幅面料生产优势突出。在纺织科技研发方面，山东也走在全国的前列，“十二五”以来，山东获得国家科技进步一等奖1项、国家科技进步二等奖2项，获奖总数占全国的1/8；获得“纺织之光”科学技术奖116项，占全国18.04%。愉悦是家纺行业获得“纺织之光”科学技术奖一等奖的唯一企业。

山东省床上用品规模以上企业产能位居全国第三位，床品面料印染加工能力位于全国第二位。同时，山东省也具有较强的床品面料织造生产能力和水平。山东省拥有较大规模的纺纱、宽幅织造、宽幅印染等床品面料生产产业链，并具有先进的装备和技术。织造方面，宏城家纺，银仕来，魏桥纺织等纺织企业生产的大提花面料、高支高密面料、非棉面料、交织面料等，品种多，品质优。愉悦，华纺，欧化、孚日及潍坊地区一大批印染企业，不仅具有较大规模的印染产能，而且在产品创新上不断取得突破，不断为床品行业提供精细加工的高端面料、多种材质的特色面料和技术含量高的功能性面料。

（四）上海——品牌窗口和基地

上海是我国现代家纺起源地，现代家纺发展的各个阶段，上海的家纺品牌，特别是床上用品品牌都非常具有代表性，面向国内外市场，表现出产业的制造水平和发展的风向标。我国最大的国际家纺展每年固定在上海展出，为我国家纺企业打造品牌及产业集群打造区域品牌提供了良好的机会和平台。

目前在上海生产和打造品牌的企业有龙头、罗莱、水星、小绵羊、恒源祥、罗卡芙、南方寝饰、福沁、东隆、珍奥、北极绒家纺，等等。其中，罗莱可谓是床品行业发展的代表性企业，近年来罗莱积极打造品牌和并购发展壮大。

罗莱家纺起源于南通，生产基地也在南通，后将总部迁移至上海，集研发、设计、生产、销售于一体，并经过几个关键的发展时期，形成了具有自己独特风格的家纺企业。1998年，罗莱在家纺行业率先导入特许连锁加盟经营模式，至今已建成遍布全国31个省（市）千余家专卖店的销售网络。自2004年起，罗莱开始实施多品牌运作，目前除已拥有自有品牌“罗莱”品牌，同时代理多个国际著名家纺品牌如SHERIDAN喜来登、SaintMarc尚玛可、Disney迪士尼、Yolanna意欧恋娜、Christy、Graccioza、Millefiori、Zucchi、PERI等品牌。2014年，罗莱家纺投资大朴网数千万，成为大朴网第三大股东，自此拉开罗莱投资并购序幕。随后几年，罗莱先后控股深圳市迈迪加科技发展有限公司、投资日资毛巾企业内野、受托经营上海恐龙纺织装饰品有限公司、全资收购美国高端家具品牌莱克星顿公司，进入扩张发展的快速通道。

七、国际地位：出口额高居世界首位

全球家用纺织品出口份额最大的为床上用品，而我国是床品出口最大的国家。中国、欧盟、印度和巴基斯坦是全球最主要的床上用品出口国家和地区，占全球床上用品出口总额的

86.11%。据2016年联合国统计的数据，我国床上用品出口占全球床品出口额的46.5%。床上用品主要出口国家占比见图10，且近年来我国床上用品在国际出口市场所占的份额稳定在这一水平。

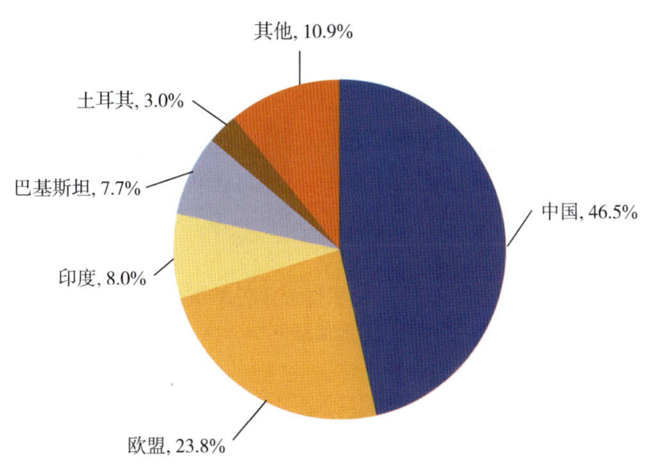

图10 床上用品主要出口国家占比
数据来源：联合国商贸统计数据库

八、品牌建设：国内市场自主品牌占绝对主导地位

中国作为名副其实的纺织大国，拥有完整的产业链和相对优势的资源，而且罗莱、富安娜、梦洁等内资家纺品牌介入市场时间较早，知名度较高，在市场上占据着主导地位。根据中华全国商业信息中心统计的全国重点大型零售企业数据显示，2016年，床上用品件套和各种被产品前十品牌均为国内品牌，外资品牌无一涉足。2016年件套及各种被产品前十品牌见图11和图12。

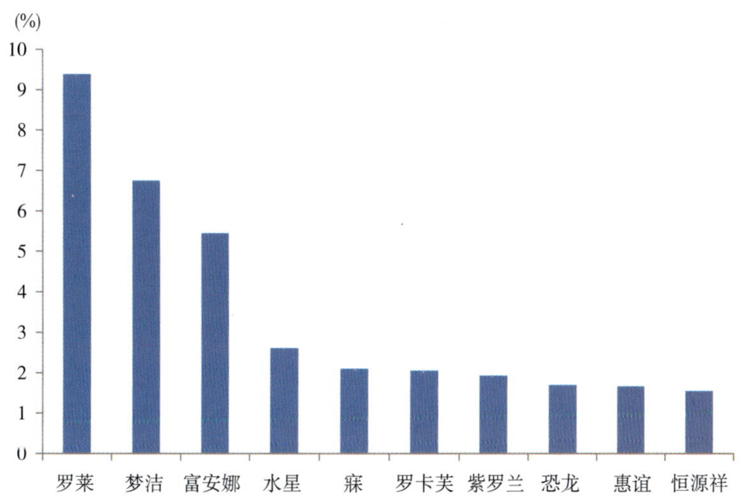

图11 2016年全国重点大型零售企业件套类产品前十品牌
数据来源：中华全国商业信息中心

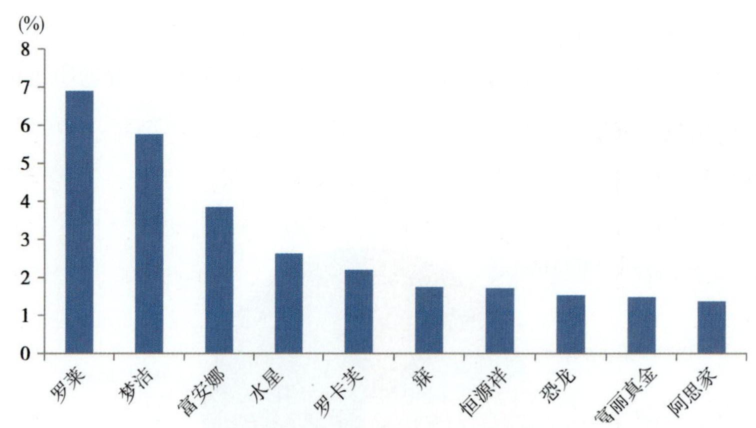

图12　2016年全国重点大型零售企业各种被产品前十品牌

数据来源：中华全国商业信息中心

九、面临主要问题

床品行业在发展过程中仍面临一些困难，一是行业集中度仍处于较低水平，由于市场空间广阔、品牌影响力有限，家纺行业的集中度不高，市场竞争激烈。二是产品附加值低，盈利水平相对不高，大批市场销售和网上销售的全棉四件套售价仅为200元左右。附加值普遍不高，影响了行业的整体赢利水平，主要原因是成品企业准入门槛较低，加上产业集群的产业链及市场配套完整，初始生产经营者进入床品行业较为容易，有些小的企业不求长远，只顾目前利益，低价倾销，影响了市场的价格水平；另外，低价处理积压库存也是影响市场价格水平的另一个重要因素。三是技术装备较落后，综合性人才匮乏。行业发展快，企业管理和经营水平需要不断跟进提高，企业的技术装备水平需要加快更新提升，企业人才梯队建设和人才储备亟需加强。

十、发展特点及趋势

床品行业紧跟时代步伐，与时俱进，由传统实体经济向科技时尚服务型转变的步伐越来越快。产品生产运营管理向智能化靠拢；注重产品研发，提升产品质量，为消费者提供更优质时尚、更元化的产品；日益重视服务板块，健康睡眠、全屋个性化定制、一站式体验应接不暇；搭载互联网多渠道营销，在积极打造床品品牌的同时，社会责任感日益增强，践行绿色发展。

（一）打造舒适健康睡眠

床品的基本功能便是提供舒适健康的睡眠，越来越多床品企业纷纷投入研发，有的企业专门成立了睡眠研究院，在材质、性能、服务等方面下功夫，并通过大数据的采集和综合分析，应用较前沿的科学技术，针对性开发生产改善睡眠功能的床上用品，并不断推进个性化定制服务。

（二）迈步“大家居”

向全品类家居发展是床品行业的一大趋势，骨干企业正在积极打造自己的“大家居”格局，线下门店积极升级改造，扩充家居品类，呈现丰富的家庭生活场景，为消费者提供一站式家居购物全新体验，开拓全品类家居，由单品出售向整体家居定制服务转型；同时对顾客进行服务追踪，将导购服务社交化，客户服务一线化，探索以服务驱动销售匹配细致人性化服务。

（三）推进自动化生产

深化两化融合，加快推进自动化、连续化、智能化生产。加快应用自动化装备，借助信息化技术提升改造床品生产企业，实现生产、销售、服务的互通，及时反馈消费体验并提供个性化服务，推进家纺产业的现代化发展。梦洁家纺通过自动化生产流程和智慧门店的建设，大力推进企业智能化建设，被工信部列为智能制造示范企业。

（四）寻求跨界延伸

跨界经营是企业差异化经营战略布局的重要方式，借其他行业之长，使床品行业更为全面发展，拥抱现代尖端技术与热点。如今床品产品已经不再是单独的商品，而是融合科技、时尚、功能型，能够体现个人生活方式和审美价值的重要生活用品，在这样的市场要求下，床品行业不断延伸产品市场领域，通过资源整合、大胆引进新技术、巧妙融合艺术领域等来充实行业。富安娜将家纺花型元素和大胆配色与家居设计完美的进行融合，利用UV数码技术、3D立体处理技术，为家居品着色。

（五）发力品牌建设

家纺作为纺织行业三大终端产品之一，品牌是生产者和消费者共同的追求，床品企业把品牌建设作为供给侧结构性改革和需求消费升级的方向，加强产品研发创新，着力差异化发展，并通过采用优质原料和精细加工不断提高产品品质。注重服务升级，不断升级优化用户体验、升级店铺形象、升级供应链协同上下游发展，为消费者提供更便利、更周到的服务。在电子商务快速发展时期，床品企业注重销售渠道多元化布局和线上线下平衡发展，在线上线下品牌融合发展方面，床品骨干企业为行业做出了表率。

（六）践行绿色发展

随着床品行业的发展，企业关注的不仅仅局限于自身利益，社会责任意识越来越强烈，注重绿色可持续发展，根据《中国制造2025》《绿色制造工程实施指南（2016–2020年）》《工业和信息化部办公厅关于开展绿色制造体系建设的通知》等文件要求，到2020年，绿色制造体系初步建立，绿色制造相关标准体系和评价体系基本建成。床品行业要在行业中率先推行生态设计，开发绿色产品，建设绿色工厂，发展绿色园区。

床品产业应积极发挥在家纺行业中的引领作用，深化供给侧结构改革，增补短板，加快转型发展，加快床品产业高端化发展进程，在创造人们美好生活中发挥更多作用。紧紧围绕中纺联“创新、时尚、绿色”的发展理念，做好品种，做优品质，做强品牌。将我国家纺床上用品产业打造成为以创新为驱动的科技型产业、以文化为引领的时尚型产业、以责任为导向的绿色型产业。

中国家用纺织品行业协会

国际动态

2016年世界家用纺织品出口贸易格局

王冉

根据联合国商贸统计数据库[1]搜索到全球HS编码分类的家用纺织品，可分为床上用品、地毯、毛巾、毯子、窗帘、刺绣类装饰品、餐厨用纺织品、手帕及辅料共十大类产品。本文对2016年世界家用纺织品出口情况做出具体分析，并对全球最主要的家用纺织品出口国家和地区进行了具体分析。

一、2016年全球家用纺织品出口概述

近年来，全球家用纺织品出口量不断增长，但受全球贸易持续低迷、大宗商品价格大幅下滑等影响，出口贸易金额有下降的趋势。2016年，美元对世界主要货币升值明显，客观上影响到以美元计的家纺产品全球出口增幅。据联合国商贸统计数据库的统计数据显示，2016年，全球133个国家和地区的家用纺织品出口贸易总额823.30亿美元，较上年同期下降1.79%，增长速度较上年回升5.14个百分点（图1）。

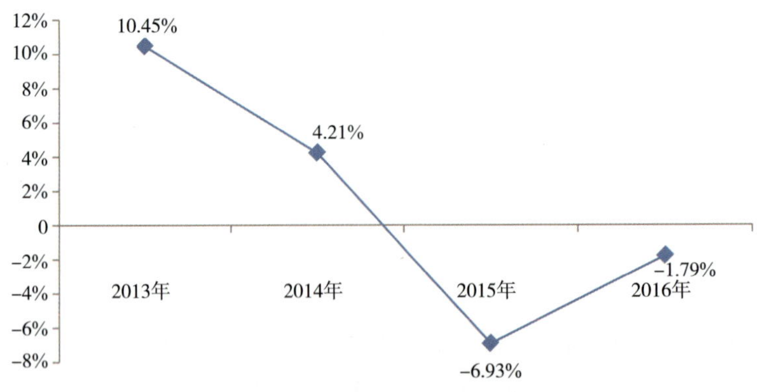

图1 2013~2016年全球家用纺织品出口增长趋势

从全球家用纺织品出口品类的分布来看，出口占比份额最大的为床上用品类，其次依次为地毯、毛巾、饰品（花边及装饰带）等品类，份额最小的为手帕类产品（图2）。2016

❶ 联合国商贸统计数据库由联合国统计署创建，是全球最大且最权威的国际商品贸易数据库。涵盖全球99%的商品交易数据。

年，各品类家纺产品出口额同比多有下降，只有毛巾和手帕产品同比有所增长，涨幅分别为5.15%和3.24%。毯子、刺绣类装饰品和辅料（缝纫线绣花线）等下降幅度相对较大。各类产品的增长幅度见图3。

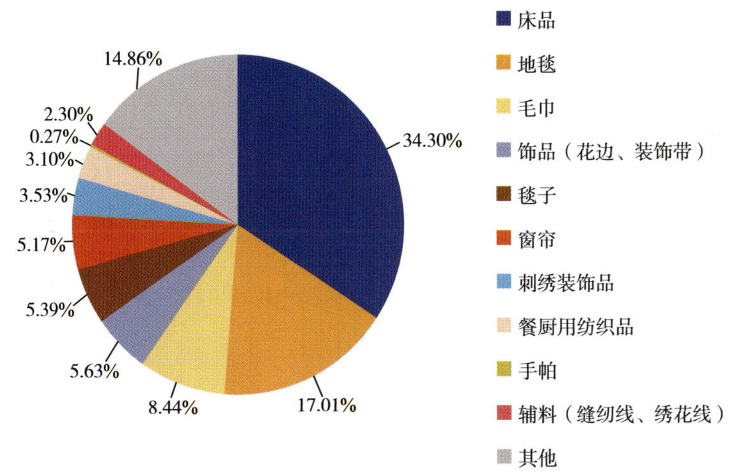

图2　2016年全球主要出口家纺产品比重

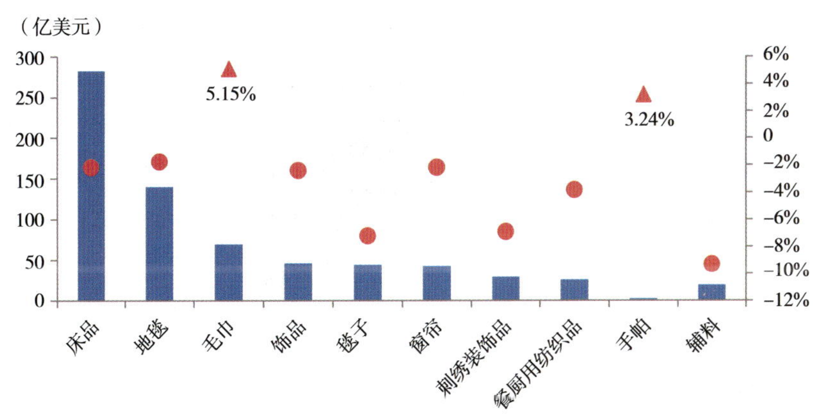

图3　2016年全球各类家用纺织品出口增长情况

二、各类家纺产品出口具体分析

（一）床上用品出口额略有下降

全球家用纺织品出口份额最大的为床上用品。2016年，全球床上用品实现出口贸易额282.42亿美元，占世界家纺出口品类总和的34.30%，同比下降2.17%。中国、欧盟、印度和巴基斯坦是全球最主要的床上用品出口国家和地区，占全球床上用品出口总额的86.69%。其他国家出口额比重较小，出口额占比均在全球家用纺织品出口总额的4%以下。中国是全球最大的床上用品出口国家，2016年，出口额较上年有所下降，导致全球床上用品出口总额下降。而欧盟作为全球第二大床上用品出口地区，则增长幅度明显。在全球排名前十位的该产品出口国家和地区中，排在第七位到第九位的三个国家为墨西哥、泰国和韩国，增势强劲，增幅分别为3.76%、10.48%和12.83%（图4）。

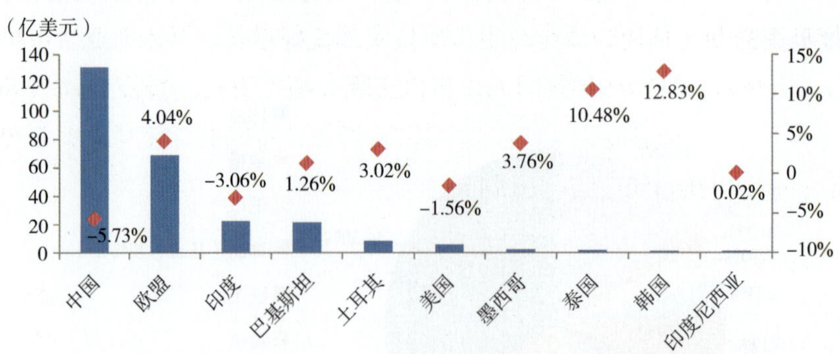

图4　2016年全球前十位床上用品出口国家和地区出口金额及同比增幅

（二）以欧盟为主的地毯出口份额略有扩大

2016年，全球地毯出口额占世界家纺出口总额的17.01%，是全球第二大家用纺织品出口品类，占比份额略增0.01个百分点，实现出口贸易额140.03亿美元。欧盟为全球最大的地毯出口地区，且增势稳中有进。2016年欧盟实现出口额51.32亿美元，同比增长2.03%，占2016年全球地毯出口总额的36.65%，占比较上年扩大1.91个百分点。全球排名在第二位和第三位的中国和土耳其则呈现出口金额下降局面，2016年，两国分别实现地毯出口额25.23亿美元和19.13亿美元，所占份额分别缩小0.16个百分点和0.22个百分点。印度、泰国、加拿大和沙特阿拉伯基本保持增势，增幅分别为1.07%、0.70%、1.82%和1.59%，分别实现出口额17.37亿美元、1.62亿美元、1.59亿美元和1.10亿美元（图5）。

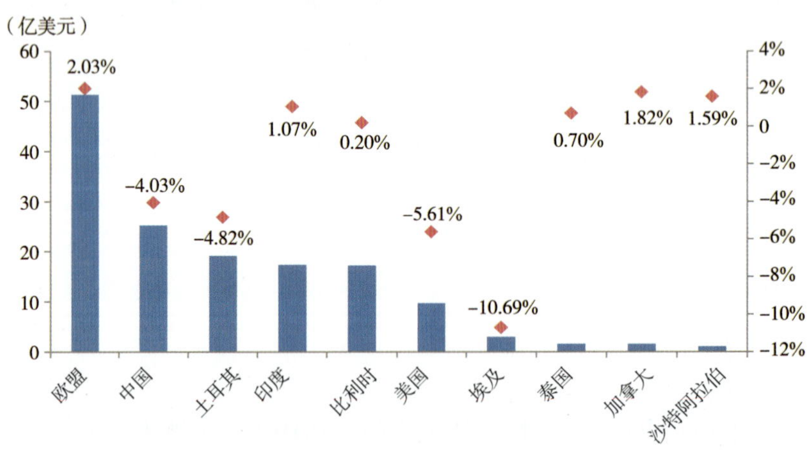

图5　2016年全球前十位地毯出口国家和地区出口金额及同比增幅

（三）毛巾出口增势良好

2016年，全球共出口毛巾类产品69.47亿美元，增长良好，同比增长5.15%，占总体家纺出口额的比重也由上年的7.88%扩展到8.44%，是2016年各类家纺产品出口贸易中为数不多实现正增长且增幅较大的品类。主要得益于中国做出的贡献，中国是全球最大的毛巾出口国，出口份额占全球毛巾出口总额的43.51%。2016年，中国共出口毛巾30.22亿美元，同比增长13.02%，增长势头强劲，从而带动全球毛巾出口实现良好增长。马来西亚毛巾出口额占全球总额的比重仅为1.24%，但2016年该国毛巾出口实现大幅度增长，增幅为47.72%，出口金额为8597.97万美元。另外，巴西该产品出口实现较好增长，实现出口额3425.96万美元，增幅为14.28%，位于全球毛巾出口第十位（图6）。

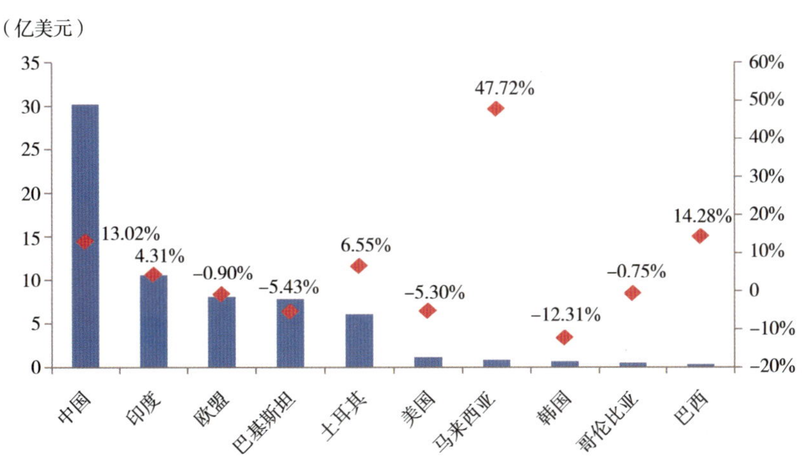

图6　2016年全球前十位毛巾出口国家和地区出口金额及同比增幅

（四）饰品出口贡献来自经济发达地区

家用纺织品类的饰品包括花边及装饰带等。2016年，全球共出口花边及装饰带类产品46.30亿美元，同比下降2.38%，主要由欧盟、中国、美国、中国香港及加拿大等经济发达的国家和地区所贡献。以上国家和地区2016年花边及装饰带出口额占全球该产品出口总额的74.83%。其中，加拿大2016年出口额较上年实现大幅度增长，金额为2.39亿美元，增幅为12.37%，占全球该产品出口额的5.16%；中国香港2016年也实现该产品出口额的快速增长，实现出口额2.56亿美元，占全球出口额的5.54%，同比增长9.70%，增幅高于该产品平均增幅7.32个百分点（图7）。

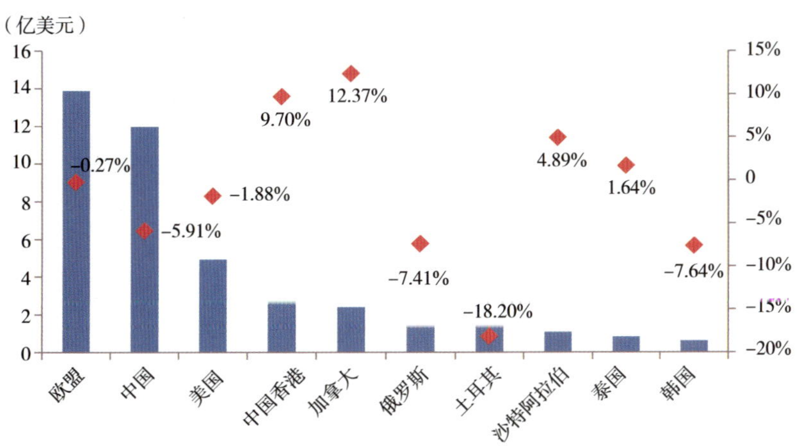

图7　2016年全球前十位饰品出口国家和地区出口金额及同比增幅

（五）毯子出口额受中国主导影响

全球出口的毯子类产品中有超过75%的份额来自中国。2016年，全球共出口毯子44.38亿美元，同比下降7.19%。其中，中国该产品出口同比下降8%。其余国家和地区中，出口份额相对较大的是欧盟、印度和阿联酋。其中，欧盟和阿联酋实现正增长。欧盟2016年毯子出口额占全球出口份额的9.16%，排在全球第二位，实现出口金额4.06亿美元，增速较上年增长0.81个百分点。阿联酋2016年共实现毯子出口额1.39亿美元，同比增长26.09%，增长迅速（图8）。

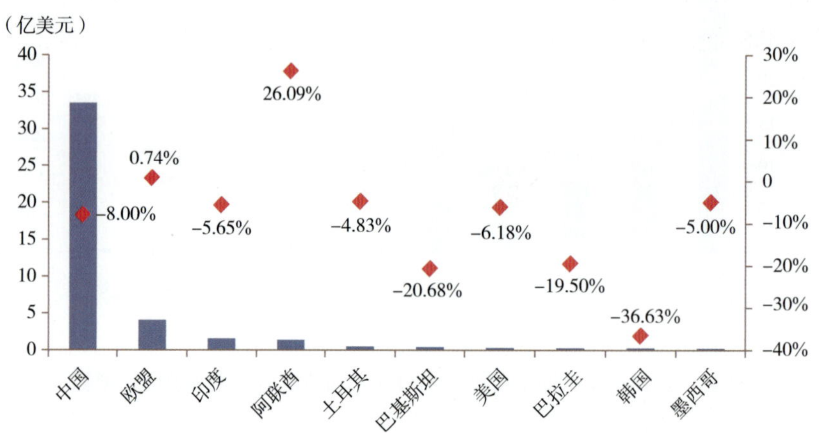

图8　2016年全球前十位毯子出口国家和地区出口金额及同比增幅

（六）墨西哥和欧盟窗帘增势良好

2016年，全球窗帘共出口42.54亿美元，同比下降2.16%。中国对窗帘的出口额超过全球该产品出口总额的一半，占比为52.59%。2016年，中国该产品出口额为22.37亿元，同比增幅为-6.25%。与此同时，在全球前十位窗帘出口国家中，欧盟和墨西哥也是全球重要的窗帘出口国家和地区，2016年对该产品出口增势良好，增幅分别为4.44%和15.49%，占全球窗帘出口总额的比重分别为21.63%和6.85%。此外，印度尼西亚虽然出口金额相对较小，但增长潜力巨大：印度尼西亚2016年实现窗帘出口额4682.26万美元，同比增长74.20%（图9）。

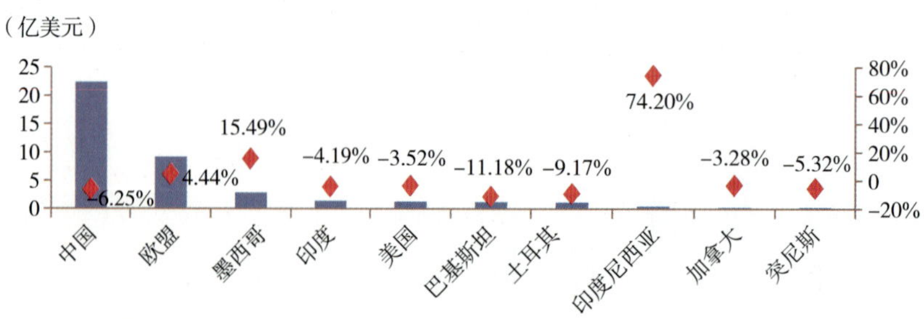

图9　2016年全球前十位窗帘出口国家和地区出口金额及同比增幅

（七）刺绣类装饰品下降趋势明显

刺绣类装饰品占全球家用纺织品出口总额的3.53%。全球有40%的刺绣纺织品出口额由中国提供。欧盟和印度也是全球比较重要的刺绣纺织品出口国，分别占全球该产品出口贸易的11.90%和8.93%。2016年，全球共实现刺绣类装饰品出口额29.10亿美元，金额同比下降6.89%。该产品2016年下降趋势明显，全球主要的十个出口国家中，有六个国家出现负增长。其中，中国和欧盟对该产品出口额的下降影响较大。尤其是中国，该产品出口额降幅达11.56%，出口金额11.91亿美元；欧盟该产品出口3.46亿美元，同比下降1.30%。与此同时，印度、土耳其、美国和日本2016年该产品出口则实现正增长。出口额排在前十位的国家和地区中，增幅最大的为土耳其，实现出口额1.66亿美元，同比增长8.32%，占全球该产品出口额的5.71%（图10）。

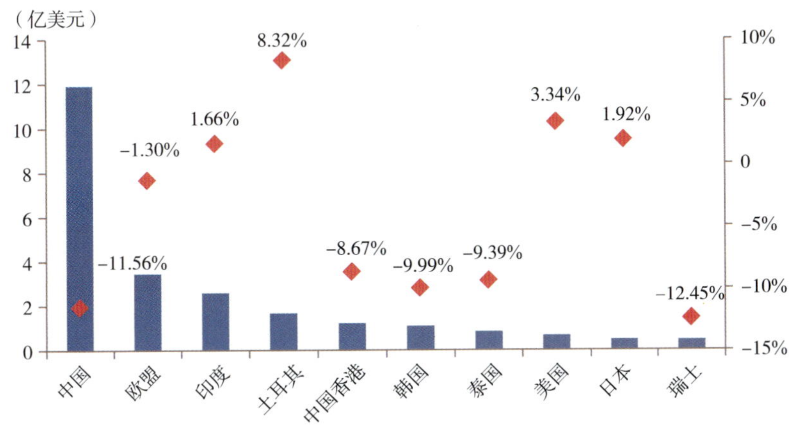

图10　2016年全球前十位刺绣类装饰品出口国家和地区出口金额及同比增幅

（八）餐厨用纺织品来自中国及欧盟

餐厨用纺织品在全球家用纺织品总额中所占比重较小，为3.10%。2016年，全球共实现餐厨用纺织品出口额25.50亿美元，同比下降3.82%。中国和欧盟为全球最大的餐厨用纺织品出口国家和地区。2016年，中国共实现餐厨用纺织品出口额13.16亿美元，同比下降9.67%，占全球该产品出口总额的51.61%。欧盟2016年共实现餐厨用纺织品出口额5.60亿美元，同比增长3.52%，占全球该产品出口总额的21.95%，增势良好，份额较上年扩大1.77个百分点。巴基斯坦是全球前十位餐厨用纺织品出口国家和地区中增长最为强劲的，2016年，该国实现出口额1.33亿美元，同比增长112.85%，占全球该产品出口总额的5.20%；其他增幅较大的国家为阿联酋和美国，分别实现该产品出口额1579.08万美元和4140.96万美元，同比增幅分别为50.24%和12.74%（图11）。

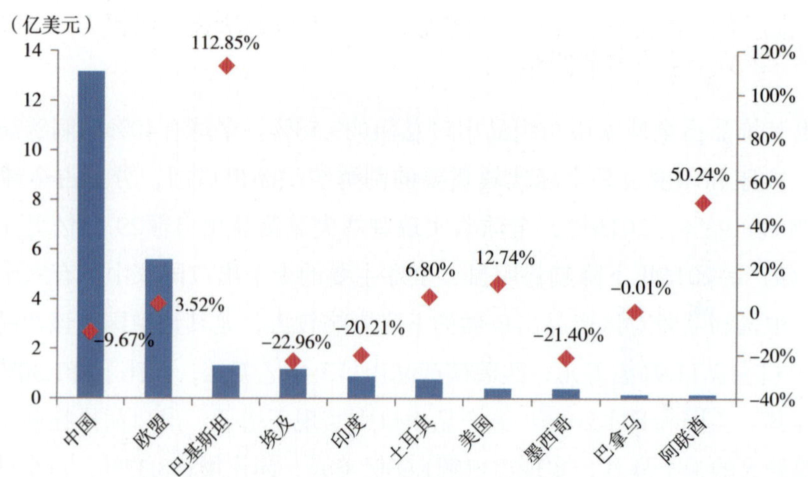

图11　2016年全球前十位餐厨用纺织品出口国家和地区出口金额及同比增幅

（九）手帕增势向好

2016年，全球共出口手帕类产品2.25亿美元，占全球家用纺织品出口总额的0.27%，产业体量小但增长趋势保持良好，出口额较2015年增长3.24%。全球68%的手帕产品来自中国，15.43%来自欧盟。2016年，中国实现手帕出口额1.54亿美元，同比增长2.09%，出口份额扩大0.67个百分点。欧盟2016年共出口手帕3571万美元，同比增长11.33%，出口份额扩大1.45个百分点。此外，印度、泰国和日本也实现较好增长，分别实现出口额769.60万美元、678.33万美元和151.80万美元，同比增长10.21%、26.95%和18.90%。在该产品全球出口额排名中分别位列第三位、第四位和第八位（图12）。

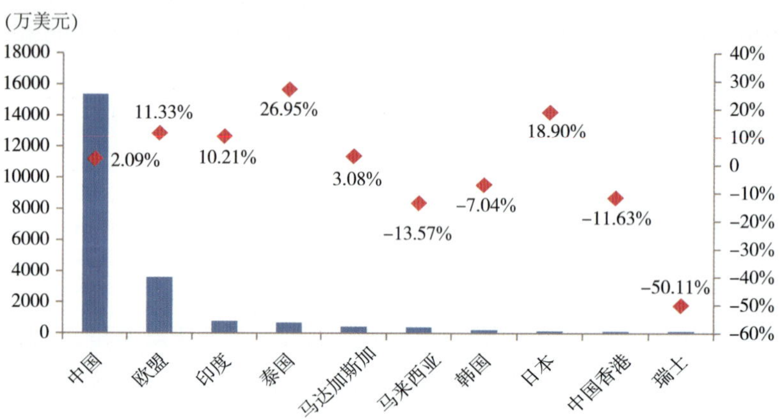

图12　2016年全球主要的手帕出口国家和地区出口金额及同比增幅

（十）家纺辅料出口等金额明显下降

辅料包括缝纫线及绣花线类产品，2016年该产品共实现出口额18.96亿美元，同比下降9.28%，占全球家用纺织品出口总额的2.30%。中国、欧盟、美国、中国香港及韩国等为该产品主要出口国家和地区，且对该产品的出口额较上年均有不同程度的下降，尤其中国该产品出口额下降12.04%。同时，巴基斯坦对该产品的出口则实现良好增长，实现出口额2609.66

万美元，同比增长70.48%。日本对该产品出口也有较好增长，涨幅为12.52%，实现出口额3756.84万美元（图13）。

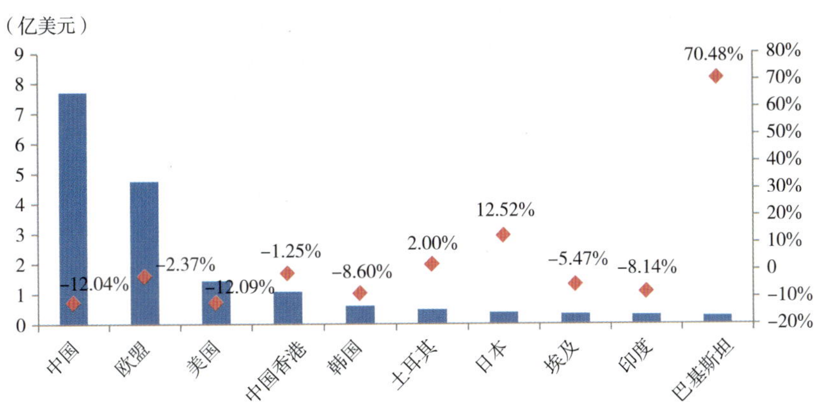

图13　2016年全球主要的窗帘出口国家和地区出口金额及同比增幅

三、全球家纺主要出口国家和地区的情况

2016年，全球家纺出口贸易排名前十位的国家和地区实现家纺出口贸易额750.64亿元，占世界家纺出口贸易总额的91.20%。2016年，在前十位国家和地区中家纺产品出口额所占比重，除英国和泰国略有收窄以外，其他国家和地区均较上年略有扩大，合计占比增长3.02个百分点（表1）。

表1　2016年全球排名前十位国家和地区家用纺织品出口额及同比增幅

国家及地区	金额（亿美元）	同比增幅（%）	占全球总额的比重（%）
中国	343.72	-4.80	41.75
欧盟	196.86	2.46	23.91
印度	63.71	0.99	7.74
土耳其	40.34	-1.14	4.90
巴基斯坦	38.00	0.24	4.62
美国	33.34	-3.44	4.05
墨西哥	12.45	0.87	1.51
中国香港	8.02	-0.96	0.97
加拿大	7.25	12.32	0.88
泰国	6.95	-1.11	0.84

中国、欧盟、印度、土耳其、巴基斯坦和美国是全球最大的六个家用纺织品出口国家和地区，2016年的出口额占世界家纺出口总额的86.96%，其影响力还在进一步扩大，所占比重较上年扩大2.72个百分点（图14）。下文将对这六个国家和地区的家用纺织品出口分布进行详细介绍。

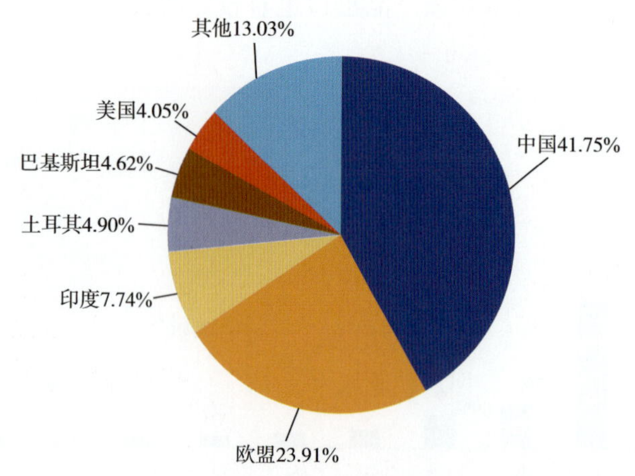

图14　六个主要的家纺出口国家和地区所占份额

（一）中国

中国是全球最大的家用纺织品贸易出口国，除地毯以外的其他各类家纺产品出口额均为世界首位。2016年，中国共出口家用纺织品343.72亿美元，同比下降4.80%。床上用品、毯子、毛巾、地毯和窗帘为最主要的出口产品，占中国出口家纺产品总量的70.6%（图15）。

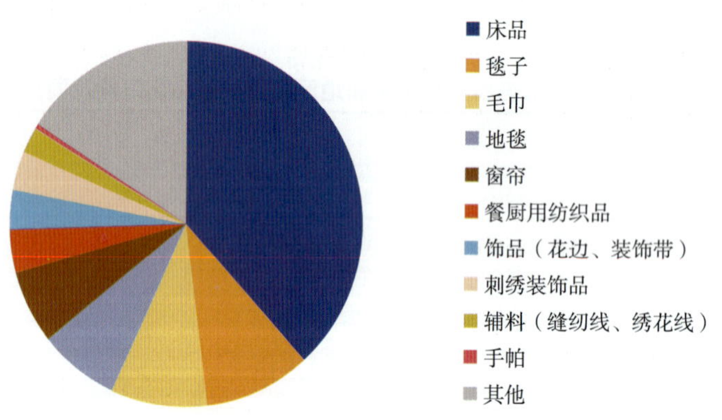

图15　2016年中国出口各类家纺产品比重

2016年，中国共出口床上用品131.31亿美元，同比下降5.73%，占中国家用纺织品出口额的38.20%；占全球床品出口额的46.49%，较上年略收缩0.41个百分点。全球毯子类产品有四分之三由中国出口。2016年，中国毯子产品出口33.52亿美元，同比下降8%，占全球毯子类产品出口贸易总额的75.53%，且所占比重较上年扩大0.1个百分点。毯子类产品也是中国第二大家纺出口产品品类，占全国家纺出口总额的9.75%。毛巾、地毯和窗帘类产品出口体量相当，分别占中国出口家用纺织品总额的8.79%、7.34%和6.51%，2016年实现出口金额分别为30.22亿美元、25.23亿美元和22.37亿美元（图16）。

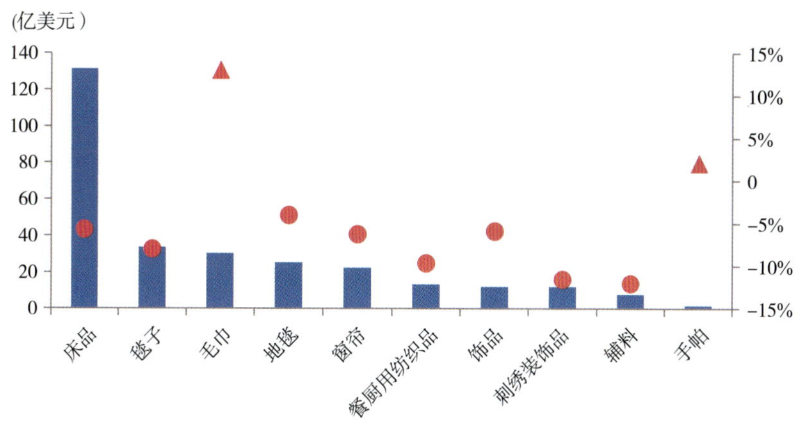

图16　中国2016年出口各类家纺产品金额及增幅

(二)欧盟

欧盟不仅是全球重要的家用纺织品传统消费市场，也是全球重要的家用纺织品生产和出口地区。其出口额位居全球第二，且增势向好，充满活力。2016年，欧盟共出口家用纺织品196.86亿美元，同比增长2.46%。在全球家用纺织品出口总额收窄的背景下，欧盟依然保持着较好的增长。该地区主要以出口床上用品和地毯类产品为主，两类产品出口额占该地区全部家纺产品出口额的61.11%。其中出口份额最大的床上用品品类2016年实现出口额68.97亿美元，同比增长4.04%。欧盟也是世界最大的地毯类产品出口地区，2016年实现出口额51.32亿美元，同比增长2.03%。金额占全球地毯出口总额的36.65%，较上年同期扩大1.91个百分点。2016年，在十大类主要的家用纺织品出口品类中，有六类产品实现正增长（图17、图18）。

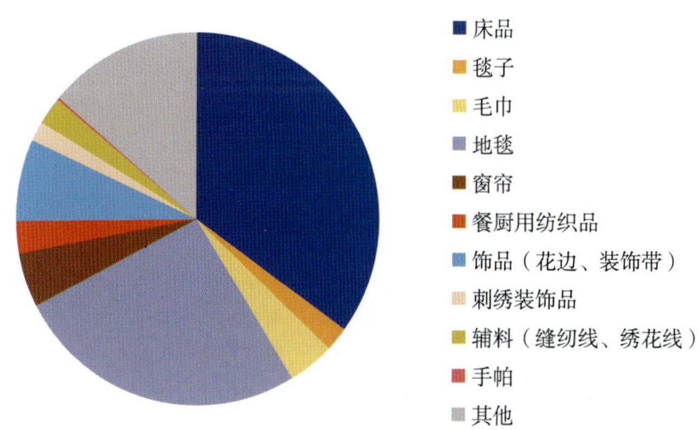

图17　2016年欧盟出口各类家纺产品比重

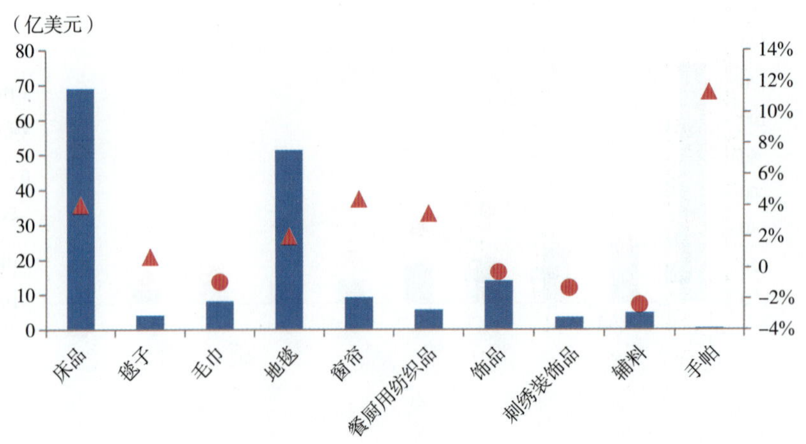

图18　欧盟2016年出口各类家纺产品金额及增幅

（三）印度

印度是全球第三大家用纺织品出口国，主要以出口床上用品、地毯和毛巾类产品为主。2016年，印度共实现家用纺织品出口额63.71亿美元，同比增长0.99%，占全球纺织品出口总额的7.74%，份额较上年扩大0.46个百分点。其中，该国家用纺织品出口最大品类为床品，出口床上用品22.73亿美元，同比下降3.06%，占印度出口家用纺织品总额的35.67%，占全球床上用品出口总额的8.05%，份额较上年扩大0.16个百分点。印度是全球第四大地毯出口国家和地区，2016年实现出口额17.37亿美元，同比增长1.07%，占全球地毯出口总额的12.40%，份额较上年扩大0.53个百分点。地毯在该国家用纺织品出口总额中所占的比重为27.26%，是该国家用纺织品出口的第二大品类。第三大品类为毛巾类产品，2016年印度共实现毛巾类产品出口额10.63亿美元，同比上年增长4.31%，是该国出口额增长幅度最高的家用纺织品品类。同时，该国出口比重较小的毯子、窗帘、餐厨用纺织品、花边装饰带及缝纫绣花线等产品的出口额下降幅度较大（图19、图20）。

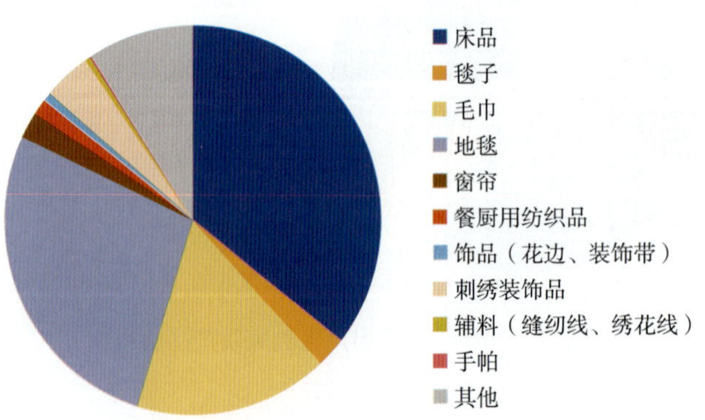

图19　2016年印度出口各类家纺产品比重

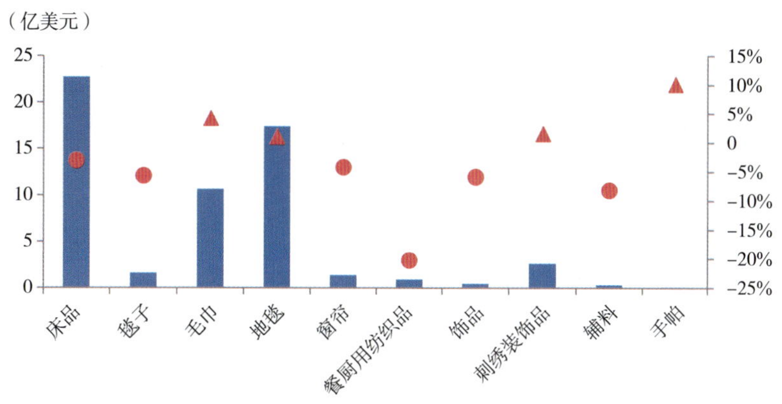

图20　印度2016年出口各类家纺产品金额及增幅

（四）土耳其

2016年，土耳其共实现出口额40.34亿美元，同比下降1.14%。该国主要以出口地毯为主，地毯出口占该国家用纺织品出口总额的47.41%，为世界第三大地毯出口国。2016年，该国共实现地毯出口额19.13亿美元，同比下降4.82%。2016年，该国地毯出口额占全球地毯出口总额的13.66%。此外，该国床上用品和毛巾类产品也有较大比重。2016年，该国共实现床上用品出口额8.37亿美元，实现毛巾出口额6.10亿美元，分别占该国家用纺织品出口总额的20.74%和15.13%。两类产品分别占全球该产品出口总额的2.96%和8.79%，在全球该两类产品出口国排名中，均排在第五位。出口手帕体量小但增长强劲，2016年，该国实现手帕出口额100万美元，同比增长63.02%，在全球手帕出口额排序的国家中，位列第十九位，占比份额较上年增加0.18个百分点（图21、图22）。

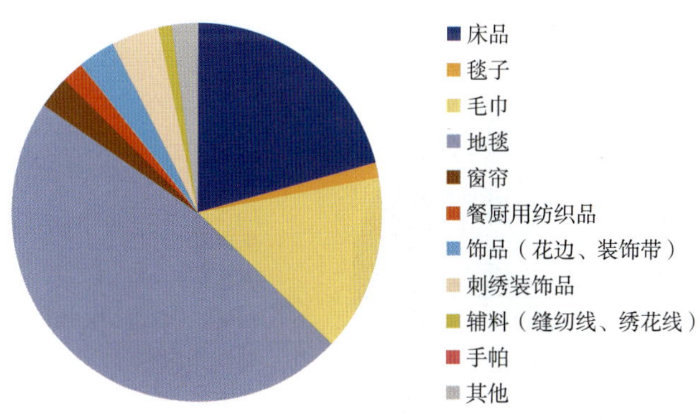

图21　2016年土耳其出口各类家纺产品比重

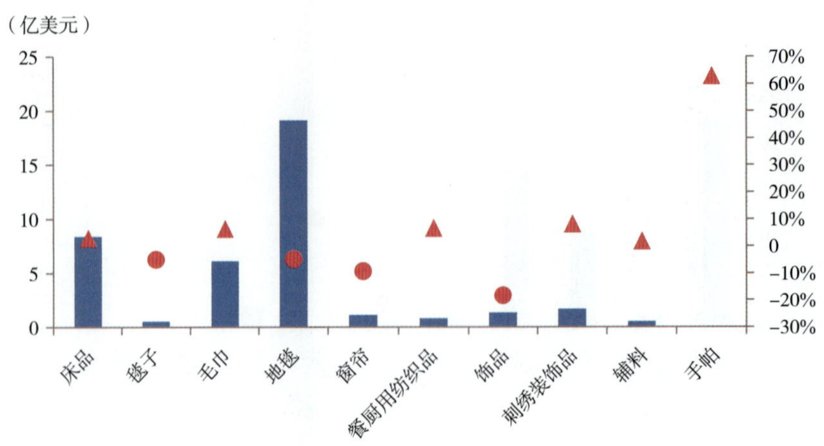

图22 土耳其2016年出口各类家纺产品金额及增幅

（五）巴基斯坦

巴基斯坦国以出口床上用品为主要的家用纺织品出口品类，其床品出口额占该国家用纺织品出口额的一半以上。2016年，该国共出口家用纺织品38.0亿美元，同比略增0.24%，其中床上用品出口额21.82亿元，同比增长1.26%，占该国家用纺织品出口总额的57.42%；占全球床上用品出口总额的7.73%，份额较上年同期扩大0.48个百分点。此外，毛巾类产品在该国出口的家用纺织品品类中也占有较大份额。2016年，该国共出口毛巾类产品7.82亿美元，同比下降5.43%，金额占该国出口家用纺织品总额的20.58%。该国为全球第四大毛巾出口国家和地区，其2016年的毛巾出口金额占全球毛巾出口总额11.26%，占比较上年收窄0.46个百分点。与此同时，该国出口的餐厨用纺织品、缝纫绣花线及刺绣装饰品都有大幅度的增长。2016年，该国出口餐厨用纺织品1.33亿美元，同比增长112.85%，占该国出口家用纺织品总额的3.49%，一跃排在全球第三位。出口缝纫线2609.66万美元，同比增长70.48%；出口刺绣装饰品59.21万美元，同比增长150.95%（图23、图24）。

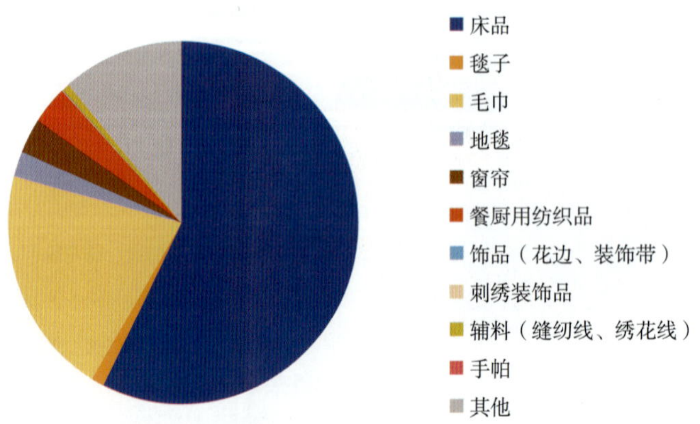

图23 2016年巴基斯坦出口各类家纺产品比重

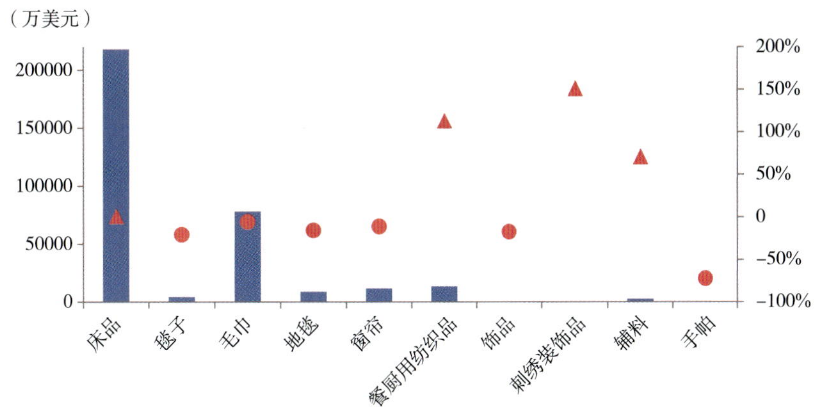

图24　巴基斯坦2016年出口各类家纺产品金额及增幅

（六）美国

美国拥有全球最大的家用纺织品消费市场，同时也是全球重要家用纺织品生产和出口国家。2016年，该国共生产家用纺织品33.34亿美元，同比下降3.44%。在全球家用纺织品出口总额中的占比为4.05%，排在全球第七位。从该国出口的家用纺织品构成来看，出口份额最多的依次为地毯、床品、花边装饰带、缝纫绣花线、窗帘及毛巾等。2016年，美国共出口地毯类产品9.74亿美元，同比下降5.61%，占该国家用纺织品出口总额的29.23%。出口床上用品共5.84亿美元，同比下降1.56%，占该国家用纺织品总额的17.50%。出口饰品（花边及装饰带）4.93亿美元，同比下降1.88%，占该国出口家用纺织品总额的14.79%。美国出口的花边及装饰带等饰品居于全球第三位，前两位分别为欧盟和中国。2016年，美国花边及装饰带等饰品出口额占全球该产品出口总额的10.65%，较上年扩大0.24个百分点（图25、图26）。

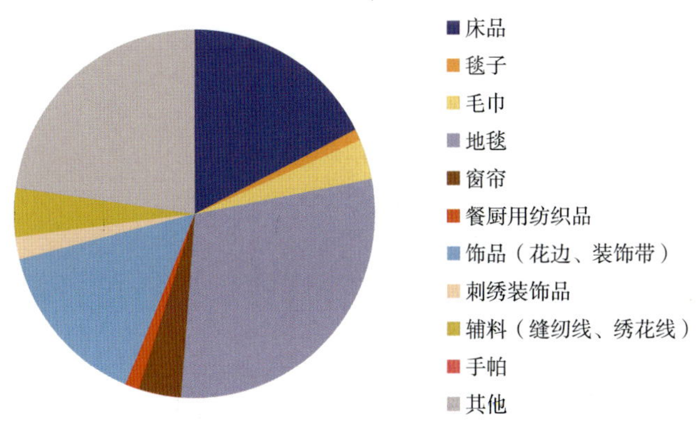

图25　2016年美国出口各类家纺产品比重

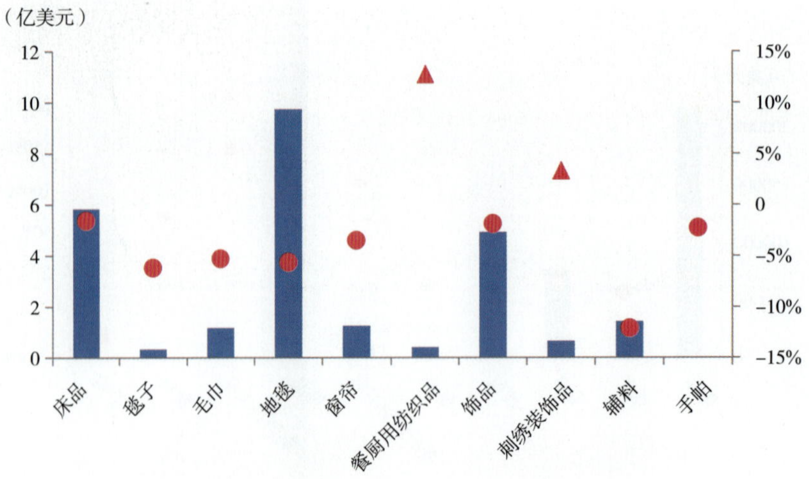

图26 美国2016年出口各类家纺产品金额及增幅

综上所述，2016年，全球家纺出口市场几大主要出口国家和地区出口总体保持稳定。特别是欧盟实力雄厚且增长强劲，显现出活力。另外，印度、土耳其和巴基斯坦等世界主要床品生产和出口国均保持着稳定增长。中国作为全球最大的家用纺织品生产和出口国，近几年出口家用纺织品占全球的比重始终保持在41%~43%，2016年占比达41.75%。面对新时期新形势下的竞争压力，国际贸易保护主义抬头及复杂的外部环境，中国家纺企业还需提升核心技术，提高行业国际竞争力，积极促进行业转型升级，实现行业持续稳定的发展。

中国家用纺织品行业协会

2017年家用纺织品进出口贸易综述

刘丹

2017年，我国家用纺织品进出口贸易总额409.88亿美元，同比增长1.94%，打破自2015年以来出口额同比下降的局面，主要是因为全球经济出现复苏，我国家纺产品出口回升；实现贸易顺差379.43亿美元，同比增长2.59%，其中出口占总贸易的96%。

一、我国家纺进口贸易持续下降

2017年，我国家纺产品进口15.22亿美元，同比下降5.47%，较2016年降幅扩大2.66个百分点，进口贸易持续缩减。其中，进口数量同比下降7.62%，较上年降幅加深4.23个百分点；进口单价上升2.32%，较上年提高1.72个百分点。2012~2017年家纺产品进口额及同比见图1。

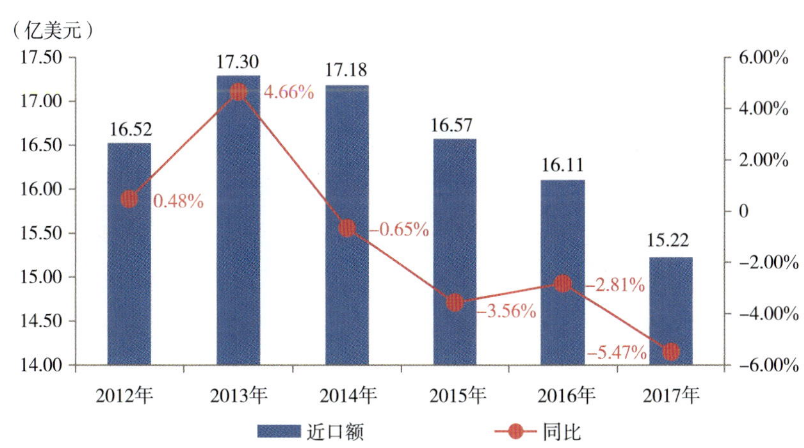

图1　2012~2017年家纺产品进口额及同比

（一）一般贸易进口贸易额一跃成为第一

家纺产品进口贸易方式主要有一般贸易方式、进料加工贸易方式、来料加工贸易方式、保税库进出境货物贸易方式、保税区仓储转口货物贸易方式等。其中以一般贸易和进料加工贸易为主，占七成以上，2017年家纺产品进口贸易方式占比分布见图2。过去几年，在进口贸易中进料加工贸易更胜一般贸易一筹，而2017年一般贸易进口贸易额一跃成为第一。

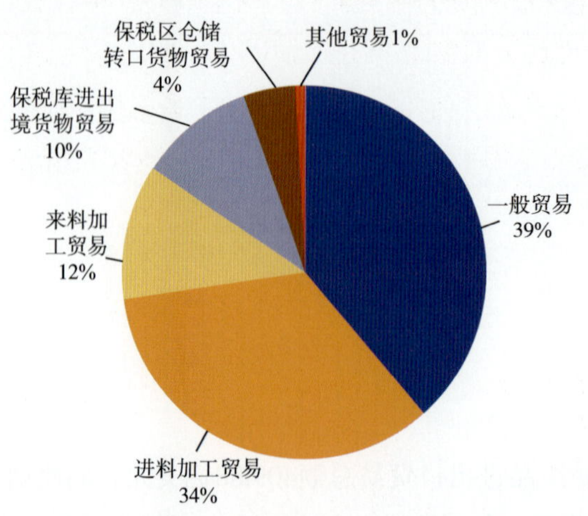

图2　2017年家纺产品进口主要贸易方式占比

近几年来，一般贸易额逐年递增，2017年实现5.87亿美元，同比增长6.83%，占进口贸易比重达38.58%，比重较2016年扩大4.44个百分点；而一直位于首位的进料加工贸易额5.18亿美元，同比下降13.52%，2014~2017年一般贸易与进料加工贸易方式进口额见图3。来料加工贸易额17.8亿元，同比下降30.22%，较2016年降幅扩大21.02个百分点；保税库进出境货物贸易额为15.5亿元，同比增长12.69%，增幅较2016年提高22.29个百分点。总之，一般贸易和保税库进出境货物贸易增长显著，而进料加工和来料加工贸易下降明显。

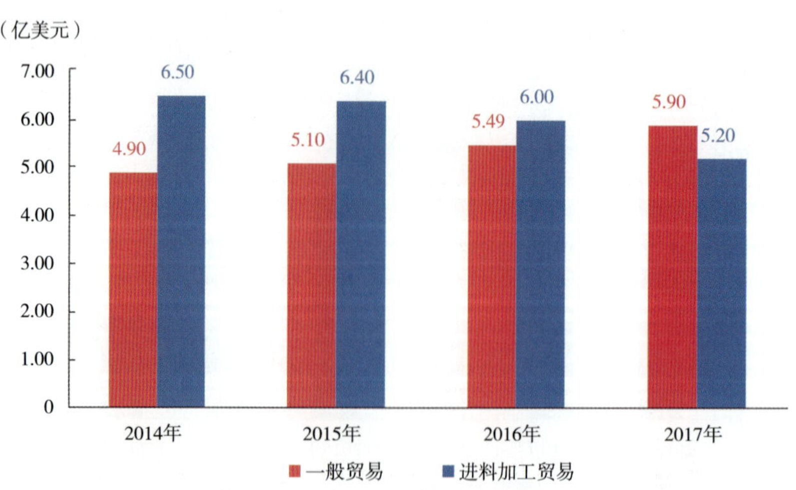

图3　2014~2017年一般贸易与进料加工贸易方式进口额

（二）布艺产品进口额进一步减少

我国家纺产品进口量少，且以布艺产品中的面料和辅料为主，在过去的几年里，布艺产品的进口规模最大，4年来金额占比维持在35%左右，进入2017年，布艺产品进口需求显著减少，进口额3.6亿美元，同比下降36.42%，较2016年降幅扩大29.16个百分点；进口额占总量的23.64%，规模较2016年减小11.51个百分点。

绳、边、线、带等辅料进口3.74亿美元，同比增长3.08%，由于2017年对布艺产品进口的减少，辅料成为进口规模最大的家纺产品；床上用品进口2.88亿美元，同比增长25.58%，较2016年增幅增长23.41个百分点；而体量较小的毛巾、餐厨用纺织品、毯子进口情况基本呈增长趋势，分别增长21.94%、17.35%和10.9%；地毯产品同比下降2.59%。各大类产品进口额及同比见图4。

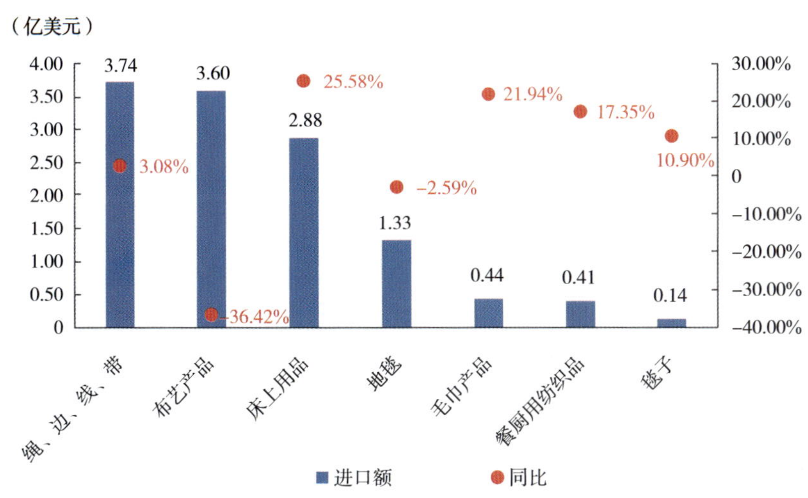

图4 2017年家纺大类产品进口额及同比

（三）前六大进口来源地降幅大于总水平

家纺产品进口地区相对集中，2017年前六大进口国家和地区分别为中国（原产地）、日本、欧盟、东盟、韩国和中国台湾，共计进口11.9亿美元，占总进口市场的78.15%，同比下降8.5%，降幅深于总进口水平3.02个百分点，我国家纺产品进口规模在主要进口市场收缩。

其中，中国（原产地）、日本、韩国、中国台湾进口额同比出现明显下滑，分别下降7.02%、2.59%、29.11%和31.26%，东盟与欧盟进口额同比上升，为22.71%和5.37%。前六大进口市场进口额及同比见图5。

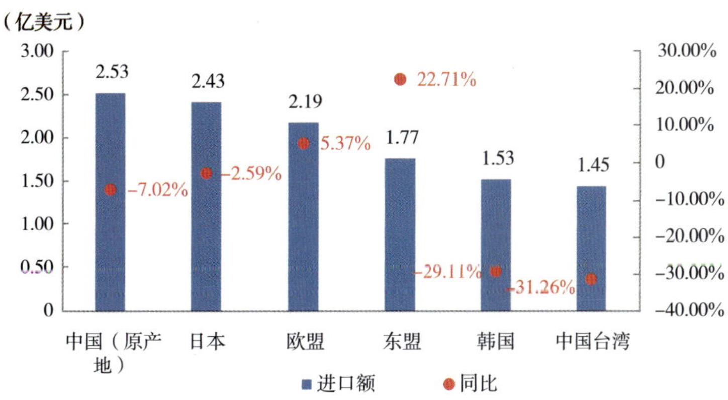

图5 2017年前六大进口市场进口额及同比

（四）主要进口口岸情况

我国家纺产品八成是通过广东、上海、江苏、浙江和山东五个地区完成的。2017年第一大进口口岸广东省进口额为4.21亿美元，同比下降19.47%，较2016年降幅扩大12.9个百分点；广东省口岸进口额占比27.62%，规模较2016年收窄4.79%，广东省口岸进口情况对整体进口有很大程度的作用。

第二到第五进口口岸为上海市、江苏省、浙江省、山东省，分别进口家纺产品3.97亿美元、1.57亿美元、1.32亿美元和1.22亿美元，同比增幅分别为9.01%、–1.94%、10.2%和–6.73%。前五大进口口岸共进口家纺产品12.28亿美元，占总额81%，同比减少5.29%，与总进口情况（–5.47%）接近。

二、我国家纺出口贸易稳步回升

2017年，我国家纺产品完成出口394.65亿美元，同比增长2.25%，较2016年增幅扩大6.31个百分点，自2015年出口额出现下降趋势后首次回温，2012~2017年家纺产品出口额及同比见图6。另外，家纺产品出口继续延续量增价减态势，在此基础上，2017年数量同比（9.65%）继续上涨，较2016年上涨5.65个百分点；价格同比（–6.74%）下降幅度有所收敛，较2016年收窄1.01个百分点。

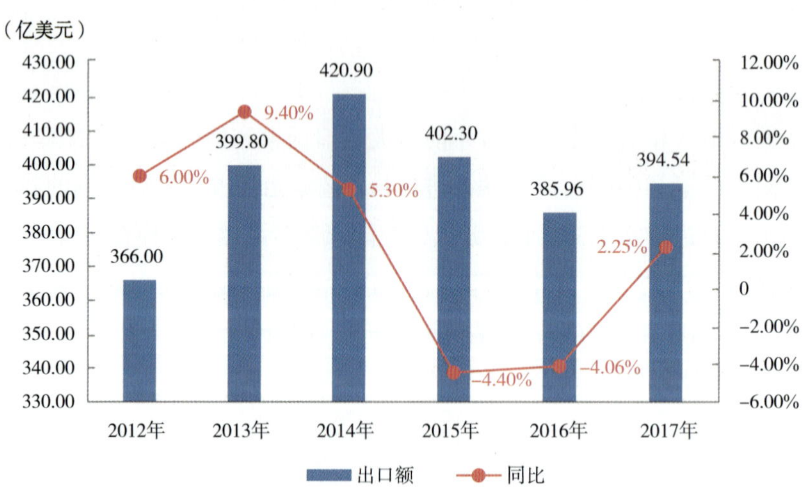

图6 2012~2017年家纺产品出口额及同比

（一）大类产品出口情况

在出口的大类产品中，床上用品一直以来占据主要地位，出口额占总量的三成。2017年床品大幅回升，有力拉动整体市场趋势走向，床品完成出口119.89亿美元，同比增长3.66%，较2016年增长8.59个百分点；出口规模稳步增长，较2016年扩大0.41个百分点。2013~2017年床品出口额及同比见图7。

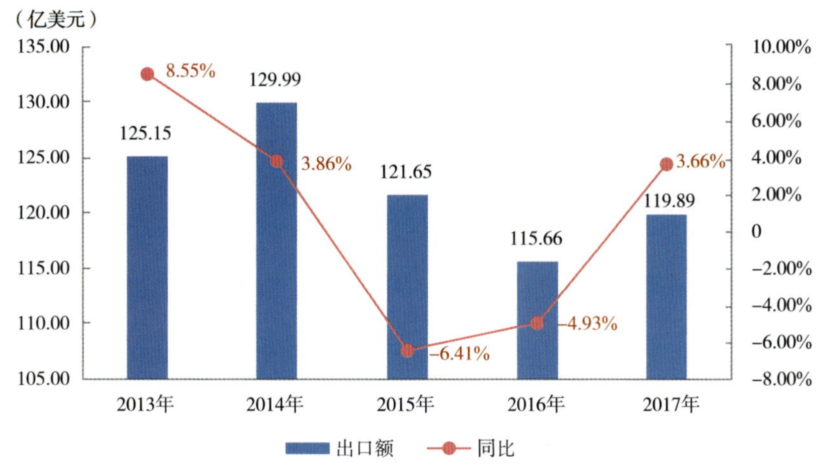

图7　2013~2017年床上用品出口额及同比

还有一些产品增速明显，例如窗帘、地毯、毯子、餐厨用纺织品、绳边线带等辅料出口额同比分别增长5.5%、6.53%、8.73%、1.22%和2.92%；少数产品出口下滑，毛巾产品出口额略降0.17%，装饰布出口额下滑明显，达17.42%。详细出口大类产品出口额及同比见表1。

表 1　2017 年大类产品出口额及同比

大类产品	出口额（亿美元）	同比（%）
床上用品	119.89	3.66
布艺产品	75.03	-4.49
毯子	36.45	8.73
绳、边、线、带	31.44	2.92
毛巾产品	29.53	-0.17
装饰布	27.36	-17.42
地毯	27.20	6.53
窗帘	23.27	5.50
餐厨用纺织品	22.59	1.22

（二）美、欧、日表现稳定，其他市场仍需发力

1. 美、欧、日传统市场表现稳中有进

2017年，我国家纺产品对美、欧、日市场出口206.12亿美元，同比增长4.45%，增幅较2016年水平扩大6个百分点；占总市场的52.24%，规模进一步扩大，较2016年增长1.09个百分点。对除美、欧、日以外的其他市场出口188.42亿美元，基本与上年持平。

近几年来，美、欧、日传统市场对我国家纺产品的需求逐渐多于其他市场。从出口额增速来看，2013年、2014年美、欧、日市场出口额增速分别低于其他市场10.4个百分点和2.5个百分点，自2015年扭转局势，2015年、2016年和2017年出口额分别高于其他市场4.12个百分

点、4.99个百分点和4.49个百分点；从出口规模来看这一趋势更明显，2013年、2014年美、欧、日市场出口额占比低于其他市场2.8个百分点和4个百分点，2015年略低0.32个百分点，2016年、2017年分别高出2.3个百分点和4.48个百分点。2013~2017年美欧日市场与其他市场出口额同比、占比对比情况见图8。其中，美国市场贡献明显，日本市场逐渐回升，欧盟市场平稳发展。

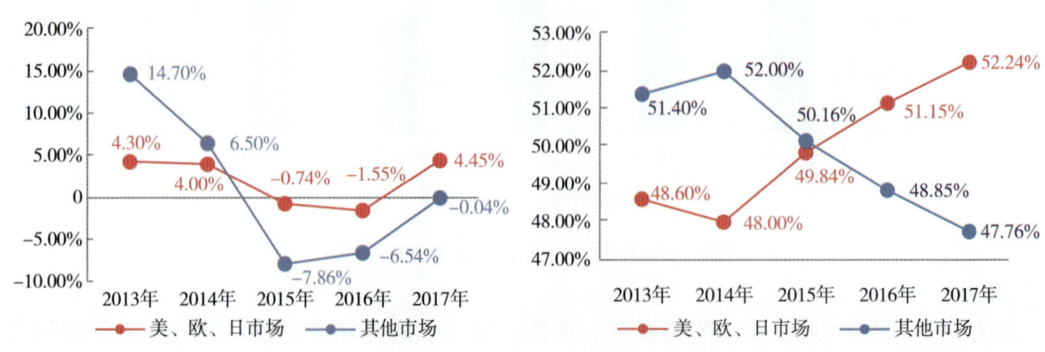

图8　2013~2017年美、欧、日与其他市场出口额同比（左）、占比（右）对比

美国市场贡献明显。美国失业率下降、消费者信心增长、房市火热，家纺产品进口量大增。2017年对美国市场出口105.17亿美元，同比增长6.77%，增速高于2016年9.79个百分点；出口额占比26.66%，较2016年扩大1.13个百分点；出口数量增长达9.79%，较上年增长4.3个百分点。出口规模扩大，出口增速回升，形势好于欧盟、日本市场，为总体形势带来积极影响。2013~2017年对美国市场出口额及数量同比见图9。

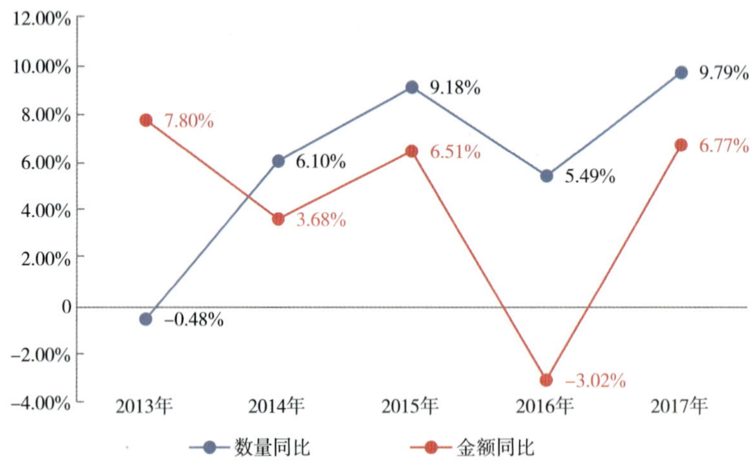

图9　2013~2017年对美国市场出口额及数量同比

欧盟市场平稳发展。欧元区经济继续延续稳步增长的势头，区内各经济体增长形势出现好转，推动了欧元区“多元化”增长与持续复苏。2017年对欧盟市场出口65.82亿美元，同比增长1.29%，在经历了前几年的波动变化后基本保持平稳发展步伐，增速与上年相差不多；出口数量增长9.11%，连续两年保持增长。2013~2017年对欧盟市场出口额及数量同比见图10。

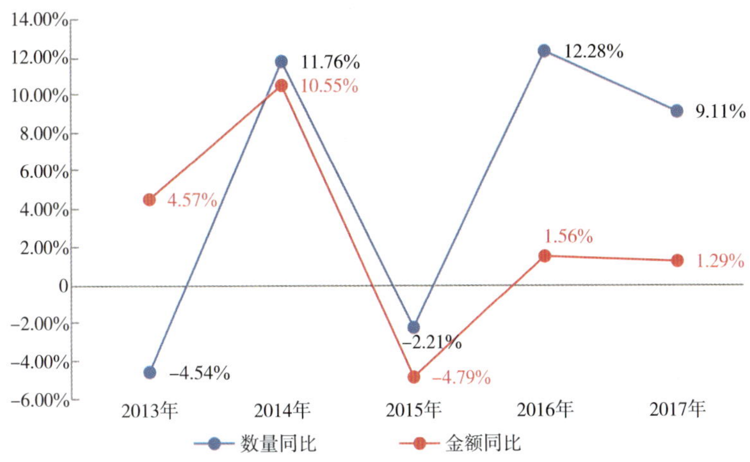

图10　2013~2017年对欧盟市场出口额及数量同比

日本市场逐渐回升。2017年对日本市场出口35.12亿美元，同比增长3.75%，出口数量增长4.73%，这是近几年来日本市场首次出现出口金额与数量双增长。2013~2017年日本市场出口额同比及数量同比见图11。出口额同比高出市场总水平1.5个百分点，高出2016年6.75个百分点，2017年12月，更是实现了出口额同比增长高达13.31%的局面。

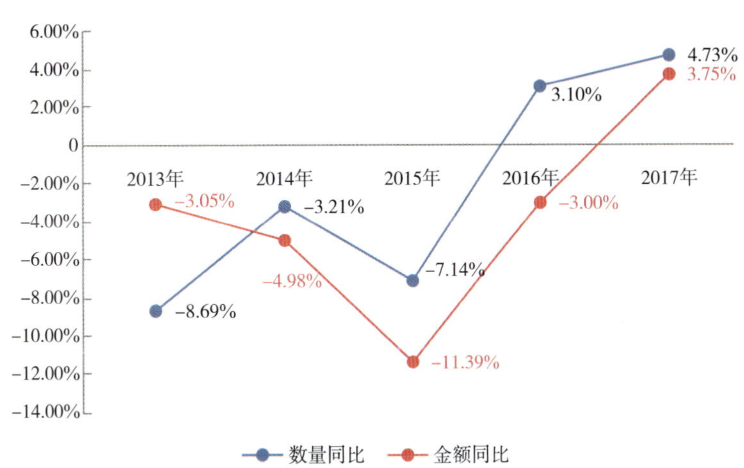

图11　2013~2017年对日本出口额同比及数量同比

2. “一带一路”沿线市场潜力尚需开发

2017年，对“一带一路”沿线市场出口138.42亿美元，同比略降0.46%，降幅较2016年收窄2.17个百分点 。“一带一路”沿线市场分为“丝绸之路经济带”和“21世纪海上丝绸之路经济带”，其中包含65个国家和地区，涉及部分欧盟和东盟市场，合计对其出口73.55亿美元，占“一带一路”沿线市场五成。

（1）丝绸之路经济带。2017年，对“丝绸之路经济带”出口50.01亿美元，同比增长3.17%。其中荷兰、德国、中东欧14国等又属于欧盟市场，合计对其出口27.34亿美元；对除欧盟以外的亚欧市场出口22.67亿美元，同比增长4.05%，增速高出总体“丝绸之路经济带”0.88个百分点。2017年对“丝绸之路经济带”出口情况见表2。

表 2　2017 年对“丝绸之路经济带”出口情况

区域	国家 / 地区	出口额（万美元）	出口额同比（%）	合计出口额（万美元）	合计同比（%）
亚欧地区	中亚 5 国	98203	23.43	226712	4.05
	俄罗斯	63219	−14.54		
	土耳其	23971	−6.61		
	伊朗	21560	1.31		
	独联体其他 6 国	17712	18.75		
	阿尔巴尼亚	1262	−22.84		
	蒙古国	699	−11.58		
	波黑	86	31.72		
欧盟地区	德国	132363	−1.07	273406	2.45
	中东欧 12 国	77518	6.35		
	荷兰	63524	5.57		
总计	—	—	—	500119	3.17

其中，独联体6国和中亚5国表现突出。对独联体6国出口1.77亿美元，同比增长达18.75%，拉动增长的市场主要是乌克兰和白俄罗斯，出口额分别增长19.67%和277.5%，乌克兰从2016年逐渐走出战争时局动荡影响，经济回升，内需增加；白俄罗斯经济也得到发展，同时借助“一带一路”倡议与我国关系日益密切。对中亚5国出口9.82亿美元，同比增长达23.43%，2017年的两位数增长是建立在2016年同样高增长（28.09%）的基础上完成的。2017年对中亚5国市场出口情况见表3。

表 3　2017 年对中亚 5 国市场出口情况

中亚 5 国	出口额（亿美元）	同比（%）
哈萨克斯坦	7.39	30.77
吉尔吉斯斯坦	1.23	8.34
塔吉克斯坦	0.71	−4.12
乌兹别克斯坦	0.42	37.29
土库曼斯坦	0.09	−37.43

（2）21世纪海上丝绸之路。对“21世纪海上丝绸之路经济带”出口88.41亿美元，同比下降2.41%，降幅较去年收窄3.7个百分点。若除去东盟市场以及希腊、意大利等欧盟市场，共出口42.20亿美元，同比下降4.69%，主要是因为南亚6国和西亚北非15国下降带动，分别为3.52%和5.43%，但是较2016年情况有所好转，降幅分别收窄4.91、9.43个百分点。2017年对“21世纪海上丝绸之路经济带”出口情况见表4。

表 4　2017 年对“21 世纪海上丝绸之路经济带”出口情况

区域	国家 / 地区	出口额（万美元）	出口额同比（%）	合计出口额（万美元）	合计同比（%）
西亚、南亚、北非	西亚北非 15 国	257202	–5.43	421979	–4.69
	南亚 6 国	164777	–3.52		
欧盟	希腊	11898	0.81	62995	3.87
	意大利	51098	4.61		
东南亚	东盟 10 国	398992	–0.83	399109	–0.84
	东帝汶	117	–21.19		
总计	—	—	—	884084	–2.41

西亚北非等中东市场中，多个国家遭受战乱，政局动荡，消费水平下降，我国家纺产品在此市场出口额同比下降5.43%。东盟地区是“海上丝绸之路经济带”重要的组成部分，2017年对东盟市场出口39.9亿美元，同比下降0.83%，降幅较2016年微深0.69个百分点，出口数量同比增长11.36%，较上年增长2.81个百分点。两大主要出口家纺产品布艺与床上用品出口额同比下降较严重，分别下降8.45%和4.92%，餐厨用纺织品虽然量不大，但是下降迅猛，达18.23%。2017年东盟市场大类产品出口情况见表5。

表 5　2017 年东盟市场大类产品出口情况

产品类别	出口额（亿美元）	同比（%）
床上用品	7.50	–4.92
布艺产品	8.49	–8.45
毛巾产品	5.92	–2.93
地毯	3.53	1.17
毯子	3.08	17.42
餐厨用纺织品	1.62	–18.23
绳、边、线、带	5.47	9.49

在东盟10国中，对菲律宾、印度尼西亚、柬埔寨的出口情况乐观，同比增长明显，分别为6.17%、16.58%、24.4%，分量最大的越南，占东盟市场四分之一，出口额温和增长，为1.03%。但泰国、马来西亚降幅明显，分别达15.8%和11.49%，另外体量较小的新加坡、文莱降幅不小，分别为8.42%和15.87%，使东盟地区整体出口额略降。东盟是“一带一路”沿线市场，发展潜力不容小觑，将会展现出更强大的经济增长潜力。

（三）出关口岸与贸易方式集中

家纺产品出关口岸集中，浙江省和江苏省占总出口量的半壁，前十个省（市）占比达90%以上。2017年家纺产品前十个出关口岸共计出口366.96亿美元，同比增长2.27%。这十省市中七个省市出口额实现增长，其中江苏、河北、新疆和天津增速乐观，分别为5.24%、

21.3%、20.25%和17.08%，带动作用显著。2017年前十出口口岸出口情况见表6。其他体量较小口岸也有增速迅猛的表现，北京、广西和陕西出口额同比达52.07%、35.98%和67.17%。

表6　2017年前十出口口岸出口情况

出口口岸	出口额（亿美元）	同比（%）	占比（%）
浙江	117.91	0.55	29.88
江苏	89.06	5.24	22.57
山东	44.50	–1.25	11.28
广东	41.32	–3.53	10.47
上海	31.83	4.61	8.07
河北	10.85	21.30	2.75
福建	9.42	–7.39	2.39
新疆	7.48	20.25	1.89
安徽	7.43	4.22	1.88
天津	7.16	17.08	1.81

出口贸易方式以一般贸易为主，2017年占总量的85.17%，出口家纺产品336.12亿美元，同比略增0.22%。进料加工贸易、边境小额贸易和其他贸易分别出口22.51亿美元、10.55亿美元和17.50亿美元，同比增长0.52%、1.96%和–0.81%。

2017年，世界经济迎来逐步向好局面，全球经济增速和增长预期提升，发达经济体经济增长势头良好，新兴市场和发展中经济体增速企稳回升，2017年家纺行业在国际市场表现可观，我国进口家纺产品持续减少，而出口实现金额与数量双增长，同时，美元对人民币汇率持续上涨，若按人民币计，2017年我国家纺产品出口2665亿元，同比增长3.89%，出口增量更加明显。北美洲、南美洲、大洋洲、欧洲出口额都实现增长，其中美、欧、日传统市场表现良好，美国市场增量明显、日本市场逐渐回温、欧盟市场平稳发展；“一带一路”沿线市场逐步显现潜力，中亚五国以及乌克兰、白俄罗斯等独联体国家出口额增长迅速，东盟市场相对稳定，中东部分地区受战乱、政局动荡等影响，需求下降。

家纺行业也面临许多挑战，与发达国家相比，行业知名品牌和影响力尚在初级阶段；加工优势逐渐被挤占；产品附加值科技含量远远不足。国内经济进入新常态，消费不断升级，促使我国家纺行业加快转型升级，落实“三品”战略，向“产品+服务”转型，同时通过“一带一路”沿线市场的进一步开拓，出口更上一层，推进海外产业布局。未来挑战与机遇共存，家纺人应乘时代风浪实现行业转型升级。

中国家用纺织品行业协会

国内市场

2017年家纺由耐用品向快消品、低频消费向高频消费转化

中华全国商业信息中心

一、2017年家纺实体店销售情况

（一）零售额增速呈下降趋势

2017年，全国重点大型零售企业家纺销售仍不太乐观，中华全国商业信息中心数据显示，2017年，全国重点大型零售企业床上用品零售额同比下降4.9%，降幅较上年扩大1.5个百分点，是2007年以来的次低增速（图1）。

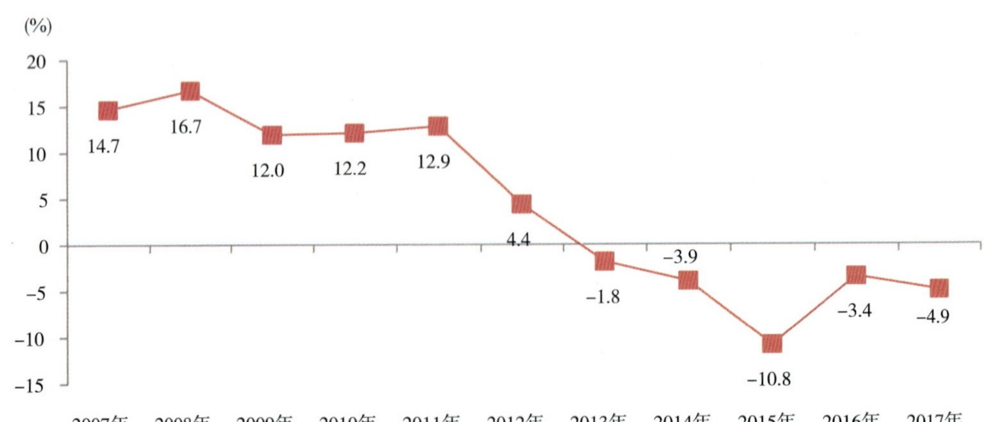

图1 2007~2017年全国重点大型零售企业床上用品零售额增长情况

（二）品牌家纺平均单价明显上涨

根据中华全国商业信息中心统计，2017年，全国重点大型零售企业床上用品套件平均单价为595元，比上年上升60元，床上用品各种被平均单价为536元，比上年上升44元。2017年，家纺产品销售平均单价呈显著上涨趋势，套件价格相比上年上升11.2%，各种被上涨8.9%，套件价格涨幅略快于各种被（图2）。

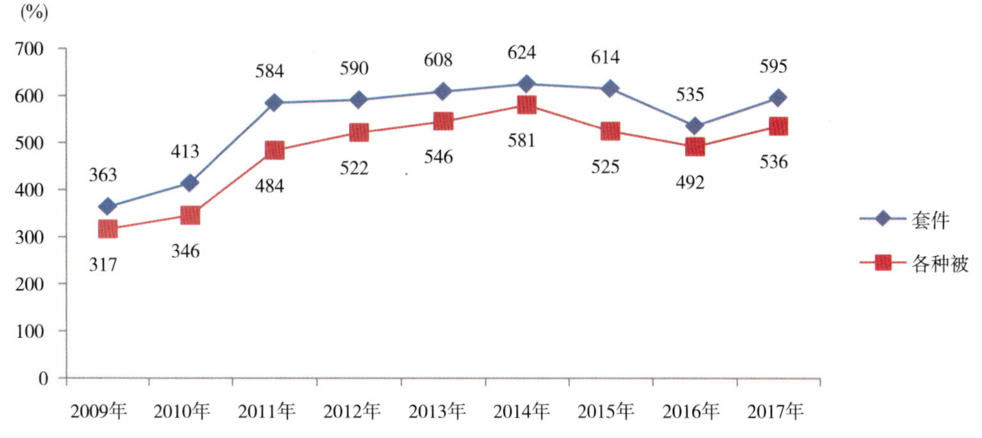

图2　2009~2017年品牌床上用品平均单价及同比增长

（三）二、三线城市零售额增速下降

2017年，一线城市重点大型零售企业床上用品零售额同比增长7.8%，为2010年以来的次高增速，仅次于2011年14.5%的增速；二线城市床上用品零售额同比下降10.7%，已经是连续第五年零售额负增长，二线城市市场持续低迷；三线城市床上用品零售同比下降0.05%，低于上年同期1.95个百分点（图3）。

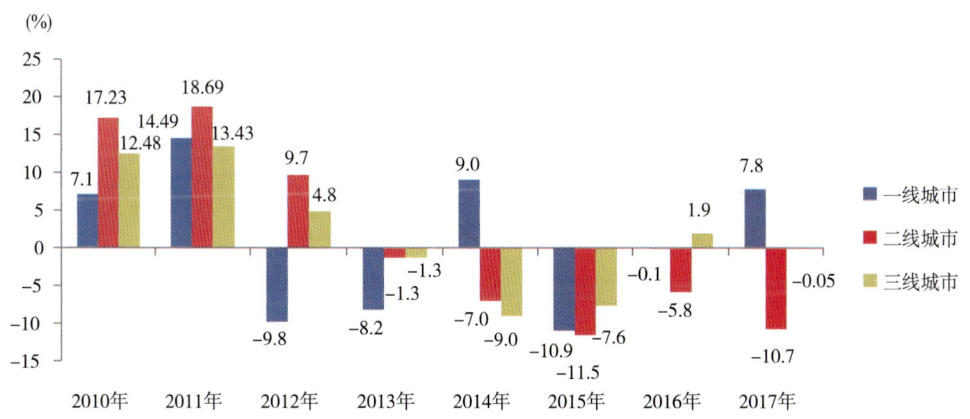

图3　2010~2017年全国重点大型零售企业一、二、三线城市床上用品零售额增速

（四）东部地区零售小幅增长

从不同地区市场销售情况来看，2017年，全国重点大型零售企业床上用品东部地区实现0.5%的微弱增长，西部地区同比增长14.5%，增长最快；东北地区同比增长10.1%；仅中部地区零售额同比下降1.7%（图4）。

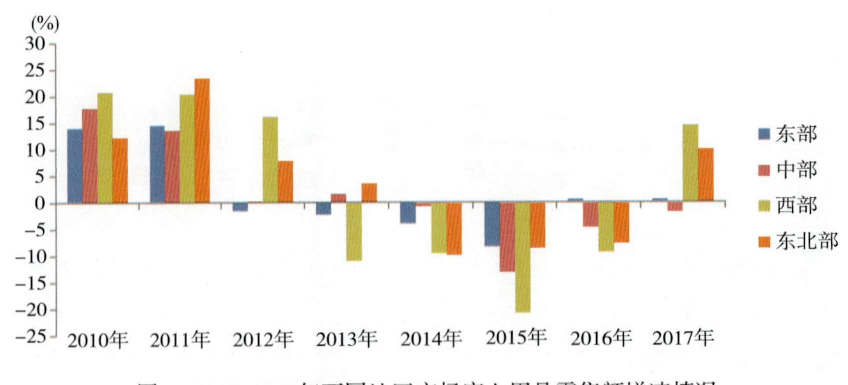

图4 2010~2017年不同地区市场床上用品零售额增速情况

二、家纺市场消费特点

（一）家纺由耐用品向快消品、低频消费向高频消费转化

过去，国人对家纺产品的消费习惯较为传统，和服装相比，床上用品、毛巾、被褥等家纺产品的使用周期相对较长，随着消费观念的逐渐转变，家纺由耐用品向快消品、由低频消费向高频消费转变。这种转变将进一步推动我国家纺市场渠道产生变革。例如，商场渠道由于渠道体验性不强，尽管品质家纺消费仍然存在，但是越来越多的人选择在网上购买相对便宜的家纺产品，并保持较高的更换频率，比如毛巾原来是低频的耐用品，现在很多家庭都会定期更换毛巾。

（二）家纺品牌价格上涨过快，高性价比商品受消费者青睐

根据中华全国商业信息中心数据，2017年，二、三线城市及中西部地区家纺零售额增速呈现下降趋势，其中主要原因在于近年家纺品牌价格整体呈现较大幅度的上涨趋势，2017年，床上用品套件平均单价上涨60元，各种被平均单价上涨34元，相比2009年，床上用品套件和各种被的平均单价涨幅均超过60%。由于家纺产品消费弹性大，而二、三线城市消费者收入水平决定其更加青睐高性价比的家纺产品，因此，家纺品牌价格的快速上涨限制了二、三线城市消费者对品牌家纺的更新。可见，家纺品牌企业不应该盲目提价，要通过提升产品性价比、提高消费者消费频率来开拓家纺市场空间。

（三）体现生活方式和情感共鸣的产品受到年轻消费者青睐

当前我国经济已经达到一定的水平，特别是目前“90后”已经成年，“00后”也登上消费舞台，这意味着主流消费群体的切换基本能完成。“80后”“90后”甚至“00后”所接受的教育与成长环境，完全不同于“70后”，他们更加注重产品自身质量，更加在意生活方式。对于“80后”“90后”而言，他们可能会转向寻求能够带来内心满足感的商品。比如能引起情感共鸣的产品或许会得到更多青睐；代表一种生活方式的产品，也能契合消费者的需求，也许会成为新的潮流。例如，无印良品的床单、被罩，就是通过输出简约生活方式来引起消费者共鸣，传递回归生活本质的理念与文化。

三、家纺品牌发展状况

（一）品牌集中度呈现上升趋势

2017年，我国家纺品牌集中度明显上升，床上用品套件前十品牌集中度从2016年的35.2%上升至37.4%；床上用品各种被，从2016年的29.2%上升至32.8%。相比2007年，床上用品集中度更是呈现显著的上升趋势，床上用品套件前十品牌市场集中度从2007年的29.8%上升至37.4%；床上用品各种被，前十品牌市场集中度也从2007年的26.9%上升至32.8%（图5）。

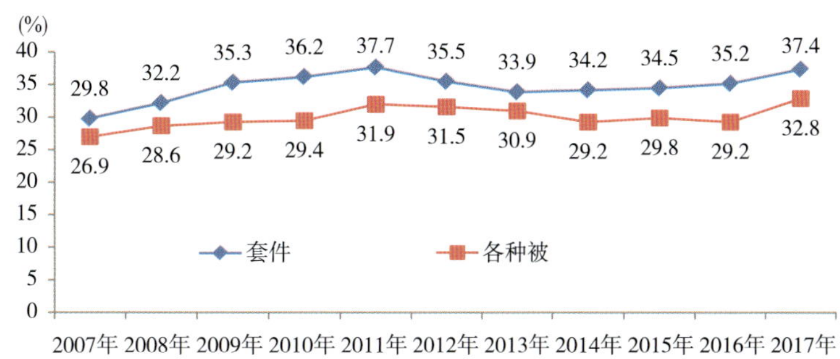

图5　全国重点大型零售企业床上用品套件和各种被前十品牌综合占有率

（二）行业集中度仍处于较低水平

由于市场空间广阔、进入壁垒较低等特点，家纺行业的集中度不高，市场竞争激烈。2017年床上用品套件和各种被前十品牌市场综合占有率之和分别为37.4%和32.8%，明显低于运动服、运动鞋、女性内衣等品类（图6）。

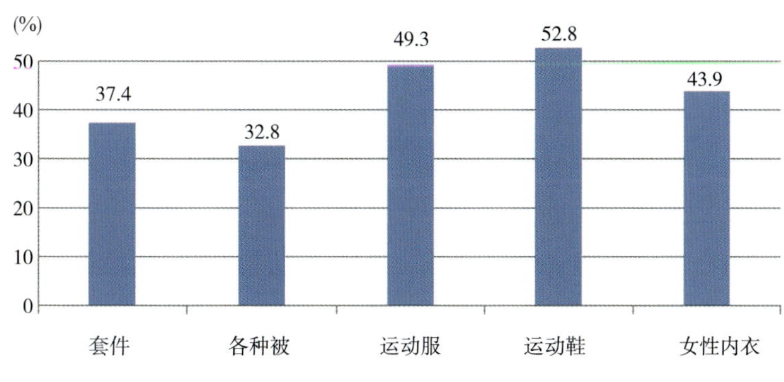

图6　2017年各品类产品前十位品牌占有率情况

（三）领先品牌份额上升，罗莱优势明显

从床上用品市场份额情况来看，优势品牌的市场集中度持续上升。其中，2017年，罗莱市场综合占有率为10.3%，较2007年上升4.5个百分点；梦洁市场综合占有率为7.0%，较2007年上升2.5个百分点；富安娜市场综合占有率为6.1%，较2007年上升1.4个百分点。罗莱不仅常年稳居榜首位置，而且领先优势逐年扩大（图7）。

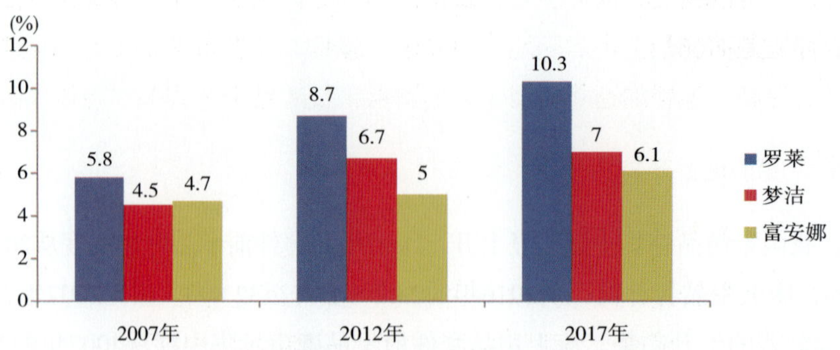

图7 2007~2017年优势床上用品品牌市场综合占有率情况

（四）国产品牌主导市场

中国作为名副其实的纺织大国，拥有完整的产业链和相对较低的劳动力成本，而且罗莱、梦洁、富安娜、恒源祥等内资家纺品牌介入市场时间较早、知名度较高，在市场上占据着主导地位。根据中华全国商业信息中心数据，2017年，床上用品套件和各种被前十品牌均为国内品牌，外资品牌无一涉足（表1）。

表 1 2017 年床上用品排名前十品牌内、外资分布情况

排序	各种被		床上用品	
	品牌名称	占有率（%）	品牌名称	占有率（%）
1	罗莱	10.3	罗莱	7.9
2	梦洁	7	梦洁	6.5
3	富安娜	6.1	富安娜	4.7
4	水星家纺	3.1	水星家纺	3.4
5	寐	2.1	罗卡芙	2.4
6	罗卡芙	2	惠谊	1.6
7	紫罗兰	1.8	寐	1.6
8	惠谊	1.8	恒源祥	1.6
9	恒源祥	1.7	ESPRIT	1.5
10	恐龙	1.6	阿思家	1.5

四、未来家纺行业发展趋势

（一）家纺消费需求从基本功能转向品质生活

自20世纪90年代以来，中国社会经历发展最快的20年，经历了从温饱、小康到富裕的社会发展轨迹，消费者对产品的需求也从满足基本需求、注重产品品质和强调产品功能性再到追求个性化、多样化。尤其是当下“80后”“90后”成为消费主力，他们的消费带有很浓的

感性消费色彩，注重购买过程的体验感觉及良好的服务。家纺产品作为日常生活的必需品，柔软、光滑、舒适是面料最基本的功能，而窗帘、地毯、沙发布等则要求一定的装饰性，但随着消费水平的提高，消费的迭代升级，人们不再仅仅满足于这些基本功能，而是追求更加高端的品质生活。

（二）家纺行业探索渠道模式创新迎合生活方式改变

新零售时代，家纺行业也是山雨欲来风满楼，家纺行业正在酝酿着变革，尤其是在渠道模式的创新与探索方面，以迎合互联网冲击和消费者生活方式改变带来的变革。如在渠道选择上，走线上线下融合、需求供给优化匹配之路，进行渠道创新；其次，模式创新，加强门店购物体验，提升产品附加值，进行产品整合，打造一站式购物平台，提供家居软装设计等专业服务；再者，改变营销方式，除了线上线下渠道的联动，还通过直播、网红等形式进行在线传播与营销。

（三）家纺行业家居化成趋势，跨界融合成效显著

首先，随着生活水平的提高，消费者对生活质量也有了更高层次的追求，整体家居概念的出现，让许多消费者享受到了一站式购物的时尚与便捷。从窗帘、沙发、床品到墙纸、饰品、家具的整体配套设计，比起简单的床品展示，更能吸引消费者的眼球，增强消费者的购买欲。其次，“大家居”提供多种款式的家居物品和多种风格组合搭配的家居风格，并随季节和时尚变动，给消费者更多选择、搭配或组合的机会，进而提升连带率。最后，通过与陶瓷、软装、家具等行业的深度交流合作，通过相互支撑、嫁接出一体化的跨界新模式，实现信息资源共享、共荣、共赢，获得不错的收效。

（四）智造、科技、绿色发展成为行业发展趋势

我国家纺企业生产制造技术越来越先进，产品推陈出新越来越智能，推动家纺产业从“制造”向“智造”转型。在新零售时代，家纺行业要进入智能化，一定要利用好大数据，加快智能化设计研发，了解客户需求，建立整体供应链智能化，并以定制化、人性化生产为核心思想进行智能生产。此外，2017年，十九大报告中重点指出要推进绿色发展，“绿色服装”“绿色床上用品”等已成为纺织品消费的主流，带有绿色标志的产品日益博得消费者青睐。因此，加快家纺行业绿色化发展，构建科技含量高、资源消耗低、环境污染少的模式成为家纺行业发展的关键点。

（五）家纺行业对标国际标准带动行业质量提升

目前，我国家纺标准化体系逐步得到完善与规范，截至2017年9月1日，家用纺织品已颁布实施和正在制定的标准125项，已颁布实施标准106项，其中国家标准22项，行业标准84项。当前家纺行业正在经历转型，而转型的关键就是掌握标准。随着家纺标准化体系逐渐完善，越来越多的家纺企业成为行业领域的“制标者”，获得更多市场话语权，并带动行业整体质量的提升。尤其是“一带一路”的倡议给家纺企业打开了全新的市场，国内的家纺企业

要想扩大在“一带一路”沿线甚至国际市场的销售比重，就必须对标国际标准，尤其是国际通用的绿色环保标准，提高产品的质量。

（六）家纺销售从卖产品向卖生活方式转变

随着我国消费品市场的升级，包括家纺在内的产品进入不断升级的阶段。过去消费者购买家纺产品，可能注重的是性价比、耐用性，而现在可能会综合考虑环保、设计风格的统一等。相较以往，消费者更加注重生活方式、品味与内涵。近年家纺行业的销售模式也逐渐从过去卖产品的方式转变为围绕年轻消费群体时尚生活方式的转变，最成功的典范就是无印良品，通过将不同的产品搭配在卧室、客厅、餐厅等场景，将产品更好地展示给消费者，引导其消费。

2017年纺织服装及家纺专业市场运行分析

胡晶

2017年，我国纺织服装专业市场运行稳中有进。专业市场适应新形势、解决新矛盾、树立新目标，积极加快转型升级步伐，锐意进取、果敢创新，取得了突出的成绩，也实现了行业的整体回暖。

一、2017年我国纺织服装专业市场总体运行情况

据中国纺织工业联合会流通分会统计，2017年，我国共有万平方米以上纺织服装专业市场903家，同比增长1.01%；总成交额达到2.21万亿元，同比增长5.12%。

903家万平方米以上专业市场经营面积7315.13万平方米，同比增长3.73%；商铺数量136.29万个，同比增长0.37%；商户数量112.43万户，同比增长0.82%；市场坪效为30253.47元/平方米，同比增长1.34%；商铺坪效为162.38万元/铺，同比增长4.73%；商户坪效为196.84万元/户，同比增长4.27%。

2017年，北京地区非首都功能疏解工作取得较大进展，动物园、大红门等专业市场商圈基本完成关停、腾退、搬迁、转型工作。据流通分会监测，2017年，北京地区万平方米以上纺织服装专业市场成交额、商铺数量、商户数量分别同比下降53.12%、34.89%、33.23%，一定程度上拉低了全国专业市场数量、商铺数、商户数的增幅。

值得注意的是，在市场数量增幅缩减的情况下，2017年，纺织服装专业市场年成交额增幅进一步放大。2015~2017年，专业市场总成交额同比增速依次为2.11%、2.81%和5.12%，显示在经历了两年的低潮期后，专业市场运行开始回暖。专业市场适应新时代、探索新模式、不断优化完善硬件和管理服务等诸多转型升级举措取得良好进展，市场的集约化和专业化运营初见成效，实现了运行效率的提升。

（一）重点监测市场运行良好，增长稳健

重点监测市场方面，2017年，流通分会重点监测的45家市场总成交额为11342.63亿元，同比增长7.26%。45家市场中，32家市场成交额同比上涨，平均增幅为8.25%；10家市场成交额同比下降，平均降幅为7.12%；3家市场成交额与去年同期持平。45家重点监测市场总体坪

效为51395.50元/平方米，同比增长7.26%；商铺坪效为391.64万元/铺，同比增长7.46%；商户坪效为435.15万元/户，同比增长7.46%。

（二）东部地区优势明显，中部地区高速发展

从区域看，903家万平方米以上纺织服装专业市场中，东部地区547家，成交额17553.40亿元，占总成交额的79.32%，同比增长4.49%；中部地区195家，成交额2840.39亿元，占总成交额的12.83%，同比增长10.58%；西部地区161家，成交额1737.03亿元，占总成交额的7.85%，同比增长3.03%。

东部地区在庞大基数的基础上，仍然实现4.49%的增长，发展坚实有力，是我国纺织服装专业市场行业的中坚力量。中部地区专业市场的高增长是一大亮点，武汉汉正街市场、株洲芦淞服饰市场近几年的转型升级实践积累，在2017年呈现了明显成果，分别实现25%和11.11%的增长。近年来，随着二、三线城市的崛起，中部地区发展进入快车道，拉动了中部地区市场的整体提升。

（三）各品类全面呈现增长态势

从品类看，服装和原、面（辅）料是我国纺织服装专业市场的主营商品，主营服装和原、面（辅）料的专业市场共638家，占市场总量的70.65%，成交额占总成交额的74.35%。其中，主营服装产品的专业市场471家，在各品类中成交额最高，达10631.60亿元，占总成交额的48.05%，同比增长5.55%；主营原、面（辅）料的专业市场167家，成交额位列第二，达5821.26亿元，占比26.30%，同比增长5.06%。主营小商品的专业市场成交额增速最高，同比增长5.88%。主营家纺的专业市场增速位居第二，同比增长5.61%。另外，箱包、鞋帽、综合类专业市场也呈现出良好的运行态势，与2016年同期相比，均呈现增长态势。

（四）产地型市场保持优势，销地型市场有所突破

从流通层级看，45家重点监测市场中包括27家产地型专业市场、18家销地型专业市场。2017年1~12月，27家产地型市场成交额为9658.14亿元，同比增长7.58%，占重点监测市场总成交额的85.15%。18家销地型市场成交额为1684.49亿元，同比增长5.45%，占重点监测市场总成交额的14.85%。产地型市场依托产业集群的强大产业基础，充分发挥一级货源地优势，提高了产业链效率，加大了原创设计力度，连续实现中高速增长。销地型市场积极探索跨界融合新模式，有效提升了消费体验，在行业整体回暖的情况下，也实现了稳中有进的增长态势。

二、家纺市场运行情况

（一）市场成交保持稳步增长

据流通分会统计，2017年，万平方米以上家纺专业市场共计26家，市场经营总面积

373.19万平方米，与2016年持平；商铺总数4.33万个，与2016年持平；经营商户总数3.69万户，与2016年持平；市场成交总额1367.86亿元，同比增长5.61%。

（二）经营品类结构分析

1. 各品类市场成交额占比分析

从各品类市场成交额比重看，家纺类市场成交额1367.86亿元，仅占到6.18%，服装、原面（辅）料及小商品类市场分别占据前三位。其中，主营服装产品的专业市场在各品类中成交额最高，达10631.60亿元，占总成交额的48.05%；主营原、面（辅）料的专业市场成交额位列第二，达5821.26亿元，占比26.30%；主营小商品的专业市场成交额位列第三，达1615.95亿元，占比7.30%（图1）。

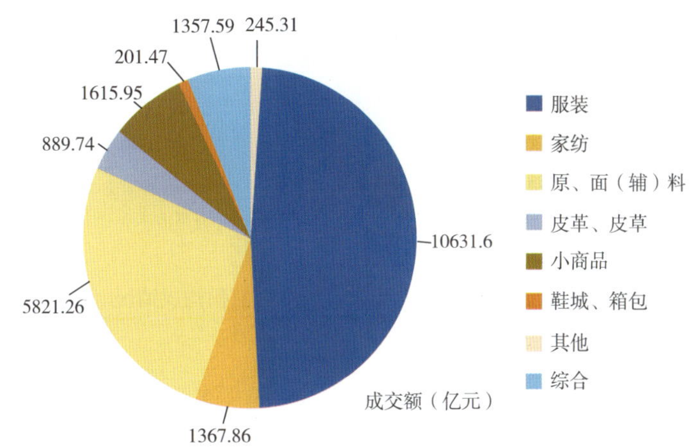

图1　2017年各品类专业市场成交额构成情况

资料来源：流通分会数据库

2. 各品类市场成交额增速分析

从各品类市场成交额增速情况看，家纺类市场成交额同比增长5.61%，增速高于全国专业市场增速的5.12%，位列各品类专业市场增速第二，仅次于小商品类市场的5.88%（表1）。

表1　2017年各品类专业市场成交额增速情况

各品类	2016年成交额（亿元）	2017年成交额（亿元）	增速（%）
原、面（辅）料	5540.85	5821.26	5.06
服装	10072.21	10631.6	5.55
家纺	1295.16	1367.86	5.61
小商品	1526.14	1615.95	5.88
综合	1306.89	1357.59	3.88
皮革、皮草	882.81	889.74	0.78
鞋城、箱包	192.6	201.47	4.61
其他	236.16	245.31	3.87
全国	21052.82	22130.78	5.12

资料来源：流通分会数据库

3. 各品类市场面积占比分析

从各品类市场经营面积比重看，家纺类市场仅占到5.04%，服装、原、面（辅）料及综合类市场分别占据前三位。2017年服装类专业市场经营面积为3059.60万平方米，占全国专业市场总面积的41.83%；其次是原、面（辅）料类市场，经营面积1294.55万平方米，占全国专业市场总面积的17.70%；第三位是综合类市场，经营面积1154.77万平方米，占全国的15.79%（图2）。

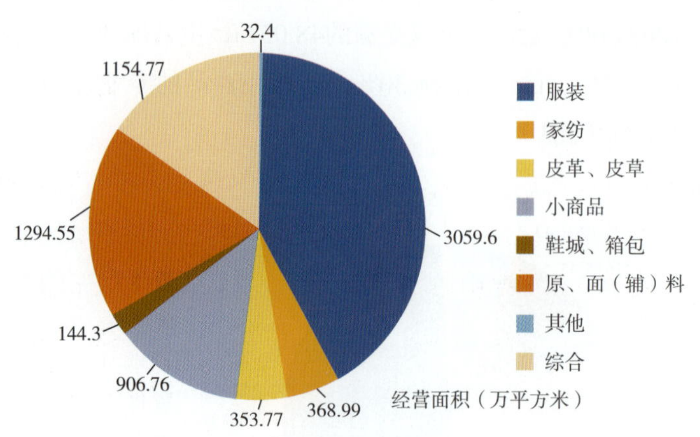

图2 2017年各品类专业市场经营面积构成情况

（三）各品类市场效率分析

从各品类市场运行效率看，家纺类市场在各品类市场中，效率低于原、面（辅）料市场，位列第二；效率增速16.90%，位列第一。2017年，原、面（辅）料市场效率最高，达到44967.44元/平方米，同比增长10.15%；其次为家纺市场，平效为37070.38元/平方米，同比增长16.90%；第三位为服装市场，平效为34748.33元/平方米，同比增长3.35%（表2）。

表 2 2017 年重点品类市场效率

品类	市场效率（元 / 平方米）	增速（%）
服装	34748.33	3.35
家纺	37070.38	16.90
皮革、皮草	25150.24	2.66
小商品	17821.14	–16.80
鞋城、箱包	13961.88	–37.64
原、面（辅）料	44967.44	10.15
综合	11756.37	–14.22

资料来源：流通分会数据库

三、主要特点、取得成绩及存在的问题

（一）2017年我国纺织服装专业市场发展主要特点

1. 中心城区业态调整推动行业结构优化

2017年，我国重点城市中心城区业态布局调整工作部署进一步落地。其中，北京地区非首都功能疏解工作取得重大的实质性进展，动物园、大红门两大代表性商圈在年内基本完成了关停、腾退、搬迁、转型工作，全国其他地区如武汉、杭州、郑州等地的中心城区业态调整工作也进入了重点推进阶段。

全国重点城市中心城区市场业态的调整，对我国纺织服装专业市场行业而言是一把双刃剑。一方面，加速了效率低、体验差、环境友好度低的部分业态的淘汰；另一方面，加快了专业市场自身转型升级的进度。受中心城区业态布局调整的大环境影响，重点城市的专业市场进入了深度洗牌，周边二、三线城市的专业市场也为了做好承接工作而进入快速转型期。最重要的是，重点城市中心城区的专业市场为适应城市业态调整、完成就地转型，探索和实践了一系列转型升级新举措，为全国其他区域专业市场的转型升级工作开拓了新思路，提供了新模板。

2. 中部市场崛起成为新亮点

从区域看，东部地区始终是我国纺织服装专业市场行业的中坚力量，在体量规模和成交额方面占据最大份额，而中部地区的崛起成为2017年的一大亮点。2017年，武汉汉正街市场群、株洲芦淞市场群等中部地区龙头市场集群表现突出，中部地区专业市场年成交额增速10.58%，展现出越来越明显的发展活力。

近年来，中部地区的产业优势和后发效应日渐凸显。中国最大规模的人口仍聚集在二、三线城市，而他们是新一轮消费升级的重要增量。过去四十年，我国经济增长模式是由沿海地区带动内陆地区发展，一线城市带动二、三线城市发展，如今，这一发展模式正在进入重要转折期，中部地区崛起趋势明显，二、三线城市成为新的增长点。中部地区有望成为未来吸引投资、拉动消费、推动经济增长的新力量。

3. 批零结合业态取得突破进展

我国纺织服装专业市场四十年的发展过程中，始终伴随着浓重的“批发”色彩。近几年，随着经济环境、商业环境、消费环境的变化，“批零结合”的新理念得到逐步践行。2017年，各地纺织服装专业市场积极布局异地零售终端店、工厂店、品牌集合店等新模式，在探索零售业态方面迈出了关键的一步，逐步将“批零结合”落到实处。各地专业市场为了提供更好的零售环境和购物体验，在市场硬件升级、软件信息化、餐饮娱乐配套等方面加大投入，服装类专业市场零售比例明显增加，部分市场为了适应城市环境的需求转型为纯零售的业态，专业市场“零售勿进”的时代进入尾声。

4. 线上线下一体化解决方案逐步落地

2017年是新零售概念正式落地的一年，是各商业业态积极探索线上线下一体化的一年，

也是专业市场加深以电商创新为代表的信息技术应用的一年。近年来，我国纺织服装专业市场与电子商务的关系发生过几次转变，从最初的实体商业抵御电商冲击，到积极触网“跟风”电商平台，再到与阿里巴巴等电商巨头探索产业带等合作模式。自2017年以来，各地专业市场探索线上线下一体化的专业市场解决方案，运用信息技术和大数据平台，将电子商务等融入新的智慧型市场之中，实现了至关重要的理念突破。

5. 市场间合作交流方式更加多元

2017年是专业市场打破传统束缚的一年，不仅表现在其自身的创新探索中，也体现在多维度的跨界合作中。以往，我国纺织服装专业市场的交流合作主要局限在行业内部，如上下游市场间的合作、跨区域市场间的交流等层面。2017年，专业市场打破传统思维，与其他业态、其他领域展开了交流与合作，迈出了跨界合作、多元发展、打造市场生态圈的第一步。

6. 国际化发展程度不断加深

我国纺织服装专业市场的国际化发展在2017年取得了一定突破，主要得益于两大政策环境的影响：一是“一带一路”倡议的推动，打开外贸发展新空间；二是国家八部委推动的市场采购贸易方式试点单位的评定，带来新的政策红利。

2017年，在政策红利的影响下，我国纺织服装专业市场的国际化探索不仅仅局限于货源地、销售地、海外品牌引进、出国学习交流等层面，各地市场通过成立海外分市场、设置外贸口岸、参加国际展会等多元形式，进一步提升了专业市场国际化发展的深度和广度。

（二）2017年我国纺织服装专业市场取得成绩

1. 市场硬件升级，打造体验空间

我国纺织服装专业市场在硬件设施方面的投入更趋专业化，更注重消费体验的优化。老市场通过硬件升级打造出适合商场化和购物中心化的经营环境；新建市场建筑水平更高，信息化设施完备，更能满足消费者的新需求。

2. 管理更专业，服务更精准

2017年，各地纺织服装专业市场进一步提升专业化的管理和服务水平，积极加快由单纯物业供应商向综合服务运营商转型的步伐，逐步实现由物业式、粗放式管理向服务式、精细化管理迈进，更加精准地把握商户需求，为商户提供覆盖全产业链的解决方案。

3. 公共服务平台精准落地

纺织服装专业市场加大了对公共服务平台的建设投入力度和落地运营强度，以公共服务平台为载体，为商户及采购商提供贯穿全产业链各个环节的全方位服务。2017年以来，各地纺织服装专业市场打造的公共服务平台涵盖了研发设计、质量检测、标准推广、技术咨询、信息服务、指数发布、电商应用、展贸对接、物流仓储、人员培训等多个层面，精准落地，成果颇丰。

4. 电商模式不断创新，线上线下一体化程度加深

自“互联网+”概念推出以来，我国纺织服装专业市场积极响应，进行了一系列的模式探索和理念革新。2017年，纺织服装专业市场把电子商务创新应用作为转型升级的重要方向，革新理念、完善环境、创新模式、开拓渠道，通过不断的尝试，摸索出一系列纺织服装

专业市场电子商务解决方案。

5.“区域品牌、市场品牌、企业品牌”三位一体

各地纺织服装专业市场以产业集群为重要载体，借助产业集群集聚优势，注重对区域旅游、文化、会展、节庆等资源禀赋的综合运用，着力打造区域品牌形象；积极实施专业市场品牌战略，扩大专业市场品牌影响力；根据自身特色定位和区域产业基础优势，积极鼓励市场商户发展自主品牌，促生龙头骨干企业，培育优秀的品牌企业、品牌商户和品牌产品，打造专业市场特色的品牌体系。

6. 对外交流百花齐放，跨界融合成果颇丰

2017年，各地纺织服装专业市场积极加强对内、对外合作交流和跨界融合，拓展了专业市场的辐射渠道。

7.“责任、诚信、绿色”三轮驱动市场平稳运行

各地纺织服装专业市场积极践行“以人为本、环境保护、公平竞争、消费安全”的全方位社会责任，打造公平竞争环境，加强诚信体系建设，加强企业文化建设，积极投身社会活动。

（三）我国纺织服装专业市场存在的问题

随着消费升级和现代信息技术的快速发展，消费者对服装服饰商品、购物体验环境、多元消费模式提出了更高的要求。为了更好地满足消费者的需求，各商业业态积极探索模式创新，商业竞争格局更为复杂。但是，面对瞬息万变的竞争环境，纺织服装专业市场仍然存在一些亟待解决的问题。

主要包括：专业市场对现代科技技术、信息等高端生产要素应用不足；中高层管理人才、市场拓展人才及信息技术人才匮乏；缺乏龙头单体专业市场；商户公司化水平低；专业市场与产业集群联动发展不足、衔接不紧密；专业化、精准化、精细化的管理服务水平还不高；部分市场规划引导不足，停车场、餐饮、休闲等综合业态和商业服务业配套弱；部分市场设备设施陈旧，存在消防安全隐患；商户品牌意识及消费者服务意识有待提高，商品同质化严重；部分公共服务平台应用率及转化率不高，难以满足购物体验需求；市场环境与城市协调发展水平不足等。

四、纺织服装专业市场未来发展趋势

我国纺织服装专业市场进入了新时代，站在历史新起点上，专业市场为了解决新矛盾、应对新形势、实现新目标，进行了一系列新尝试，呈现出未来发展的新趋势。从整体来看，未来较长的一段时期内，我国纺织服装专业市场总量将保持平稳略降的总体趋势，专业市场将延续控制总量、优化存量、调整结构、提高流通质量和效率的总体基调。在此基础上，专业市场将呈现出几大新趋势。

第一，市场结构将会进一步调整、优化、升级。市场结构呈现“马太效应”，优势市场规模化趋势明显，超大型专业市场群即将出现；中心城区业态调整进一步推进，一线城区周

边区域存量将被盘活。

第二，商业业态、商业模式将会进一步融合。批零一体化发展将成为主流；融合咖啡吧、书店等商业业态的体验式休闲购物空间数量将增加；部分市场或将转型仓储式商场、奥特莱斯和线下体验店；部分市场或将演变成常年展览展销推广中心和品牌运营中心；线上线下进一步融合，集信息发布、样品展示、商品交易等多功能于一体的线上线下交易平台将大幅增加。

第三，纺织服装专业市场功能配套、系统平台、管理服务和经营主体方面呈现专业化趋势。专业市场将向城市综合体方向转型，系统平台更加智慧化；专业市场经营商户将向前道研发、设计和制造领域延伸，回归产品本身，逐步建立适合商户特色的产业链条。

第四，专业市场商品来源和渠道拓展出现全球化趋势。纺织服装专业市场将继续抢抓机遇、顺势而为，通过在海外交流、国际合作、跨境投资等方面的积极投入，在国际领域创造更多价值，进一步提高行业话语权。

中国纺织工业联合会流通分会

专家论坛

新零售下家纺企业模式创新路径研究

赵洪珊　马琳

随着互联网、大数据、人工智能与实体经济融合程度逐渐加深，生产、流通、消费融合发展和协同创新的格局越趋明显，家纺企业必须探索线上渠道与线下渠道融合的协同创新发展模式与路径。新零售业态将有助于推动家纺产业价值链重构，提升市场交易效率和企业生产组织效率，并在中高端消费领域培育新增长点。可以预见，新零售将成为推动家纺行业发展的巨大新动能，亦是供给侧结构性改革深入推进的新支点。

一、新零售的内涵及其核心技术

1. 新零售的兴起

我国传统的零售业在不断快速发展之后，在这几年逐渐呈现下降的趋势。近十多年随着互联网的快速普及，我国电子商务和物流业迅速发展，如阿里巴巴、京东等，但是我国的电子商务行业经过十几年的高速发展，其大格局基本已经固定，依赖互联网流量的红利时代已经结束，因此，亟需探寻一种新的零售模式。目前，各大零售企业，包括电商企业，都在加入探索新零售行业未来发展的潮流中，利用目前的高科技去推动人、货、场等环节的布局和重构。新零售模式呼之欲出。

2016年10月，阿里巴巴集团董事局主席马云首次提出“线上+线下+物流”深度融合的“新零售”理念；2016年11月，国务院办公厅印发了《关于推动实体零售创新转型的意见》，强调要“引导实体零售企业逐步提高信息化水平，将线下物流、服务、体验等优势与线上商流、资金流、信息流融合，拓展智能化、网络化的全渠道布局。”可以预见，在“新零售”时代，各行业势必会开始新一轮的重新洗牌，无论是单纯的线上电子商务企业还是传统的线下实体零售企业以及品牌企业（比如家纺企业）都将不可避免地创新自己的商业模式。

2. 新零售的内涵

究竟什么是新零售呢？不同零售企业的定义不一样，来自阿里巴巴的官方定义是“新零售就是以消费者体验为中心的数据驱动的泛零售业态”。在新零售界定下，人、货、场三大核心零售组成元素被重新定义；其次，三者之间的商业关系发生了重构（图1）。具体来说：人从原先的单纯消费者，向消费者及合作生产者的角色转变；货从原有的商品的概念，向全方位的消费过程及体验转变；场从原先的线上、线下零售终端，向泛零售、更加场景化转变。因此，从本质上讲，新零售就是以互联网为基础去打通线上线下，通过运用人工智能、大数据、物联网等现代先进的技术去重构传统零售业的人、货、场，最终提升运营效率和消费者用户体验的零售新模式。

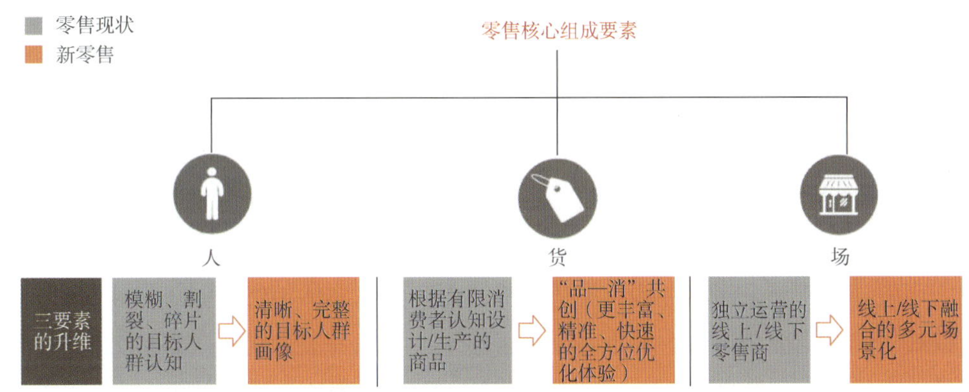

图1　零售核心组成元素

3. 新零售的核心技术

新零售驱动因素中，技术扮演着极其重要的角色，是未来新零售发展的主要发动机。新零售有关的核心技术包括大数据、人工智能、云计算、物联网等。

大数据技术包括大数据采集、大数据预处理、大数据存储及管理、大数据分析及挖掘、大数据展现和应用等。大数据处理技术能通过解析人、技术、事物的过去和现在的特质，实现对未来的"预测功能"，从而在新零售中挖掘潜在商业价值，其方法主要分为顾客群体细分、模拟实际环境、强化供应链、产品和服务四种。

云计算技术分为硬件、云操作系统、云平台软件和云应用软件四个关键环节，将数据的处理过程从个人计算机或企业服务器转移到云上。云计算技术在新零售的应用，就是云计算、商务、经济等相交叉而形成的新的盈利方式。利用云计算技术可以提高服务效率，降低新零售成本，增强数据安全性，同时可以帮助企业方便快捷地进行日常的商业活动，企业员工、消费者可以利用各类智能终端进行商品的查询、支付等商业活动。

人工智能技术包括机器人、语言识别、图像识别、自然语言处理和专家系统的各方面的综合技术。利用人工智能技术布局新零售，主要在智慧供应链、智能客服、无人便利店等方面。智慧化的供应链围绕人、货、场，提供商品管理、动态定价等应用场景的解决方案，为家纺企业构建运营计划和决策体系；智能客服通过"意图识别""命名实体识别""自动问答""用户画像"来提升用户满意度；无人便利店利用计算机视觉、深度学习和物联网支付等技术。

物联网作为一种感知层的物理实现，能够以极低的成本将商品信息数据化，从而将整个线下零售的所有商业行为都搬到互联网上，并用大数据和人工智能进行处理和分析，形成一个线上线下商业行为的全图景。物联网技术的核心是RFID/NFC和各类传感器技术，辅以二维码、机器视觉、GPS、ESL等技术。超过70%的零售业者正在使用物品级或计划使用RFID系统，达到提升供应链可视化程度，并节省更多的相关库存成本。

二、新零售下家纺行业发展新趋势

新零售背景下，我国家纺行业的管理，在渠道形式、消费习惯、研发创新、智能生产、跨界融合、可持续发展等方面，均表现出较以往有显著差异的新趋势。

1. 由线上聚力向线上线下融合转变

线上网商销售增速放缓。以增速超过家纺行业平均水平的床品产品市场为例，近几年线上渠道增速放缓，线下渠道明显增长较快。电子商务前一阶段迅速发展期间，为培养消费习惯，多采用针对线上商品的款式、价格、配送等常规优惠措施。但现阶段，消费习惯已建立，线上销售的价格及售后服务优势逐渐减弱，企业开始关注如何更广范围、更稳定地吸引客源，因而引导消费者采用多种购物渠道成为重点。线下实体销售倾向于扩展线上业务，即使企业以线下实体店面销售为主，也必须重视线上业务的开展，从而获得扩大销售、增强体验、降低成本等优势。最终形成线上与线下融合、购物场景多样化的渠道趋势。

2. 由重视性价比向重视消费体验转变

消费者个性化需求显著，产品定制趋势显现。新生代消费者关注产品的个性化、独特性，对于家纺产品的定制化需求明显增多。与服装产品不同，家纺产品的品牌差异主要集中于品质及服务，而非设计，因而其买手模式趋势并不明显。

消费者重视购物体验，利用新技术，线上渠道可采用虚拟VR与实景同步展示产品及购物场景，提高消费者的线上体验。消费圈层化趋势明显，有同样兴趣爱好的消费者多会形成黏性较高的社区文化及小群体，并且消费需求有明显层次划分，对品牌的社交心理需求远高于以往。最终形成个性化定制需求加大、重视消费体验、重视社交评价的消费需求新特征。

3. 由聚焦成本领先向智能生产转变

利用数据时代新技术，生产规模化与产品定制化达到有效统一。借助客户信息碎片化后的数据整合，服装生产可实现定制产品的规模化生产。家纺产品也同样，企业利用互联网，将分散的消费者需求信息，经过收集、分拆、汇总后，即可直接进行构件并大规模生产，从而实现定制产品与规模生产的有效结合。

企业生产智能化程度提高。生产设备智能化，且生产工艺与消费端信息无缝连接，可按终端客户需求即时生产安排，极大地降低了生产成本、人工成本、库存成本等。例如，亚光家纺的自动输送料设备，可实现取料、称量、配料、输送等过程全部自动化、智能化，从而有效减少人工成本。生产的智能化、信息的融合化，即智能化与信息化的结合，才能真正带来行业生产效能的提升。

云计算、大数据、物联网和人工智能等新技术驱动的数字化时代的来临，要求企业必须进行数字化转型。

4. 由产品材质研发向智慧功能创新转变

领导型企业的产品创新尤为重要。领导型家纺企业，为建立独特竞争优势，依然会对产品创新进行较大投入。例如，罗莱家纺旗下LOVO家纺的雷克雅专利立体鹅绒被系列产品，金佰利纺织的轻奢风提花割绒窗帘，奥坦斯的新中式易护理沙发布等。

在功能化家纺产品的基础上进行延伸，生产智能家纺产品。例如，和而泰的智能止鼾枕、科技感应“助眠盒子”。在互联网的推动下，家纺行业的转型升级，除了提升产业链价值定位外，主要集中在产品的智能化、生产的智能化，以及由此带来的产业链的整合与扩张。

5. 由家纺行业内扩展向大家纺、大家居转变

在大家纺、大家居概念成为家纺行业发展主流的背景下，家纺企业的跨界融合越来越普遍，主要涉及家居行业、软装行业、酒店行业等。其中，整体家装风格的匹配要求增加，家纺行业与家居、家装行业联系更紧密。例如，罗莱生活进入软装家居，与室内设计整合；梦洁的智能家居，宣布进入智能家居领域；小轩窗的软装“1+1”、悦达的“设计师联盟”、蓝丝羽的O2O等，影响消费者生活方式；富安娜制定进入家具领域的美家“全屋艺术美家配置”战略，建立“小宜家”发展模式；多喜爱与科通芯城合作，实施智能家居“AI+家纺”的发展战略；梦洁股份涉足家居服务领域。

由于家纺行业进入壁垒较低，且几乎没有知识产权保护，导致行业内低价竞争成为常态。而在新零售背景下，消费者消费习惯倾向于个性化消费体验，产品需求呈现多样化。这样，进行跨界融合的企业，就可更好引导消费需求，从而建立独特优势。

6. 由关注生产效率经济效益向增强社会责任的社会发展观、可持续发展观转变

消费者要求产品绿色、环保、安全、健康的消费理念，也逐渐成为当前消费市场的特征。消费市场上对环保产品有更多需求的同时，企业的生产环节也在尽量降低能耗、减少污染。例如，水星家纺与美国公司合作研发的、以天然玉米为原料的新型绿色环保产品；喜临门以纳米竹炭、天然黄麻为原料的新型床垫；愉悦家纺牵头研发的“高精度圆网印花及清洁生产关键技术研发和产业化”，节能减排效果显著；富安娜·美家产品使用环保型胶水等。

家纺行业中，政策环境的客观限制，也要求企业加强环保技术的研发。由于全国各地均加强节能减排和大气排放标准的制定及执行，许多毛巾企业受影响，出现不同程度减产，整个毛巾产业2017年一季度曾出现大幅下降。虽然，第二季度就开始好转，但这种威胁还将持续存在。家纺企业欲保持优势地位，进行环保技术的研发投入尤为重要。

三、新零售下家纺企业模式创新主要路径

家纺行业在新零售背景下，家纺供应链发生一系列革新（图2），呈现出消费群体的个性化圈层化消费心理特点、注重消费体验的消费场景需求、智能产品及智能生产等领域的变化。数据驱动下的海量物联数据、智能生产流程等都将改变企业决策程序，家纺企业必须开拓适应新形势的管理创新模式，在已见雏形的大家纺、大家居形势下，实现健康的可持续发展。

1. 研发创新：聚焦智能产品类的开放式研发

智能产品、环保产品或工艺是家纺行业未来技术需求的重点，也是企业可持续发展的必然要求。例如，具有照明功能的床品、行走姿势感应的地毯、具有警示功能的窗帘、可自动

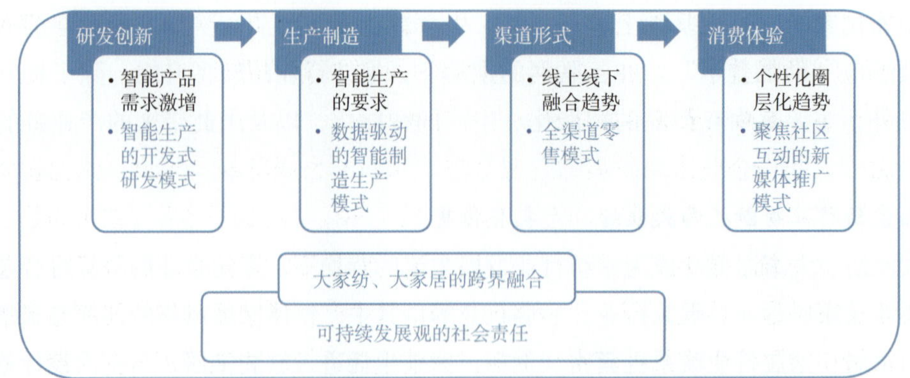

图2　新零售下家纺企业模式创新

加热的纺织品等。智能家纺产品成为未来发展主流，甚至将扩展至智能家居生活领域。

但此类关键技术的研发，一般均需多个行业的技术背景。以往的局限于企业内部的封闭式创新，远不能实现这类技术突破。家纺企业应积极利用外部资源，与外部企业进行合作研发，建立开放式创新模式。

2. 智能生产：实施数据驱动的智能制造生产

新零售使制造业和制造服务业日益融合，服务替代制造成为产业价值链的中心环节。打通销售与生产的隔阂，为提高服务水平、缩短生产周期、降低生产成本，建立基于销售订单的生产制造、物流配送等活动。智能生产不仅是进行生产自动化改造，更重要的是进行生产流程智能化设计。

例如，梦洁家纺的吊挂式传输加工系统，将销售终端的客户订单信息与生产任务相通，将自动剪裁的半成品按加工顺序输送至加工工序和工人操作位；加工完成后，直接检测后进入智能仓储，用工量减少10%，而生产效率提高20%。高效的供应链流程再造，对解决传统的家纺产品库存积压问题有重要意义。

3. 渠道形式：构建线上线下融合的全渠道零售

建立新零售的渠道创新意识，打造全渠道零售模式。无论是网商品牌，还是传统的实体店销售模式，均应加强线上与线下融合。并且，着重关注开通线上的虚拟消费体验、建立线下的社区零售网点。例如，觉客的店货分离模式，将传统的零售店铺货，改为直接通过网络下单，由厂家直接配送至客户终端，完全去除存货成本。

家纺企业还应尤其关注渗透社区的小型零售网点。电商巨头纷纷铺设线下实体零售店，例如天猫小店、京东新通路等。新零售下，零售店选址已由城市中心区向居民社区转移。大型商超也开始投资建设社区内的小型零售网点，例如沃尔玛、塔吉特等。家纺产品作为日常消耗品，更适宜线下实体零售形式。

4. 消费体验：重塑个性化、圈层化的消费场景体验

针对消费群体年轻化、时尚化、个性化的消费特点，采用微博、微商、小程序等新媒体，与传统媒体相结合，进行全方位品牌推广。

随着大家居概念的普及，企业应积极推广线下消费体验店，丰富产品种类的同时，改进营销模式。例如，设置家居布艺生活馆，店内布置床品、家居饰品、壁纸、沙发等，使消费

者在实际场景中体验相关产品带来的生活方式。而数字标牌、电子试衣间、智能定位、自助终端和VR展示等智能技术，也可直接满足消费者对购物体验的需求。

5. 跨界融合：面向大家居的跨界融合与可持续发展

跨界融合是领先企业未来发展的重要战略。家纺、家居融合，导致一体化发展趋势显著。例如，海宁家纺的“帘到家”布艺营销新模式，融合“网购平台”“线上旗舰店”“线下实体店”三大系统，实现线上线下的无缝对接，重塑家纺生态圈，推动家纺产业集群发展，建立集窗帘销售、体验、服务于一体的O2O销售平台；圣瑞思利用智能制造扩展自己的产业链，从最初的服装生产吊挂流水线业务向智能仓储系统、智能物流分拣系统、企业智能化数据管控系统等工业智能化产品拓展，涵盖纺织服装、家纺、物流、童车、箱包、制鞋等众多行业，形成完整产业链。同时，家纺企业也应加强对环保节能产品技术及生产工艺的研发与应用，培养消费者绿色环保的消费习惯的同时，实现可持续发展。

四、结论

新零售下，人、货、场三要素被重新架构和定义，家纺行业在渠道形式、消费习惯、智能生产、跨界融合、研发创新等方面呈现新趋势，企业需尽早建立与之相适应的新模式，打造线上线下融合的全渠道零售模式、适应个性化圈层化的新媒体推广模式、信息无缝链接的智能制造生产模式、面向大家居的跨界融合模式、聚焦智能产品、环保产品的开放式研发模式等，从而在新零售的浪潮下持续高质量发展。

北京服装学院

中国纺织业参与“一带一路”建设的背景、成绩与展望

中国纺织工业联合会国际贸易办公室

2013年，习近平主席先后提出共建“丝绸之路经济带”和“21世纪海上丝绸之路”倡议，即“一带一路”倡议。经过近五年的全面推进和发展，“一带一路”倡议得到全球100多个国家和国际组织的响应和支持，80多个国家和国际组织与中国签署了合作协议，“一带一路”建设取得了丰硕成果。根据国家统计局发布的信息显示，2017年我国对“一带一路”沿线国家进出口总额73745亿元，与2016年相比增长17.8%，对“一带一路”沿线国家直接投资额为144亿美元，约占我国全年对外直接投资总额的12%。

作为与“丝绸之路”最具历史渊源的传统工业之一，国家国际产能合作的优先发展行业，中国纺织业也积极参与到“一带一路”建设中。五年来，纺织业以供给侧改革为主线，以“一带一路”建设为指引，积极建立和加深与“一带一路”沿线国家纺织业的合作关系，取得了令人瞩目的成绩。中国与“一带一路”沿线国家的纺织品服装贸易稳步发展，一批对外投资和产能合作项目也已经在“一带一路”沿线落地并初具规模。中国纺织业参与“一带一路”建设的深度和广度正在逐步增加。

一、“一带一路”沿线重点国家和地区纺织业发展概况

纺织业自古便是“一带一路”沿线国家经济交往的重要组成部分，中国纺织业深入参与“一带一路”建设、与沿线各国进行纺织业产能合作具备一定基础。

“丝绸之路”起源于古代纺织品的货物贸易，纺织品一直以来都是“一带一路”沿线国家经济交往的重要商品。因各国不同的资源禀赋和社会经济环境，随着现代化生产方式的不断推进，沿线各国的纺织业发展程度和发展方向也出现了较大差异，为中国与区域内各国实现纺织业互利合作奠定了基础。

（一）中国

经过改革开放四十年的奋斗，我国纺织业在全产业链制造水平、终端品牌、科技创新、技术进步以及绿色可持续发展等方面取得巨大成就，同时创造了大量国民财富。目前，中国纺织业的规模世界领先，主要大类产品纱线、面料、化学纤维和服装的产量均居世界首位。

2017年，中国纺织品服装出口2745.05亿美元，约占全球纺织品服装贸易总额的37%，遥遥领先于世界其他国家。中国已建成规模和协同效应世界领先的全产业链，成为全球纺织品服装最大的生产国、出口国和消费国。

（二）东南亚和南亚地区

东南亚和南亚地区与中国在要素禀赋、产业层次、出口市场和商品结构方面存在部分相似性，近年来纺织服装业发展迅速，出口增速明显。

1. 越南

越南已成功建立起规模较大的纺织服装产业，跻身全球五大纺织品服装出口国行列，特别是服装出口位列全球第三。美国是越南纺织业最大的出口市场，其在美国进口份额中的占比仅次于中国，位居第二。纺织服装业已成为越南第二大出口产业。目前，越南有超过5900家纺织服装厂，纺纱700万锭，纱线年产量99万吨，纺织工人约250万。

2. 缅甸

自2011年以来，随着欧美经济制裁的解除，缅甸服装业得到快速发展。目前，缅甸纺织业仍以“剪裁、制造和包装”的服装加工为主，共有服装厂近500家，但没有大型的纺织厂和印染厂，纱线面料等原料主要依靠进口，中国是其主要的原材料进口国。欧盟、日本、韩国、中国和美国是缅甸服装出口的主要市场，其中，欧盟和日本是其最主要的两大出口市场。

3. 孟加拉国

1971年孟加拉国解放后，以出口为导向的工业化主要集中在纺织服装领域，特别是成衣制造领域。成衣业已成为孟加拉国最大的出口收入来源，占孟加拉国货物出口总额的80%。近年来，孟加拉国一跃成为众多国际知名服装品牌的海外加工地。根据孟加拉国服装制造及出口商协会（BGMEA）统计，目前，孟加拉国约有394家纺纱厂、777家纺织企业和3600家成衣企业，工人数超过440万人，年成衣出口数量约15.3亿件，年出口总额接近300亿美元，产品出口到130个国家和地区。

4. 印度

印度是世界上为数不多的拥有纺织全产业链的国家之一，纺织服装业是印度最重要的产业之一，占全国制造业产值比重约10%，占全国GDP比重约2%，出口创汇占印度总出口额约13%。目前，印度全国纺织业直接就业人数超过4500万人，是印度最大的就业吸收行业之一。印度全国拥有超过3400家纺织厂，超过5000万纱锭，84.2万转杯纺，年产能力25亿平方米布料、250万吨人造纤维及长丝纱线、360万吨服装。同时，印度也是全球手织布产出最大的国家，年产量占全球产量的95%以上。

（三）中亚和西亚地区

中亚和西亚纺织业发展方向差异性大，资源导向型和市场导向型发展路径并存。

1. 乌兹别克斯坦

乌兹别克斯坦具有丰富的棉花资源优势，其纺织业发展路径是典型的资源导向型，纺织业是其国民经济和出口创汇的重要产业。乌兹别克斯坦以棉花种植为主，是世界第六大棉花生产国和第三大棉花出口国，但目前产业链下游生产加工能力较弱。目前，乌兹别克斯坦纺织业产值占GDP的3.8%，占工业总产值的26.3%，占非食品消费品产值的44%。乌兹别克斯坦纺织业出口主要以棉纱为主，产品附加值有待增加。

2. **土耳其**

土耳其不仅是世界纺织和服装业制造大国，同时也是重要贸易枢纽之一，凭借连接欧亚大陆的天然区位优势，其纺织品服装贸易总额稳居世界前十位，其中纺织品出口排名全球第五位，服装出口排名全球第七位。据统计，2016年土耳其纺织和服装业产值约为600亿美元，占土耳其GDP的7%左右。目前土耳其共有56000多家企业从事上述产业，从业人数超过200万。

（四）非洲地区

非洲地区纺织业发展相对滞后，但近年来部分非洲国家政府利用纺织业吸引海外绿地投资，拉动本国经济发展，取得了显著成绩。

埃及是世界上少数拥有较为完整纺织产业链的国家之一，纺织工业在其国民经济中占据着重要地位。作为埃及传统支柱产业之一，纺织业的年产值约为100亿美元，占埃及全国GDP比重的3%，占制造业总产值比重的27%。埃及目前拥有约5500家纺织服装企业，吸纳就业人数超过150万人，占全国工业就业人口的30%左右。丰富优质的棉花原料和充足低价的劳动力资源是埃及纺织业发展的两个优势，但近年来埃及棉花产量下降明显，进口替代逐渐增加。2017年埃及出口纺织品服装28.22亿美元，同比增长12%，占埃及全年货物出口贸易总额的10.9%。

（五）欧洲

欧洲是现代纺织业的发源地，当今仍然在纺织业高端制造、品牌运营、进出口贸易和终端消费等领域占据重要位置。

1. **罗马尼亚**

罗马尼亚是东欧的传统纺织服装业强国，纺织服装业是其传统支柱产业，在国民经济中和对外贸易中占有重要地位，具有打样快速、产品标准高、起订量小、交期快等特点。目前全国纺织服装企业数约6096家，从业人数约190381人，罗马尼亚服装加工业基础较好，技术水平较发达，85%的企业以来料加工的方式生产服装，91%的产品出口欧盟。罗马尼亚纺织产业链上游较薄弱，需从国外进口纱线、辅料及配饰。

2. **匈牙利**

匈牙利的纺织业在社会主义时期就已拥有了比较完整和较高水平的纺织工业体系，后来因社会体制剧变导致纺织业被摧毁并失去了传统的市场，绝大部分的国企倒闭，取而代之的是众多的中、小型企业。目前，匈牙利全国注册的纺织类公司约1340家，超过250人的大型企业只有7家；服装类公司2093家，超过250人的大型企业只有12家。2016年匈牙利纺织业总产值3.6亿欧元。

二、中国纺织业在“一带一路”沿线的投资与产能合作

中国纺织业进入全球布局阶段，“一带一路”沿线已经成为纺织业对外投资、产能合作的重要目的地。

（一）中国纺织业整体对外投资情况

1. 从投资总额分析

目前，中国纺织产业已进入全球布局阶段，根据商务部统计口径，2003~2017年，我国纺织产业对外直接投资累计88.1亿美元，年均增速为18.91%，占制造业对外直接投资累计总额的7.61%。其中，纺织业对外直接投资存量55.7亿美元；纺织服装、服饰业对外直接投资存量23.2亿美元；化学纤维制造业对外直接投资存量9.2亿美元（图1）。

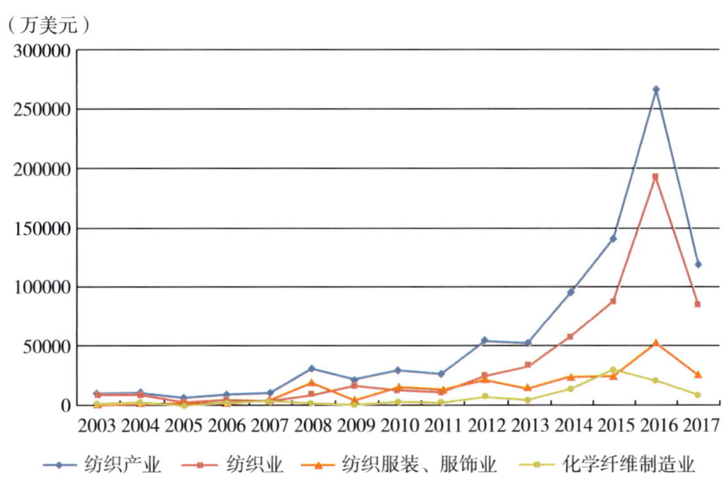

图1　2003~2017年中国纺织行业对外直接投资情况
数据来源：商务部

2013年以来，随着“一带一路”倡议的提出和坚定推进，我国纺织产业的对外投资增长也明显加快，尤其是2015年和2016年两年的纺织产业对外投资合计金额超过40亿美元，占2003年以来总存量的53.28%。2017年，行业对外投资出现明显下降，全年境外投资金额11.8亿美元，同比下降55.5%（表1）。主要原因在于国内相关部门为了维护外汇储备采取的严格监管措施。

表1　2013~2017年纺织产业对外投资额　　单位：亿美元

年份	纺织产业	纺织业	纺织服装、服饰业	化学纤维制造业
2013	5.19	3.31	1.50	0.37
2014	9.50	5.70	2.46	1.34
2015	14.05	8.60	2.53	2.93
2016	26.60	19.26	5.34	2.00
2017	11.84	8.40	2.60	0.80

数据来源：商务部

2. 从投资目的地选择分析

根据商务部数据显示，“一带一路”沿线已经成为纺织行业对外投资热门区域。2015~2017年前三季度，中国纺织业对外投资的主要国家和地区的前十位中，“一带一路”沿线国家和地区占六位。中国香港、新加坡和越南分别排名前三位。

表 2　2015~2017 年前三季度纺织产业投资目的地排名　　单位：亿美元

排名	国家和地区	投资额
1	中国香港*	23.77
2	新加坡*	7.41
3	越南*	5.10
4	英属维尔京群岛	2.48
5	美国	1.68
6	埃塞俄比亚	1.36
7	缅甸*	1.26
8	埃及*	1.22
9	柬埔寨*	1.02
10	法国	0.89

*为一带一路沿线国家和地区。

数据来源：商务部

（二）中国纺织业“一带一路”沿线投资情况

“一带一路”沿线是中国纺织业对外投资的重要目的地，也是国际产能合作的优先选择地。根据商务部统计数据显示，2013年“一带一路”倡议提出后，中国纺织业在沿线的投资额逐年递增，从2013年的4.29亿美元增长到2016年的22.99亿美元，2017年虽有所回落，但仅前三季度就达到7.48亿美元，超过2014年全年7.40亿美元的总投资额。2013~2017年前三季度，中国纺织业对“一带一路”沿线的总投资额为54.94亿美元，约占同期纺织业对全球投资总额的84.71%。如不将中国香港、中国澳门及中国台湾三地的投资数据统计在内，对沿线其他国家和地区的投资总额则为28.37亿美元，约占全球投资总额的43.74%（图2）。

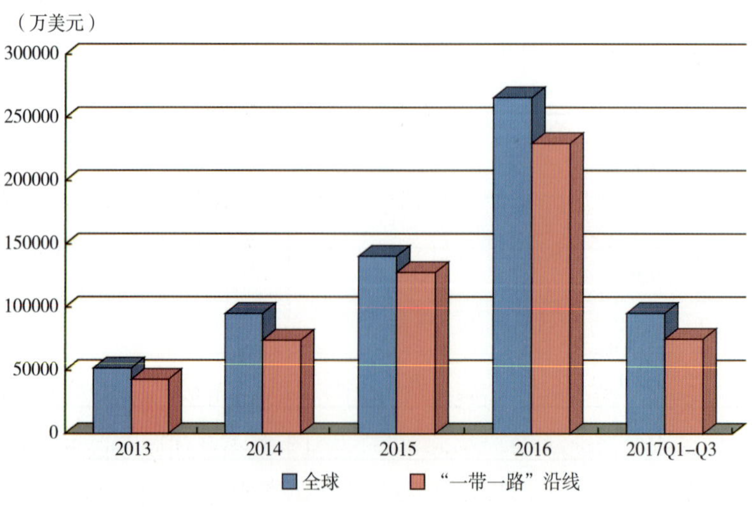

图2　2013~2017年前三季度纺织业对“一带一路”沿线及全球投资对比

越南、柬埔寨、缅甸等东南亚国家是纺织业“一带一路”沿线投资的热门目的地，中亚的塔吉克斯坦、乌兹别克斯坦以及北非的埃及紧随其后（表3）。

表3　2013~2017前三季度纺织业投资“一带一路”沿线国家和地区排名　　单位：亿美元

排名	国家和地区（1000万美元以上）	投资额
1	中国香港	26.49
2	新加坡	9.73
3	越南	7.24
4	柬埔寨	2.89
5	埃及	2.42
6	缅甸	1.38
7	巴基斯坦	1.19
8	马来西亚	0.86
9	印度尼西亚	0.67
10	塔吉克斯坦	0.48
11	孟加拉	0.47
12	乌兹别克斯坦	0.30
13	土耳其	0.17
14	阿拉伯联合酋长国	0.12
15	塔吉克斯坦	0.12
16	捷克	0.11

数据来源：商务部

（三）中国纺织业“一带一路”沿线重点投资项目介绍

1. 天虹纺织集团有限公司

天虹纺织集团在越南南北部的同奈省、广宁省、太平省拥有三个大生产基地，合计约125万纱锭以及400台先进布机和染整服装全套产业链体系，是越南最大的纺织生产企业之一。天虹纱锭规模占全越南约700万锭总生产规模的17.9%，年生产纱线约30万吨，所使用的越南员工接近20000人。2014年，天虹在越南扩大投资，开始打造专业纺织工业园。天虹海河工业园位于越南广宁省海河县，园区总规划面积约3100公顷（约合5万亩）。2014年开工建设，2015年园区正式开始运营。

2017年11月，习近平主席对越南进行国事访问前夕，在越南《人民报》发表题为《开创中越友好新局面》的署名文章中，对天虹在越南的投资及对推进越南当地经济发展所做贡献给予了肯定。

2. 百隆东方股份有限公司

2012年，百隆东方股份进一步实施“走出去”战略，在越南设立生产基地，在越南设立全资子公司百隆（越南）有限公司。2016年8月，百隆越南注册资本已经追加到4亿美元。目前一、二、三期全部投入生产，形成年产50万纱锭生产能力（占公司总产能的42%）。2017

年5月，百隆（越南）A区三期50万纱锭产能如期达产，并实现良好收益。同时东南亚地区对百隆纱线产品需求仍不断增加，基于对越南百隆长期发展的信心，百隆东方决定投资越南百隆B区50万纱锭生产项目，自筹资金总投资3亿美元，项目将分三年逐步完成。

3. 红豆集团

2007年，红豆集团牵头与柬埔寨企业共同开发建设西哈努克港经济特区（简称西港特区），该特区为国家级经贸合作区，是首个签订双边政府协定、建立双边协调机制的合作区，也是“一带一路”上的标志性项目，总规划面积11.13 平方千米。2017年，西港特区产业承接能力及平台服务能力进一步提升，全年新增企业17家，累计引入企业118家，区内从业人员近2万人。

2016年10月，习近平主席出访柬埔寨期间，在署名文章中特别指出“蓬勃发展的西哈努克港经济特区是中柬务实合作的样板”。2018年1月9日，国务院总理李克强访柬前夕又在发表的署名文章中高度肯定了西港特区的建设成果。

4. 鲁泰纺织股份有限公司

鲁泰纺织股份有限公司2014年初在柬埔寨设立全资子公司——鲁泰（柬埔寨）有限公司，累计投资2000万美元。公司拥有员工2000余人，产品主要为色织衬衫，生产规模为年加工衬衫600万件，以欧美、日本市场中高档产品为主。同年8月，鲁泰在缅甸设立鲁泰（缅甸）有限公司，公司位于缅甸仰光市以南25千米处迪拉瓦经济特贸区内，总投资1000万美元。2015年10月完工投入试生产。公司占地24000平方米，年产各种高档衬衫300万件，现有6条缝制生产线。目前，缅籍员工900余人，缅籍管理人员20余人，产品主要面向欧洲、日韩市场。2015年3月，鲁泰集团全资子公司鲁泰（香港）有限公司在越南西宁省福东工业园区投资6万锭纺纱及年产3000万米色织面料生产线项目，总投资1.5亿美元，总占地面积27.2公顷，具备纺纱、漂染、织布、整理、检验完整的色织面料生产线。2015年11月，鲁泰投资300万美元在越南安江省设立鲁泰（越南）制衣有限公司，生产规模为年加工衬衫600万件。2016年9月，300万米色织生产线举行投产仪式。至此，鲁泰在越南从棉纱、面料到衬衣的全产业链布局基本完成。

5. 金昇集团

金昇集团2015年在乌兹别克斯坦建立利泰纺织国际有限责任公司。公司占地30公顷，总投资1亿美金，计划产能24万锭，一期建设12万锭。2017年7月，利泰纺织国际园区一期工程建成并实现运营投产，年产量达2.2万吨棉纱，出口量营业收入超过7000万美元，聘用当地员工700多人。目前，利泰纺织国际园区二期奠基开工，预计2019年年底投产，将再带动650名当地人就业。同时，利泰纺织国际积极承担社会责任，2017年向乌兹别克斯坦儿童体育发展基金捐赠2亿苏姆。

乌方对该公司的投资项目较为重视，2017年2月及2018年2月，乌兹别克斯坦总统米尔济约耶夫两次视察利泰纺织国际园区并参加项目的奠基仪式。

6. 山东岱银纺织集团

山东岱银纺织集团2014年在马来西亚开始了计划总投资4亿美元、分三期建设的42万锭高档精梳纱项目。该项目是截至目前中国在马来西亚投资最大的纺织项目。一期10万锭高档纺纱项目已于2015年5月竣工，并实现当年投产达产。二期12万锭纺纱项目于2017年9月土建完工，2018年1月进行设备安装生产，5月12万纱锭将全面投产达产。二期项目竣工投产后，岱银纺织计划继续投资2亿美元建设三期项目，新上20万锭纺纱生产线，计划于2019年年底全面建成投产。

7. **南通大东有限公司**

2018年1月22日，南通大东有限公司在越南天虹海河工业园投资的越南大东有限公司举行开业典礼。作为家纺行业“走出去”实施国际产能合作的代表企业，大东越南项目受到了行业的广泛关注。计划建成规模10万平方米的浆、织、漂、印、缝全套生产流程的现代化毛巾工厂，年生产毛巾6500吨。产品将以日本、东南亚、欧美为主要市场。

三、中国纺织工业联合会推进行业参与“一带一路”建设情况

中国纺织工业联合会一直积极推进纺织行业参与“一带一路”建设，加强与“一带一路”沿线国家和地区的产能合作。五年来，中纺联从平台搭建、活动组织、贸易投资促进、信息研究等多方面开展工作，取得了良好的效果。

（一）平台搭建

在国家发改委的指导和支持下，中纺联牵头的“中国纺织国际产能合作企业联盟”于2017年3月16日正式成立（图3）。联盟成立后，围绕“桥梁协助”“投资促进”和“信息研究”三个服务方向开展工作，努力提高行业在“一带一路”建设中的参与度，促进行业更好运用全球优质资源助力国内产业转型升级和强国建设。经过一年多努力，联盟成员从创始的88家增加到105家，基本涵盖了目前我国纺织服装行业国际布局的骨干先锋企业，囊括全产业链的所有国家级行业组织和江苏、山东、广东等重点省份纺织服装协会。

图3　中国纺织国际产能合作联盟成立仪式

图片来源：中国纺织国际产能合作企业联盟

（二）活动组织

国际产能合作促进活动的举办是中纺联近年来的重点工作之一。2013年起，由中纺联主办，中国国际贸易促进委员会纺织行业分会承办的三次纺织行业“走出去”大会均取得良好的效果。其中2017年在南京举办的第三届大会吸引了国内外五百余名行业代表参加，同时还邀请到孟加拉、柬埔寨、斯里兰卡等“一带一路”沿线国家的驻华使领馆代表出席此次大会。此次会议主题为“根植本土·丝路全球”，会议议程聚焦新形势下中国纺织业国内转型升级与“一带一路”全球布局的良性互动（图4）。

图4　2017年中国纺织业“走出去”大会现场

图片来源：中国纺织国际产能合作企业联盟

（三）贸易投资促进

国别专项贸易投资对接、推介会是中纺联“一带一路”建设推进工作的重要一环。2016~2018年的三次纺织业与埃塞俄比亚政府高层对话为中国在埃塞俄比亚投资奠定了良好基础。除此之外，中国与乌兹别克斯坦纺织工业交流会、埃及投资推介会、罗马尼亚投资推介会的成功举办，也为纺织企业“一带一路”沿线的国际产能合作提供了多样化选择平台（图5）。

（四）信息研究

中纺联组织专门团队，近年来多次承接工信部等政府部门多项关于“一带一路”沿线国家纺织服装业发展情况以及贸易投资促进相关课题和专项委托工作。通过课题和专项报告的形式，积极反映行业国际化的现状和诉求，为产业国际产能合作提供理论依据和信息支持。此外，借助“中国纺织国际产能合作企业联盟”的官方微信公众平台，针对“一带一路”最

图5 徐迎新副会长在埃及和罗马尼亚投资推荐会上致辞
图片来源：中国纺织国际产能合作企业联盟

新政策、国内外贸易形势、产业国际产能合作最新动态和分析等方面，团队撰写、整理和推送了近百篇文章，其中原创文章超过80%。其中，越南与欧盟的自贸协定签署、澜湄合作对纺织业产能合作影响、“一带一路”沿线考察调研介绍等议题，受到了行业读者的广泛关注。

四、展望

习近平主席的十九大报告中共有五处提到“一带一路”相关内容。中国进行“一带一路”建设，是未来全面开放新格局中的重要方向、重点区域，是国际国内联动、协同发展的重要纽带，也是中国携手世界各国建设人类命运共同体的重要载体，是一项开历史先河的重大战略决策。对于中国纺织业而言，“一带一路”的“六廊六路多国多港”指明了海外重点投资区域和国别。六大经济走廊中的“中国—中南半岛”是目前我国纺织业资本绿地投资集聚地；中巴、孟中印缅和中国—中亚经济走廊也有丰富的发展纺织业的要素资源禀赋；在非洲，一些先行先试和示范国家也具备发展纺织业的巨大潜力。

同时，“一带一路”的“五通”正加速打造深度融合的国际国内市场以及更合适的境外投资环境，为我国纺织企业境内外联动布局提供更加优质的要素资源供给和统一市场。随着大规模基础设施实现互联互通以及经贸基础制度完成对接，区域内资本、人才、劳动力、能源、原料等要素和商品有望更加有序、快速和自由流动，这将显著提升区域内纺织供应链合作效率，从而为中国纺织企业在域内不同国家进行产能协同配置和产业链垂直一体化经营创造良好环境。同时，众多政治、外交和经济资源的投入与相互承诺，将为中国纺织企业在沿线国家创造尽可能安全、稳定的中长期经济地理环境。

“一带一路”建设已经向第六年迈进，中国纺织工业联合会也会继续推动纺织业深度参与“一带一路”建设。在未来的工作中，中纺联将以“中国纺织国际产能合作企业联盟”为抓手，充分发挥自身在政府部门、专业机构、行业企业间的桥梁纽带作用，搭建好“一带一路”区域内的贸易投资信息和专项活动平台，积极促进纺织业在“一带一路”沿线国家的落地生根与长期合作共赢。

撰稿人：薛峰　刘耀中

上市公司

2017年家用纺织品行业上市公司概况

余湘频

一、在全球主要证券市场上市的家纺企业概况

截至2017年12月31日，在全球主要证券市场（不含我国新三板）上市的家用纺织品企业为13家，其中在上海证券交易所3家（2017年新增水星家纺1家）、深圳证券交易所5家、香港联交所3家、新加坡证券交易所1家、澳大利亚证券交易所1家。13家上市公司的来源地区和细分行业分布见表1和表2。

表1　家用纺织品行业上市公司上市地及实际总部分布

序号	上市地及代码	公司简称	实际总部地区
1	HK00146	太平地毡	香港
2	HK02223	卡撒天娇	
3	SZ002083	孚日股份	山东
4	HK00873	国际泰丰床品	
5	SGX：COZ	宏诚家纺	
6	SH600152	维科精华	浙江
7	ASX：SHU	绅花纺织	
8	SZ002293	罗莱生活	江苏
9	SH603313	梦百合	
10	SZ002327	富安娜	广东
11	SZ002397	梦洁家纺	湖南
12	SZ002761	多喜爱	
13	SH603365	水星家纺	上海

表 2　家用纺织品行业上市公司行业细分

序号	上市地及代码	公司简称	细分行业
1	SH600152	维科精华	床上用品
2	SZ002293	罗莱生活	
3	SZ002327	富安娜	
4	SZ002397	梦洁家纺	
5	SZ002761	多喜爱	
6	SH603313	梦百合	
7	SH603365	水星家纺	
8	HK02223	卡撒天娇	
9	HK00873	国际泰丰床品	
10	SGX：COZ	宏诚家纺	
11	ASX：SHU	绅花纺织	
12	SZ002083	孚日股份	毛巾
13	HK00146	太平地毯	地毯

二、在证监会排队等待上会审核的企业概况

截至2017年12月31日，在中国证监会等待上会审核的4家家纺企业除水星家纺过会已上市外，其他3家都未能上市，其中海宁中国家纺城上会但未通过审核，浙江真爱美家自行终止辅导，江苏金太阳纺织科技在上会前夕撤回申报材料，相当于自行终止本轮IPO进程。见表3。

表 3　中国证监会上会审核的家纺企业

序号	申报企业	所属行业	公司所在地	拟上市市场	报送材料时间	审核状态
1	浙江真爱美家	毛毯、床品	浙江义乌	上交所	2015/6/11	2017 年 7 月终止辅导
2	上海水星家用纺织品	床品、家居	上海奉贤区	上交所	2016/4/25	2017 年 11 月 20 日已上市
3	海宁中国家纺城	专业市场	浙江海宁	深交所中小板	2016/5/6	2017 年 10 月 31 日上会审核未通过
4	江苏金太阳纺织科技	家纺面料	江苏南通	深交所创业板	2016/6/20	2018 年 1 月 10 日自行撤回材料

三、主要家纺上市公司经营指标对比分析

从已取得年报数据的10家主要家纺上市公司的经营数据分析，2017年，家纺行业整体运行平稳趋好，但优势企业依然保持良好的发展态势。行业内中小品牌在环保及生产成本压力增加的情况下逐渐退出市场，百货渠道清理中小品牌力度加大，电商平台给予大品牌流量倾斜，加上消费升级趋势下消费者对品质要求提升的影响，家纺行业龙头集中度提升。

1. 主营业务收入

在10家有数据的公司中，2017年主营业务收入实现增长的有8家，但其中维科精华主要是

由于主营业务调整所致，纺织板块业务继续萎缩下滑29.36%，由5.21亿元减少至3.68亿元。

太平地毯和卡萨天骄继续下滑，特别是太平地毯不得不出售公司主要业务板块——商业地毯，导致主营业务大幅萎缩。见表4。

表4 家纺上市公司历年营业收入

人民币核算								（单位：亿元人民币）
代码	公司简称	2011年	2012年	2013年	2014年	2015年	2016年	2017年
SZ002083	孚日股份	46.11	44.70	44.43	45.54	42.05	43.75	48.20
SZ002293	罗莱生活	23.82	27.25	25.24	27.61	29.16	31.50	46.62
SZ002327	富安娜	14.53	17.77	18.64	19.70	20.93	23.12	26.16
SZ002397	梦洁股份	12.52	12.00	14.23	15.66	15.17	14.47	19.34
SZ002761	多喜爱	6.44	7.98	8.13	6.72	5.96	6.70	6.81
SH600152	维科精华	46.55	29.52	23.22	12.54	7.53	5.39	15.97
SH603313	梦百合	6.74	9.00	9.56	11.62	13.77	17.20	23.40
SH603365	水星家纺	—	—	15.90	17.76	18.51	19.77	24.62
HK00873	泰丰床品（停牌）	21.52	24.01	21.48	—	—	—	—
合计		178.23	172.23	180.83	157.15	153.08	161.90	211.12
港币核算								（单位：亿港元）
代码	公司简称	2011年	2012年	2013年	2014年	2015年	2016年	2017年
HK00146	太平地毯	12.50	15.03	14.33	14.28	13.13	13.20	4.47
HK02223	卡萨天骄	4.30	4.73	4.93	4.61	3.71	3.57	3.47
合计		16.80	19.76	19.26	18.89	16.84	16.77	7.94

2. 主营业务毛利率

主营业务毛利率代表企业在单位产品中新创造的价值比率，可以从一个侧面反映企业产品创新被社会认可的程度。品牌企业的毛利率更多取决于产品的市场定位，而对于生产加工型企业来讲，更多体现的是产品的市场竞争力，所以显得尤其可贵，从表5可以看到主要品牌企业的毛利率都有所下降，说明各品牌企业已经普遍意识到高性价比的产品比不切实际的市场定位更受消费者欢迎。

表5 家纺上市公司历年毛利率

人民币核算								（%）
代码	公司简称	2011年	2012年	2013年	2014年	2015年	2016年	2017年
SZ002083	孚日股份	17.26	15.97	22.36	20.05	22.28	23.43	21.80
SZ002293	罗莱生活	42.18	42.22	43.98	44.86	48.96	48.46	43.50
SZ002327	富安娜	47.04	48.45	51.38	51.32	51.05	50.24	49.60
SZ002397	梦洁家纺	44.43	43.42	44.19	45.63	47.79	49.41	44.20
SZ002761	多喜爱	38.58	39.23	40.93	43.22	41.60	37.65	38.74
SH600152	维科精华	18.26	9.84	7.73	6.79	9.85	9.21	18.00
SH603313	梦百合	30.60	30.94	30.89	30.04	34.86	33.60	29.50
SH603365	水星家纺	—	—	—	—	—	36.94	36.36

续表

人民币核算								(%)
代码	公司简称	2011 年	2012 年	2013 年	2014 年	2015 年	2016 年	2017 年
HK00873	泰丰床品（停牌）	38.55	39.54	29.22	10.15	—	—	—
港币核算								(%)
代码	公司简称	2011 年	2012 年	2013 年	2014 年	2015 年	2016 年	2017 年
HK00146	太平地毡	40.39	41.01	45.48	46.65	46.61	44.86	47.6
HK02223	卡萨天骄	58.98	61.80	61.61	60.39	61.79	62.78	64.6

3. 净利润

在10家有数据的企业中，2017年总体净利润大幅度提升，说明企业发展质量提升。净利润下降的只有梦洁家纺和梦百合两家。见表6。

表 6　家纺上市公司历年净利润

人民币核算								（单位：亿元人民币）
代码	公司简称	2011 年	2012 年	2013 年	2014 年	2015 年	2016 年	2017 年
SZ002083	孚日股份	1.38	0.16	0.93	0.75	3.13	3.81	4.10
SZ002293	罗莱生活	3.74	3.82	3.32	3.98	4.23	3.40	4.50
SZ002327	富安娜	2.07	2.60	3.15	3.77	4.01	4.39	4.93
SZ002397	梦洁家纺	1.11	0.56	0.98	1.49	1.56	0.99	0.81
SZ002761	多喜爱	0.62	0.81	0.60	0.45	0.37	0.22	0.23
SH600152	维科精华	2.26	−1.34	0.07	−2.59	0.36	−0.69	0.10
SH603313	梦百合	0.80	1.15	1.09	1.31	1.65	2.00	1.50
SH603365	水星家纺	—	—	1.08	1.19	1.35	1.98	2.57
HK00873	泰丰床品（停牌）	4.40	5.18	2.97	—	—	—	—
合计		16.38	12.94	14.19	10.35	16.66	16.10	18.74
港币核算								（单位：亿港元）
代码	公司简称	2011 年	2012 年	2013 年	2014 年	2015 年	2016 年	2017 年
HK00146	太平地毡	−1.75	1.43	0.50	0.26	0.20	−0.38	1.9
HK02223	卡萨天骄	0.46	0.32	0.11	0.13	−0.16	0.08	0.27
合计		−1.29	1.75	0.61	0.39	0.04	−0.30	2.17

4. 存货周转天数

存货周转天数表示企业用于正常生产经营的原材料、在产品、库存商品（产成品）等周转一次所需的天数，不同的企业由于各自的经营销售模式、采购模式、生产流程长短等因素决定了其存货周转一次所需的基本周期，但总体来说，存货周转天数越少，说明企业运转越良性健康，特别是对于依靠自主销售渠道销售产品的品牌企业来说，存货的周转效率直接反映企业运转得是否健康有效。

在10家企业中，2017年存货周转天数下降的有6家，上升的有3家。说明行业整体运转良性，效率在提升。见表7。

表 7　家纺上市公司历年存货周转天数

人民币核算							(单位：天)
代码	公司简称	2011 年	2012 年	2013 年	2014 年	2015 年	2016 年	2017 年
SZ002083	孚日股份	162	184	210	207	227	208	186
SZ002293	罗莱生活	127	130	166	156	156	146	114
SZ002327	富安娜	218	188	201	207	187	183	185
SZ002397	梦洁家纺	194	231	233	212	209	260	219
SZ002761	多喜爱	179	178	188	198	220	198	207
SH600152	维科精华	82	67	62	74	81	87	69
SH603313	梦百合	73	59	70	71	70	64	60
SH603365	水星家纺	—	—	—	—	—	174	157
HK00873	泰丰床品（停牌）	32	22	17	24	—	—	—
港币核算								(单位：天)
代码	公司简称	2011 年	2012 年	2013 年	2014 年	2015 年	2016 年	2017 年
HK00146	太平地毡	96	116	112	112	114	109	145
HK02223	卡萨天骄	167	167	209	182	210	212	186

5. 应收账款周转天数

应收账款周转天数是指企业应收账款周转一次的天数，和存货周转天数一样都是反映企业运转是否良性和有效率的重要指标，特别是对那些需要依靠经销商渠道销售自己产品的品牌企业来说显得尤其重要。在10家企业中，2017年应收账款周转天数下降的只有4家，其他6家都不同程度有所提升，但几家主要品牌企业，应收账款周转天数比2016年有所下降，说明主要品牌企业或者行业龙头企业销售环节整体回款能力有所提升。见表8。

表 8　家纺上市公司历年应收账款周转天数

人民币核算								(单位：天)
代码	公司简称	2011 年	2012 年	2013 年	2014 年	2015 年	2016 年	2017 年
SZ002083	孚日股份	28	27	30	31	35	34	33
SZ002293	罗莱生活	19	21	21	19	26	32	30
SZ002327	富安娜	10	12	13	13	23	39	44
SZ002397	梦洁家纺	25	33	31	45	76	100	77
SZ002761	多喜爱	8	6	8	18	26	22	20
SH600152	维科精华	17	23	26	36	34	34	53
SH603313	梦百合	57	41	43	40	40	41	46
SH603365	水星家纺	—	—	—	—	—	20	23
HK00873	泰丰床品（停牌）	85	80	76	—	—	—	—
港币核算								(单位：天)
代码	公司简称	2011 年	2012 年	2013 年	2014 年	2015 年	2016 年	2017 年
HK00146	太平地毡	46	60	52	52	62	63	99
HK02223	卡萨天骄	62	76	75	70	64	72	82

6. 盈利质量

盈利质量是指单位净利润的现金含量，等于经营现金流净额/净利润。由于现行会计制度的原因，企业报表上实现的利润和企业收到的现金并不一致，导致许多企业利润表上业绩很好，但企业的真实情况却并不尽如人意，为了矫正这一制度缺陷带来的错觉，必须把利润表上的净利润与现金流量表上的经营现金流净额两个指标比较起来分析，如果经营现金流净额/净利润的比值长期小于1，则认为该企业的盈利质量不高。

在8家有数据的企业中，2017年盈利质量指标大于1的有4家，小于1的也是4家，说明行业整体盈利质量还有待提升。见表9。

表 9　家纺上市公司历年盈利质量

人民币核算								
代码	公司简称	2011 年	2012 年	2013 年	2014 年	2015 年	2016 年	2017 年
SZ002083	孚日股份	3.36	48.69	10.67	1.90	2.84	3.06	2.08
SZ002293	罗莱生活	0.82	0.64	1.25	1.28	0.80	1.49	0.88
SZ002327	富安娜	1.02	1.73	0.69	1.16	0.73	0.96	0.74
SZ002397	梦洁家纺	0.80	0.02	1.35	1.51	0.43	1.17	1.26
SZ002761	多喜爱	1.38	0.84	0.84	2.14	0.86	1.16	2.24
SH600152	维科精华	1.68	−0.44	−14.78	−0.19	0.77	−0.33	−5.42
SH603313	梦百合	0.25	1.28	0.83	0.87	1.01	0.75	0.38
SH603365	水星家纺	—	—	—	—	—	1.34	1.19
HK00873	泰丰床品（停牌）	0.65	0.65	1.08	—	—	—	—
港币核算								
代码	公司简称	2011 年	2012 年	2013 年	2014 年	2015 年	2016 年	2017 年
HK00146	太平地毯	0.00	−0.03	2.37	5.05	1.87	1.12	—
HK02223	卡萨天骄	1.02	0.41	2.41	4.57	0.65	3.69	—

7. 运营效率

运营效率等于主营业务毛利额/（销售费 + 管理费），它表达的含义是一个单位的固定费用支出能给企业带来几个单位的新价值，考察的是企业管理团队运营企业的效率，包括对市场开拓和管理提升的精准性。如果这一比值小于1，则表明企业管理团队的运营效率不高，企业处于入不敷出的状态，企业必须采取措施检讨费用的合理性和效率性，同时提高产品的毛利率。

在10家企业中，2017年运营效率大于1的企业有9家，小于1的有1家，即太平地毯，由于出售主要业务板块后运营费和管理费与主营业务收入及毛利额不匹配导致的，行业整体运营效率有所提升（表10）。

表 10　家纺上市公司历年运营效率

人民币核算								
代码	公司简称	2011 年	2012 年	2013 年	2014 年	2015 年	2016 年	2017 年
SZ002083	孚日股份	2.15	1.74	2.21	1.99	2.68	2.96	3.01
SZ002293	罗莱生活	1.71	1.59	1.53	1.54	1.50	1.40	1.43
SZ002327	富安娜	1.68	1.74	1.77	1.94	1.82	1.88	1.83
SZ002397	梦洁家纺	1.38	1.19	1.29	1.38	1.44	1.25	1.22
SZ002761	多喜爱	1.47	1.41	1.31	1.24	1.23	1.16	1.18
SH600152	维科精华	2.68	0.88	0.70	0.38	0.54	0.40	1.23
SH603313	梦百合	2.13	2.16	1.96	1.84	1.70	1.70	1.44
SH603365	水星家纺	—	—	—	—	—	1.56	1.55
HK00873	泰丰床品（停牌）	5.03	5.65	4.33	2.51	—	—	—
港币核算								
代码	公司简称	2011 年	2012 年	2013 年	2014 年	2015 年	2016 年	2017 年
HK00146	太平地毯	0.89	1.04	1.04	1.09	1.07	0.98	0.56
HK02223	卡萨天骄	1.24	1.28	1.07	1.10	0.96	1.11	1.17

四、主要家纺上市公司经营及资本运作

1. **孚日股份**（SZ002083）

2017年是孚日股份创建30周年。公司全年共实现营业收入48.22亿元，同比增长10.21%；完成出口额4.29 亿美元，同比基本持平；实现净利润4.1亿元，同比增长8.47%，经济效益再创历史新高。

在国际市场开发方面，通过发挥企业质量信誉优势，不断开发差异化、高附加值产品，抢占中高端市场份额，确保了出口业务平稳发展。其中，日本市场主要客户订单稳步增长，自主设计产品增速较快，欧洲市场客户订单加快回升，新材料产品订单比重提高，美国市场产品出口出现小幅下降，但主要大客户业务仍保持相对稳固，新客户增长较快，同时澳大利亚、中东、俄罗斯等市场保持稳定增长，尤其澳大利亚市场产品出口增长近30%。

在国内品牌建设方面，公司积极跟进供给侧结构性改革，以“A+生活”新型消费业态为突破，强化品牌运作，加快终端建设，践行工匠精神，提升产品精度，线上线下有机融合，全年销售同比增长20%，品牌形象和竞争力持续提升，国内市场保持良好发展态势。

在创新能力建设方面，公司与青岛大学合作开发的活性染料无盐连续染色技术，荣获中国纺织工业联合会科学技术一等奖，巾被织物连续生产印染前处理无废水排放新技术达到国际领先水平，参与制定多项纺织行业标准，获得5项发明专利。同时加快工艺优化和流程改造，“松式自络工序改造项目”“回收水资源平衡利用改造项目”等100多个创新项目成功实施，进一步减少用工，提高了生产效率和运行质量。

2. **罗莱生活**（SZ002293）

2017年，罗莱生活高度聚焦主业，加快市场拓展，加强费用管控力度，内生与并购

并举，积极探索全品类家居生活馆模式。全年实现营业收入46.62亿元，较去年同期增长47.89%，归属于上市公司股东的净利润4.28亿元，较去年同期增长34.85%。

（1）聚焦主业，积极探索全品类家居生活馆模式。2017年公司高度聚焦主业，加强品牌建设，提高品牌影响力。店面形象持续迭代，已经完成第七代升级，全面提升消费者购物体验。渠道方面，加快门店拓展的同时加强零售管理，提升同店效率；并加快渠道向三、四线城市下沉，充分发挥公司龙头优势，实现空白区域的覆盖和现有弱势区域的深耕。公司在做大做强家纺业务的同时，积极探索全品类家居生活馆模式，稳步推进传统家纺门店向“大家纺小家居”转型升级，由以床品为主的家纺产品逐步扩展至卧室用品、卫浴、餐厨、客厅、 生活家居、软装家居等多个家居产品品类，向消费者呈现丰富的家居生活场景，从而有效提升消费者的进店率、成交率、连带率、复购率和客单价，提升公司的经营业绩。

（2）产品研发不断探索创新。公司产品研发不断探索创新，近年来新中式装修风格受到消费者的青睐，公司2017年顺势推出“现代新中式”风格的产品，融合了古典文化和现代装饰艺术风格，吸引了更多年轻的客群。同时专注于材料工艺的深度研究，不断追求面料的超柔手感，研发了面料上的创新处理工艺，使得棉质具有丝般的光泽和手感。数码印花技术也不断改进，图案色彩更加逼真。在芯类产品研发上也获得多项专利认证，其中“微气流循环小气候空间”技术大大提升了产品的保暖度。同时，公司在核心家纺品类上，持续探索场景化、全品类的产品研发，满足消费者除了卧室床品以外的客、餐、卫等多种生活场景的消费需求，构建以生活方式来沟通的终端场景的呈现，提升门店的购物体验感。

（3）大力发展电商业务，进一步拓展优化电商渠道布局，各渠道销售均实现快速增长，同时结构更趋均衡。天猫渠道销售收入增速稳定，京东和唯品会渠道销售收入大幅增长，电视购物与团购等新兴渠道快速崛起。不同渠道之间通过更紧密的连接构建了一定的品牌壁垒。注重产品研发及营销创新。2017年公司加大电商产品研发投入，自主研发的雷克雅专利立体鹅绒被系列，获得“专利热辐射烫银面料”，且荣获“2017年度纺织十大创新产品”称号。同时积极配合各大平台的营销推广活动，争取更多的资源，与《三生三世十里桃花》《漂洋过海来看你》等热门IP剧开展密切合作，全方位增加曝光率。在产品呈现方面，通过场景化陈列和设计，在消费者心中构建出各种消费场景，进一步激发消费者的购买欲望，提升转化率。2017年公司电商收入超过10亿，同比增长超过40%；2017年“双十一”LOVO品牌电商全渠道蝉联单天销售冠军，实现六连冠。

（4）优化激励机制。通过核心价值观的深入落地大力提升员工凝聚力和积极性。2017年公司推出限制性股票激励计划，向48名骨干员工授予309万股限制性股票；将晋升、薪酬奖金与工作绩效更紧密结合，进一步激发员工工作热情。公司持续优化组织架构和工作流程，提升公司运营效率，公司人均效率提升超过30%。

（5）建设适应新零售趋势的IT系统。2017年公司持续推进全渠道新零售战略，罗莱旗下所有品牌门店零售系统已经全部覆盖与升级。用户可从实体门店、官网商城、电商平台、微信公众号、微商城等各种渠道实现购买和获得服务，并支持由总部仓库发货或就近门店发货等多种配送方式。同时，公司与OA供应商合作全面升级，深度优化内部管理流程，并且与公司的SAP及DRP系统全面打通，实现管理即行动。2017年电商信息系统管理深入优化电商的退换货服务体验，自主开发和运营木牛系统，全面提升逆向物流的整体处理速度，从而大大提升了消费者的满意度。

（6）深层优化供应链管理体系。2017年供应链各个环节柔性管理能力持续提升，突破性地根据淡旺季历史数据分析，在淡季进行战略部署确保公司在下半年销售旺季期间充足的产品供应，并卓有成效地控制了库存增长幅度。同时公司持续建设家居成品的商品企划及采买能力，为公司业务长期稳定持续发展保驾护航。

（7）持续推进对外投资和产业整合。公司认为整合全球家居产业链优质资源是公司向家居生活一站式品牌零售商转型的必由之路。通过对外投资和产业整合，可以发挥协同和互补效应，也是增强运营能力、提升运营效率的重要手段。2017年公司收购了LEXINGTON HOLDING，INC.（美国家具品牌“莱克星顿”）100%的股份，是公司整合全球家居生活产业链资源的重要一步，LEXINGTON HOLDING，INC.的家具业务将成为公司的家居业务版图的重要组成部分。

（8）定向增发助力业绩成长。公司非公开发行的3900万股新股于2018年2月7日在深圳证券交易所上市，募集资金总额4.65亿元，其中，由公司实际控制人控制的伟发投资认购3.65亿元（占募资金额78.49%），显示了其对公司未来可持续发展的决心与信心。

该笔募集资金于2016年募集到位后主要用于全渠道家居生活O2O运营体系建设项目、供应链体系优化建设项目，有利于巩固并提升公司的市场竞争力，增强公司的盈利能力，切实降低公司的财务风险，为公司后续业务的开拓提供良好的保障。

3. 富安娜（SZ002327）

2017年，富安娜取得了业绩和净利润双增长的良好目标。

公司主业的大家居生活板块，通过导入V+零售系统，转变以用户及核心用户为中心的经营思路，在直营及加盟渠道打造快速增长的样板，探索出适应企业和行业特点的会员零售模式。同时，商会的力量，在加盟渠道的管理中，优势体现越发明显，商会间的竞争机制很大程度上带动了加盟商的成长。直营扩大化的战略则继续取得预期的推进，公司收回了包括郑州、沈阳、合肥等在内的省会大型城市加盟授权，转为直营，将在未来的长远发展中，为公司的业绩提升带来更显著的帮助。

作为新业务板块，富安娜美家全屋艺术定制家具项目，2017年，通过参加深圳国际家具展及广州建博会，实现行业内的首次亮相，美家产品的研发力度保持强劲，年度内对产品风格结合行业数据、消费者调研及受众反馈等，又进行了两次迭代研发，并最终形成了美家面向消费市场的五大定型系列。

2017年，继公司现有深圳龙华家纺生产基地、江苏常熟家纺生产基地、四川南充家纺生产基地和湖北阳新生产基地之后，第五个产业基地布局广东省惠州市。在巩固“长三角”、西南内陆、湘楚中原的基础上，进一步提高总部所在华南区的“珠三角”产业基地实力，同时将龙华产业基地的家纺产能向惠州转移，以实现惠东产业基地成为富安娜未来新业务项目孵化基地的目的。占地面积达22万平方米的广东惠东生产基地经过仅短短三个月的筹建，即顺利投产运行，常熟的产业基地也在六月份开机运行。通过募投项目生产基地的建设，提高了自动化生产水平，有效地降低了生产成本，提升了竞争力，同时也充分利用其地理位置，辐射周边地区，节约物流成本，大幅度地提升了供应链物流的快速流通能力和效率，有效支持了企业的战略发展。

第四季度，美家的渠道拓展快速发力，截至年末，已达成包括深圳、西安、厦门、长沙、洛阳（加盟）、沈阳、大连、北京、常熟、郑州在内的13家大型直营旗舰店的选址和确定，部分门店在年末已实现试营业。

为了将美家的事业版图继续扩大，2017年下半年，公司开始尝试探索女装成衣品类。

2017年电子商务渠道继续保持快速增长的态势，年度内实现38%的高速增长。在营销活动创新、产品升级研发和渠道升级三个方面大胆尝试和突破。团购、床垫等新业务也取得了年度业绩目标的顺利实现，其中，床垫业务实现6000万的首年业绩，更为重要的是实现了产品的定型及主力竞争产品的研发，以及物流订单系统的打通，铺垫了床垫在今后持续发力的基础。

公司千套房员工幸福安居工程在2017年已基本实现目标，这一举措解决了员工最大的生活成本和困难问题，使得近千名优秀员工得以受益。

2017年，公司共实现营业收入26.16亿元，同比增长13.18%，实现利润总额6.01亿元，比上年同期增长7.86%，实现净利润4.93亿元，比上年同期增长12.40%。

4. 梦洁家纺（SZ002397）

2017年，梦洁家纺全面深入实施互联网+CPSD（C为顾客，P为产品，S为服务，D为渠道）战略，推进公司变革与突破。公司品牌形象进一步升级，重点城市打造全品牌集合店32个，场景化展示公司各品牌产品与服务，为顾客打造一站式高品质的家居生活体验平台。根据市场需求以及公司规划，终端门店逐步下沉，2017年共新增终端181个；同时，电商、团购、微商等渠道也不断加强，销售增幅提升明显。2017年，大管家家居服务有限公司以及星生活居家服务有限公司在全国布局终端数量超过262个。高端专业的设备、环保健康的洗护用品、用心专业的队伍带给更多顾客高品质家居生活服务体验。随着家居服务布局的深入，客户黏性提高，重复购买率增加，服务收益也带来了新的业绩增长点。2017年，公司智能工厂持续推进，年产80万套被芯、60万个枕芯以及10万个日式床垫，项目土建基本完成。生产车间、仓储、物流智能化改造初见成效，终端门店系统与供应链系统对接运转。公司供应链效率逐步提升，产品研发、工艺、品质进一步增强，产品市场满意度高。公司成为国家“智能制造示范试点”企业。2017年，公司控股的福建大方睡眠科技股份有限公司与公司协同性进一步增强，在其原有业务的基础上，与公司共同进行功能性产品研发与推广，强化公司功能性产品模块，提升整体经营实力。

2017年，公司2016年非公开发行股票的募集资金划转至公司专用账户，募集资金净额为人民币5.56亿元，用于智能工厂与O2O营销平台建设项目，为公司实现未来的战略规划奠定了很好的基础。

2017年，公司实现营业收入19.34亿元，同比增长33.69%；由于市场投入的增加，短期费用增长过快，公司的盈利受到影响，归属母公司所有者的净利润下降47.30%。

5. 多喜爱（SZ002761）

2017年，多喜爱集团股份有限公司围绕消费升级开展了品牌升级、产品升级、店铺升级；坚持在二、三线城市为主力市场以及加强大店拓展以及品牌宣传推广。公司全年实现营业总收入6.81亿元，同比增长1.60%，营业收入的增长得益于公司品牌升级与知名IP的合作，取得了良好的效果；利润总额3024.66万元，同比减少8.91%，主要为报告期内公司加大品牌运营投入力度，相关费用增加；实现归属于上市公司股东的净利润2313.74万元，同比增长7.70%，主要为公司相关子公司享受税收优惠政策。

公司为形成对加工质量的有效控制，一直实行严格的标准化管理。在流程上，公司以产品质量为核心，建立了一系列标准和流程并严格执行，确保公司产品的高质量。目前，公司长沙产业园生产基地已逐步投入生产，随着产业园区自有产能的日益发展成熟，公司自有产能的比率将会逐步提升，将对公司产品质量的稳定性提供更有力的保障。

6. **维科精华**（SH600152）

2017年，宁波维科精华集团股份有限公司在业务上实施了战略转型，积极布局能源业务。公司通过发行股份购买资产的方式直接及间接方式合计持有维科电池100%的股权，并直接持有维科新能源100%的股权，上述收购事项已于2017年8月完成相关工商变更登记手续。这样公司从事的主要业务就分为能源业务和纺织业务两大板块。

根据公司战略，能源业务为公司未来主要业绩来源及发展重点，主要包括3C数码类锂电池、车用锂电池电芯、电动工具储能应用锂电池模组。公司子公司维科电池主营业务为锂离子电池的研发、制造和销售。主要应用于手机、平板电脑、移动电源和智能穿戴设备等消费电子产品。根据外包装材料的不同，产品可分为铝壳类锂离子电池和聚合物类锂离子电池。

纺织业务仍以高档家纺产品、纱线、针织服装、面料为主导产品，公司组建有家纺、经编、纱线、针织服装、梭织面料等内部产业群，从棉花到产品研发、设计、纺纱、织造、印染、整理、缝制、加工、成品直到内销、外贸等，组成了完整的垂直一体化产业链。产品定位于中高档市场，内销市场和客户集中在“长三角”地区，并辐射至全国，外销产品主要出口至日本和欧美等市场。

2017年，公司经营扭亏为盈，实现营业收入15.97亿元（其中纺织业3.68亿元，占23%；能源业11.07亿元，占69.32%；其他0.011亿元，占7.68%），较2016年同期减少13.8%，利润总额1657.56万元，归属于上市公司的净利润1662.82万元。2017年年末，公司合并报表内总资产27.18亿元，总负债13.22亿元，分别比期初增加31.23%、9.01%，归属于母公司所有者的权益为14.07亿元，比期初增加101.12%。2017年公司归属于上市公司股东的净利润为1662.82万元，主要原因为广东鸿图通过向公司发行8232310股广东鸿图股份的方式购买公司所持有的四维尔11.57%股份取得收益6917.02万元、转让公司子公司淮安安鑫家纺有限公司100%股权取得收益1118.81万元以及完成重组交割后维科电池纳入合并报表增加收益2093.95万元。

7. **水星家纺**（SH603365）

上海水星家用纺织品股份有限公司于2017年11月20日在上海证券交易所成功上市，公司通过IPO发行股票6667万股，每股发行价16元，共募集资金9.48亿元人民币，募集资金主要用于“生产基地及仓储物流信息化建设”“线上线下渠道融合及直营渠道建设”“技术研发中心升级”等项目的建设。

公司专注于中高档家用纺织品的研发、设计、生产和销售，主要产品包括套件、被芯、枕芯等床上用品。公司生产方式主要有三种：自主生产、委托加工、定制生产。自主生产主要是套件类、被芯类和枕芯类产品；委托加工主要针对坯布染整、套件的绣花或绗绣、套件的缝制等工序；定制生产主要包括羽绒被、部分蚕丝被、部分枕芯、竹草凉席、床护垫、毛毯和蚊帐等产品。

公司采取经销（总经销商加盟、直属加盟）、直营和网络销售为主，电视购物、国际贸易和团购为辅的销售模式。经销环节以总经销商加盟为主，直属加盟为辅，公司借助总经销商在当地区域市场的资源拓展市场，管理和服务所属经销商，进行低成本快速扩张；网络销售环节以公司自营为主，电商平台自营或代销为辅，公司在知名电商平台上自建网络店铺，电商平台将公司产品通过电商自营店铺、活动专页销售给终端消费者。公司网络销售已全面覆盖天猫、京东、唯品会等国内知名电商平台。见表11。

表 11　水星家纺历年资产及负债指标

年份	2013 年	2014 年	2015 年	2016 年	2017 年
资产总计（亿元）	10.2	12.2	13.4	14.7	26.3
负债总计（亿元）	4.8	6.0	5.9	5.8	6.0
所有者权益总计（亿元）	5.4	6.2	7.5	8.9	20.4
资产负债率（健康值 <66）	—	—	—	39.5	22.7
速动比率（健康值 =100）	—	—	—	0.8	2.5

由于IPO，大幅度溢价发行股票使公司所有者权益增加1.3倍，公司总资产也大幅度提升。见表12~表16。

表 12　水星家纺历年收入及利润指标

年份	2013 年	2014 年	2015 年	2016 年	2017 年
营业收入（亿元）	15.9	17.8	18.5	19.8	24.6
毛利额（亿元）	5.1	6.0	6.2	7.3	9.0
净利润（亿元）	1.1	1.2	1.3	2.0	2.6
主营业务毛利率（%）	—	—	—	36.9	36.4

表 13　水星家纺历年存货及其周转效率指标

年份	2013 年	2014 年	2015 年	2016 年	2017 年
存货周转天数（天）	—	—	—	174 .0	157.0
存货周转次数（次）	—	—	—	2.1	2.3
存货净额（亿元）	4.4	6.5	5.9	6.2	7.5

表 14　水星家纺历年应收账款及其周转效率指标

年份	2013 年	2014 年	2015 年	2016 年	2017 年
应收账款周转次数（次）	—	—	—	17.8	15.9
应收账款周转天数（天）	—	—	—	20 .0	23.0
应收账款净额（亿元）	0.94	0.94	0.99	0.97	1.20

表 15 水星家纺历年盈利质量及经营现金流指标

年份	2013 年	2014 年	2015 年	2016 年	2017 年
盈利质量（健康值＞1）	−0.43	−0.53	1.78	1.34	1.19
现金回收能力（健康值＞1）	1.13	1.16	1.17	1.15	1.16
经营现金流净额（亿元）	−0.47	−0.63	2.40	2.66	3.06
净利润（亿元）	1.08	1.19	1.35	1.98	2.57

表 16 水星家纺历年运营效率指标

年份	2013 年	2014 年	2015 年	2016 年	2017 年
运营效率（正常值＞1）	1.38	1.36	1.44	1.56	1.55
每股收益（元）	—	—	—	0.99	1.25

8. 梦百合（SH603313）

2017年，梦百合家居科技股份有限公司实现营业收入23.4亿元，较2016年同期增长35.74%，归属于上市公司股东的净利润1.56亿元，较2016年同期减少22.23%。

2017年，公司携手国内家居行业两大品牌居然之家和索菲亚，共同打造国内首个“零压战略联盟”。同时公司设立控股孙公司恒旅网络，区别于金睡莲科技以2B销售模式为主的酒店业务，恒旅网络的业务模式为2B2C，目标为整合全国50万家大住宿行业的客户，联合打造酒店行业零压房，开启创新零压之旅，形成完整的O2O链条，通过酒店渠道将公司产品销售给入住酒店客人，创造渠道糅合双赢局面。

2017年下半年，公司启动可转换公司债券项目，申请公开发行可转换公司债券资金总额不超过5.1亿元，用于投资智能仓储中心建设项目、功能家具研发及产业化项目和综合楼建设项目。2018年3月26日，中国证监会发审委对公司可转债申请进行了审核，并获得通过。

9. 卡撒天娇（HK02223）

2017年，卡撒天娇在节省开支方面取得了成效，包括销售及分销成本支出减少，特别是2016年已终止的授权品牌中国专利费、百货专柜佣金及相关费用支出和广告及推广开支、员工成本支出以及中国零售总部于2016年由深圳迁移至惠州使成本都有大幅降低；同时中国的附属公司营运也有所改善，增加在线电子商务方面的资源投入，并且积极为开展新产品业务作出铺排。2017年，公司的营业收入总额为3.474亿港元，比2016年同期3.567亿港元减少2.6%，但公司拥有人应占溢利为2700万港元，比2016年的790万港元提升240.9%。

在2017年第三季公司联合一个中国电商营运经验丰富的专业团队，于杭州成立了一家附属公司独立经营公司国内在线销售业务，专业团队拥有该附属公司的40%权益，并管理其日常营运。该附属公司正在调整公司国内原有在线销售渠道布局，将会加大在线市场推广投放。

同时，公司国内线下销售网络布局调整逐步完成，包括关闭盈利能力不理想的自营销售网点，保留或新增盈利能力高及战略位置重要的网点。至2017年12月31日，公司的销售网络共有232个网点（至2016年12月31日有255个网点），其中包括125个自营网点及107个分销商经营网点，覆盖大中华地区共73个城市。

10. **太平地毡**（HK00146）

太平地毡业务主要分为两大块，即地毡业务和非地毡业务。

（1）地毡业务。由于市场竞争激烈，特别是地毡商业品牌业务涉及的都是大型项目，使用的机械需要持续的资本投入支持，经公司战略审查后，董事会决定将公司旗下商业地毡的制造、分销及销售业务出售给一家在泰国上市的公司——Thai UK，这家公司主业也是从事地毡的制造及分销。2017年8月4日，公司公布以现金9400万美元（约7.29亿港元），出售旗下商业地毡制造、分销及销售业务。完成交易后，公司将出售所得款项的大约一半（3.61亿港元）派发特别股息，每股派1.7港元，其余资金将投资于其他业务计划、偿还现有债务、作为营运资金等。

这样公司地毡业务将只剩下小型及复杂的订单业务，由经验丰富的工匠制作，并拥有独立平台，这些业务主要由位于中国厦门的太平工厂以及位于法国南部的Cogolin工作坊完成，他们将专注于生产手织或传统编织的地毡业务。

（2）非地毡业务。主要是毛纱业务，该业务主要由位于美国的Premier Yarn Dyers，Inc.营运，主要业务是染纱。

2018年1月1日，公司首席营运总监温敬贤被委任为公司行政总裁，接替由于个人原因辞职的金佰利。

五、主要家纺上市公司市值

市值是指一家上市公司的发行股份按市场价格计算出来的股票总价值，其计算方法为每股股票的市场价格乘以发行总股数，是市场通过交易对某一企业形成的市场估值。它反映一个企业在通过充分的市场对价交易后形成的在某一时间点上的总价值。

在2017年12月29日这一交易日，交易价格为基础计算的11家家纺上市公司市值见表17。从表17中可以看出，2017年我国证券市场投资风格的变化在家纺上市公司的估值中也表现得非常明显，2017年可以说是我国股票市场的价值投资元年，价值投资理念被市场广泛接受，股价齐涨、齐跌或炒概念、炒壳资源的理念逐步被市场摒弃，行业龙头企业的价值被市场挖掘，获得比其他企业更高的估值。在沪深证券市场整体波动不大的情况下，11家家纺企业中，除水星家纺不可比较、泰丰床品停牌外，8家企业市值下降，市值提升的只有2家，即罗莱生活和富安娜，其中罗莱生活超过100亿元人民币，达到110亿元人民币。

表17　2011~2017年主要家纺上市公司市值

人民币核算								（单位：亿元人民币）
代码	公司简称	2011年	2012年	2013年	2014年	2015年	2016年	2017年
SZ002083	孚日股份	48.14	37.73	38.77	44.76	72.64	64.20	60.65
SZ002293	罗莱生活	105.27	60.71	66.84	72.31	128.01	94.39	110.25
SZ002327	富安娜	63.33	53.02	48.18	55.82	103.62	74.95	91.03
SZ002397	梦洁家纺	39.61	17.81	22.26	29.61	69.36	55.20	51.60
SZ002761	多喜爱	—	—	—	—	51.02	49.03	42.42

续表

人民币核算							（单位：亿元人民币）
代码	公司简称	2011 年	2012 年	2013 年	2014 年	2015 年	2016 年	2017 年
SH600152	维科精华	21.42	12.85	13.27	19.90	36.39	36.69	34.06
SH603313	梦百合	—	—	—	—	—	92.14	64.39
SH603365	水星家纺	—	—	—	—	—	—	61.63
港币核算								（单位：亿港元）
代码	公司简称	2011 年	2012 年	2013 年	2014 年	2015 年	2016 年	2017 年
HK00146	太平地毡	3.18	4.03	4.22	4.99	4.77	4.92	3.25
HK02223	卡萨天骄	—	4.60	3.26	3.93	9.02	3.23	2.92
HK00873	泰丰床品（停牌）	24.80	21.20	17.80	12.30	—	—	—

中国纺织建设规划院

2017年新三板家纺行业企业表现

刘丹

一、总体新三板市场

新三板经历了2015年、2016年的高速增长后，2017年归于平静，规模发展稳定，目前处于提高企业质量阶段，之后主要工作或将集中在政策调整，以提高流动性环节。

截至2017年12月31日，新三板累计挂牌11630家企业，比2016年末增加了1467家，增幅为14.4%。2017年实际申请挂牌的公司有2176家，其中有709家公司终止挂牌。目前新三板的发展也进入了“新常态”时期，短期不会出现高速增长的局面。挂牌公司数量排在前5位的省份为广东、北京、江苏、浙江、上海，分别拥有1878家、1618家、1390家、1032家和989家挂牌企业，5个省份占总数量的60%。

2017年，新三板市值实现了4.94万亿元，同比增长了21.81%，较3年前翻了7倍；累计完成股票发行2725次，同比下降7.31%，融资金额1336.25亿元，同比下降3.93%，制造业、信息传输、软件信息技术服务业和金融业仍是融资的主力，合计融资金额达到954.71亿元，占比高达71.45%；累计成交金额2271.80亿元、股数433.22亿股，都超过前几年表现，但换手率仅有13.47%，比2016年（20.74%）下降35%，尽管成交金额有所增长，但换手率却连续两年下滑；新三板的投资者数量仍在增加，截至2017年年底，新三板开户投资者40.86万户，包括5.12万户机构投资者和35.74万户个人投资者。2014~2017年新三板发展情况见表1。

表1　2014~2017年新三板发展情况

项目		2014年	2015年	2016年	2017年
挂牌规模	挂牌公司家数	1572	5129	10163	11630
	总股本（亿股）	658.35	2959.51	5851.55	6756.73
	总市值（亿元）	4591.42	24584.42	40558.11	49404.56
股票发行	发行次数	330	2565	2940	2725
	发行股数（亿股）	26.6	230.79	294.61	239.26
	融资金额（亿股）	134.08	1216.17	1390.89	1336.25

续表

项目		2014年	2015年	2016年	2017年
优先股发行	发行次数			3	8
	融资金额（亿元）			20.2	1.49
股票转让	成交金额（亿元）	130.36	1910.62	1912.29	2271.8
	成交数量（亿股）	22.82	278.91	363.63	433.22
	换手率（%）	19.67	53.88	20.74	13.47
	市盈率（倍）	35.27	47.23	28.71	30.18
投资者账户数	机构投资者（万户）	0.47	2.27	3.85	5.12
	个人投资者（万户）	4.39	19.86	29.57	35.74

二、新三板家纺行业总体情况

截至2017年年底，在新三板上市的家纺企业共23家，其中2017年新增6家，增长情况较2016年和缓。这23家企业主要集中在浙江省和江苏省，分别拥有7家和6家，上海、湖南都分别拥有2家，北京、天津、安徽、广东、河北、山东都分别拥有1家。家纺行业上市新三板企业区域分布见图1。从细分市场来看，从事床上用品生产销售的企业最多，有12家，占5成以上，其中有中健国康专门从事健康功能性床品、斯得福专门从事酒店布草、太湖雪专门从事高端丝制产品、百思寒专门从事羽绒床品、芙儿优专门从事婴童家纺；布艺企业次之，有7家，占30.4%。家纺行业上市新三板企业市场细分见图2。在23家新三板上市企业中，除“优雅电商”处于创新层，其余都处在基础层。家纺行业上市新三板企业概况见表2。

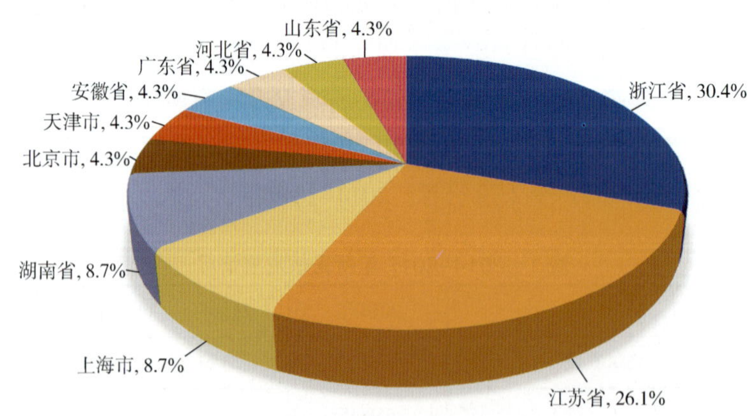

图1 家纺行业上市新三板企业区域分布

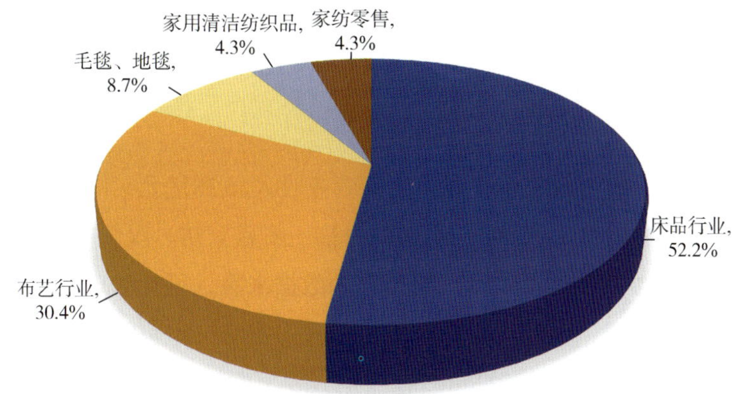

图2　家纺行业上市新三板企业市场细分

表 2　家纺行业上市新三板企业概况

公司名称	股票代码	挂牌时间	成立时间	办公地点	细分市场	普通股总股本（股）
晚安家纺	300033	2015/1/30	2010/1/15	湖南长沙	床上用品	30000000
华辰股份	831876	2015/2/6	2014/6/3	浙江余杭	遮阳产品	31500000
宝威纺织	832200	2015/4/7	2011/10/18	浙江临江	地毯挂毯	10090000
咏鹅家纺	832622	2015/6/19	2012/7/20	安徽安庆	床上用品	32000000
凯盛家纺	833865	2015/10/21	1996/12/26	江苏海门	床上用品	55700000
斯得福	834810	2015/12/9	1993/12/18	江苏南通	酒店布草	51150000
美儿优	835694	2016/2/19	2011/9/8	上海	婴童家纺	50000000
新丝路	836035	2016/3/14	2015/8/17	山东临沂	布艺床品	189473700
优雅电商	836093	2016/3/14	2010/9/28	北京	家纺零售	21266000
远梦家居	835735	2016/4/5	2000/12/12	广东东莞	床上用品	78000000
莱美科技	835725	2016/4/14	2000/3/17	浙江湖州	功能性家纺面料	50000000
汉哲股份	837001	2016/5/18	2004/8/26	河北保定	毛毯	19000000
名品实业	838032	2016/8/2	2015/12/22	湖南长沙	床上用品	37100000
太湖雪	838262	2016/8/2	2006/5/18	江苏苏州	丝制家纺	26443172
富亿达	838743	2016/9/2	2003/9/3	浙江湖州	床上用品	45000000
杜玛科技	839641	2016/11/29	2004/11/17	上海	手动、电动窗帘	16800000
雅美特	870293	2016/12/26	2003/7/10	江苏常州	卷帘、百叶帘	14888000
馨格股份	870531	2017/1/20	2007/11/30	江苏常熟	床上用品	21285852
百思寒	870854	2017/1/23	2012/3/1	浙江绍兴	羽绒床品	35520000
利洋股份	870727	2017/1/26	2011/8/18	浙江宁波	布艺	13641415
亿倍股份	870922	2017/2/13	2016/9/23	江苏常熟	家用清洁用品	10000000
富米丽	871878	2017/9/1	2008/11/19	浙江绍兴	布艺	13000000
中健国康	872256	2017/11/10	2008/1/24	天津	健康枕被	14500000

三、新三板家纺行业运行情况

（一）盈利情况

据统计，2017年新三板上市家纺企业共完成营业收入36.28亿元，同比增长9.53%，有18家企业营业收入实现增长，且多成2位数，例如斯得福、凯盛家纺、汉哲股份、利洋股份同比增长达20.52%、23.1%、32.88%和47.42%；从净利润数据来看，只有8家企业实现利润增长，行业企业竞争力存在明显差异，太湖雪、利洋股份、晚安家纺、宝威纺织和名品实业5家公司实现了营业收入与净利润双增长。毛利率可以在一定程度上衡量一个企业的盈利能力和成本控制能力，芙儿优、远梦家居、太湖雪、利洋股份毛利率较高，分别为52.42%、50.14%、44.12%和40%，其余企业多维持在10%~40%，一半以上企业毛利率较2016年实现增长，其中百思寒增长14.01%，晚安家纺增长5.52%。家纺行业上市新三板企业2017年盈利能力数据见表3。

表3 家纺行业上市新三板企业2017年盈利能力

公司名称	营业收入		净利润		净利率	毛利率	
	（万元）	同比（%）	（万元）	同比（%）	（%）	（%）	较去年增值（±）
新丝路	77516	6.19	-4443	-363.61	-5.73	9.87	-6.66
远梦家居	49752	-7.21	1268	17.25	2.55	50.14	3.8
斯得福	31883	20.52	612	-24.11	1.92	17.27	-3.93
凯盛家纺	19007	23.1	596	-1.03	3.14	29.86	-3.44
太湖雪	16093	13.35	1123	54.34	6.98	44.12	1.49
莱美科技	16015	-4.53	303	19.54	1.89	15.48	1.2
汉哲股份	15141	32.88	-735	-112.21	-4.85	3.88	-3.53
芙儿优	14696	-9.62	248	-79.95	1.69	52.42	0.7
咏鹅家纺	13665	26.98	348	-54.56	2.55	19.05	-2.87
华辰股份	13625	7.74	-492	-250.11	-3.61	15.95	-1.47
富米丽	12828	19.93	59	-63.12	0.46	10.92	3.45
雅美特	11036	27.04	10	-98.32	0.09	20.79	-7.31
优雅电商	10943	26.28	-534	-2.27	-4.88	19.82	-2.17
利洋股份	9013	47.42	656	62.77	7.28	40	4
亿倍股份	8842	21.43	31	-93.06	0.35	20.73	1.15
晚安家纺	8573	24.67	244	116.19	2.85	34.93	5.52
宝威纺织	7924	20.98	192	1458.78	2.42	19.01	1.5
馨格股份	5913	0.22	-24	-110.56	-0.41	14.48	-3.91
名品实业	5693	10.52	62	9.07	1.09	34.52	1.66
富亿达	5600	1.4	-405	—	-7.23	15.52	2.99
中健国康	4744	16.07	512	-1.29	10.79	33.37	0.01
百思寒	2470	-21.18	-99	-63.22	-4.01	34.17	14.01
杜玛科技	1826	-10.03	-376	25.3	-20.59	16.11	-10.87

（二）偿债能力

资产负债率和流动比率在一定程度上能反映企业的偿债能力，资产负债率是负债总额除以资产总额的百分比，反映在总资产中有多大比例是通过借债来筹资的。一般认为，资产负债率的适宜水平是40%～60%，若过低则企业经营保守，过高则有债务偿还风险，家纺行业有9家企业资产负债率维持在这一水平中；流动比率是流动资产对流动负债的比率，用来衡量企业流动资产在短期债务到期以前，可以变为现金用于偿还负债的能力，一般流动比率小于1，说明资金流动性差；1~2之间，说明资金流动性一般；大于2，说明资金流动性良好。有6家企业流动比率大于2，综合两项指标来看，远梦家居、太湖雪偿债能力较好。家纺行业上市新三板企业2017年偿债能力见表4。

表4　家纺行业上市新三板企业2017年偿债能力

公司名称	资产负债率（%）		公司名称	流动比率	
				比率	较去年增值（±）
利洋股份	16.04	<40	宝威纺织	0.45	<1
百思寒	16.38		杜玛科技	0.62	
中健国康	19.94		华辰股份	0.66	
芙儿优	22.29		莱美科技	0.88	
咏鹅家纺	30.52		汉哲股份	0.89	
名品实业	33.61		新丝路	1.01	1~2
新丝路	38.91		富米丽	1.13	
莱美科技	43.94	40~60	雅美特	1.14	
亿倍股份	44.13		亿倍股份	1.22	
远梦家居	44.92		富亿达	1.27	
太湖雪	47.55		斯得福	1.31	
凯盛家纺	50.73		馨格股份	1.5	
杜玛科技	55.03		优雅电商	1.5	
富亿达	56.68		凯盛家纺	1.58	
晚安家纺	57.1		晚安家纺	1.58	
斯得福	59.23		太湖雪	1.9	
雅美特	61.63	>60	远梦家居	2.06	>2
优雅电商	65.73		名品实业	2.27	
馨格股份	70.77		咏鹅家纺	2.94	
富米丽	74.55		芙儿优	4.21	
华辰股份	78.92		中健国康	4.48	
汉哲股份	85.54		百思寒	5.21	
宝威纺织	87.16		利洋股份		—

（三）运营情况

经营现金流指企业直接进行产品生产、商品销售或劳务提供的活动，它们是企业取得净收益的主要交易和事项，反映出企业自己的“造血能力”，在一定范围内，经营性现金流与营业收入的比率越高，越能说明企业产品市场前景良好，公司的销售政策和收账政策较为严格，能保证货款的及时收回，宝威纺织、晚安家纺、太湖雪、新丝路等表现较好；同样在一定范围内和情况下，经营性现金流与公司净利润的比率越高，说明公司利润质量越好，宝威纺织、晚安家纺、馨格股份、莱美科技等较突出。应收账款周转率反映公司应收账款周转速度的比率，它说明一定期间内公司应收账款转为现金的平均次数，汉哲股份、中健国康、宝威纺织、杜玛科技和太湖雪相对较高；存货周转率是对流动资产周转率的补充说明，可以反映企业一定时期内存货资产的周转速度，存货周转率越高，表明企业存货资产变现能力越强，存货及占用在存货上的资金周转速度越快，优雅电商、汉哲股份、中健国康等相对理想。家纺行业上市新三板企业2017年营运能力见表5。

表 5　家纺行业上市新三板企业 2017 年营运能力

公司名称	经营性现金流			应收账款周转率	存货周转率
	万元	经营性现金流量 / 净利润（%）	经营性现金流量 / 营收（%）	次	次
新丝路	4447	−100.09	5.74	5.27	5.45
太湖雪	1382	123.06	8.59	12.21	1.16
远梦家居	1360	107.26	2.73	5.6	0.96
晚安家纺	1102	451.64	12.85	15.54	262.3
宝威纺织	1076	560.42	13.58	16.52	2.41
凯盛家纺	653	109.56	3.44	5.59	2.43
莱美科技	651	214.85	4.06	6.12	7.68
咏鹅家纺	644	185.06	4.71	6.8	5.96
雅美特	490	4900.00	4.44	6.87	6.27
华辰股份	390	−79.27	2.86	7.51	2.89
芙儿优	384	154.84	2.61	5.91	1.58
百思寒	40	−40.40	1.62	8.61	0.51
利洋股份	−2	−0.30	−0.02		
亿倍股份	−20	−64.52	−0.23	9.48	1658
馨格股份	−101	420.83	−1.71	1.86	2.18
优雅电商	−148	27.72	−1.35	3306	258
富米丽	−177	−300.00	−1.38	8.62	16.87
斯得福	−217	−35.46	−0.68	3.72	5.95
中健国康	−218	−42.58	−4.60	18.75	1.69
杜玛科技	−223	59.31	−12.21	12.83	3.28
富亿达	−485	119.75	−8.66	1.67	3.67
名品实业	−521	−840.32	−9.15	5.1	1.07
汉哲股份	−1523	207.21	−10.06	19.46	2.64

四、新三板上市家纺企业经营状况

（一）2017年上市新三板家纺企业

2017年，在新三板上市的家纺企业共6家，布艺行业有富米丽、利洋股份，床品行业有馨格股份、中健国康、百思寒，家用清洁纺织用品有亿倍股份。除百思寒外，营业收入同比都实现增长，其中利洋股份实现营业收入同比与净利润同比双增长。6家企业共同实施线上线下齐发展的渠道策略，其中百思寒、利洋和亿倍股份线上销售领先；亿倍股份、中健国康和百思寒拥有自主品牌，且发展势头良好。2017年在新三板上市的家纺企业营收、营收同比及净利润同比见图3。

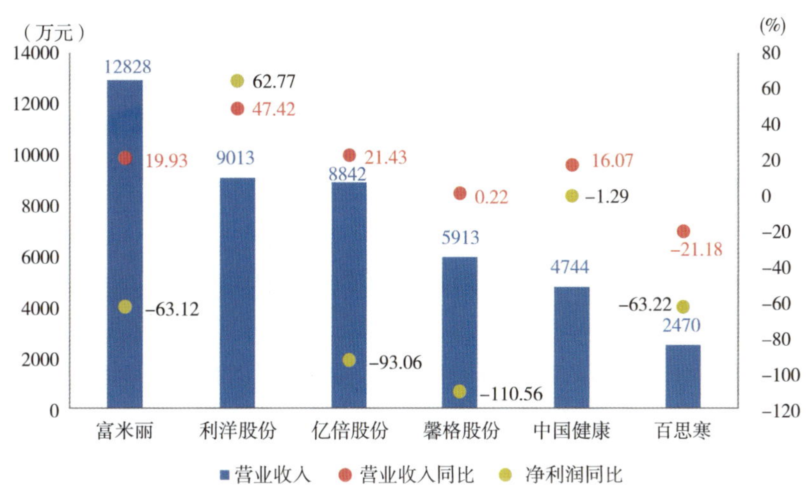

图3　2017年在新三板上市的家纺企业营收、营收同比及净利润同比

1. 富米丽：国际市场进一步扩大

浙江富米丽家纺股份有限公司主要生产和销售各类高档窗帘、窗纱、台布、桌布、沙发布艺、坐垫、靠垫等布艺产品，以国际市场为主。近年来，公司在产品自主研发设计能力提升、供应商筛选机制建设、生产成本控制体系完善、销售拓展及售后服务体系健全等方面工作取得了较大的成果。

2017年，公司实现营业收入1.28亿元，同比增长19.93%，毛利率为10.92%，较2016年增长了3.45%，主要是因为逐步调整出口产品结构档次，申请注册美国商标，加大资金投入，进行新产品、新面料的更新设计和开发，以提升利润空间，同时适度放宽销售政策，通过参加国际展会，积极拓展国际市场，使公司销售业绩有较大增长，其中主打产品窗帘、全涤布、靠垫销售额较上年增长1996万元、439万元、120万元，不断出新，国外需求大。

2. 利洋股份：加大线上渠道力度

宁波利洋窗饰股份有限公司是窗帘、塑料底座制造企业，在稳步发展国外大型客户、推动产品国际化的同时，通过借鉴、融合和创新，运用互联网思维大力推进网上销售和电子商务平台建设，实现“线上线下双轨并举”。

2017年，公司实现营业收入 9013万元，同比增长47.42%；净利润 751万元，同比增长125.49%。公司保持国外市场发展稳定的前提下，加大国内市场营销，发展线上渠道，在天猫、苏宁易购、京东开设旗舰店，在淘宝开设店铺，其客服、仓储、销售、物流和退换货均由公司自主负责，并自有生产基地，全部线上销售产品为自产，为了保证线上渠道端的灵活和快速反应能力，公司单独设立天纵网络，负责公司所有线上店铺的运营、维护。

3. 亿倍股份：重视产品研发和设计

苏州亿倍智能清洁股份有限公司主要从事超细纤维清洁用品的生产和出口，集产品研发、生产制造和市场营销三位一体的外贸型生产企业，公司众多产品列入世界知名采购企业名单，拥有自主品牌“小熊一家”。

2017年实现营业收入8842万元，同比增长21.43%，毛利率20.73%，着重树立品牌形象并扩大知名度，自有品牌“小熊一家”获得江苏省重点培育和发展的国际知名品牌，积极进行产品研发，已获得3项专利授权，并不断改进生产工艺，提升产品品质，力争以高品质的产品来开发更有价值的客户，同时大力发展电商销售模式，在天猫、淘宝、京东等各大知名网站开设旗舰店，不断提升服务质量。

4. 馨格股份：线下为主、线上为辅

苏州馨格家居用品股份有限公司主要从事家用纺织品设计、生产和销售业，逐步树立品牌形象，注重产品创新，致力于面料性能、图案花型的研究。

2017年，公司实现营业收入5913万元，同比增长0.22%，毛利率14.48%，公司管理层按照年度经营计划，坚持以市场需求为导向，专注于主营业务的稳健发展，同时进一步完善经营管理体系，加强内部管理，总体发展保持良好势头，采用线上线下相结合的销售模式，目前以线下销售为主，采用零售、直营、OEM 的复合营销模式；线上逐步扩大推广力度。

5. 中健国康：科技打造健康睡眠

天津中健国康纳米科技股份有限公司主要从事健康睡眠床品的研发与生产，采用“自主研发+产学研”的研发模式，采用“ODM模式+普通产品销售+自主品牌”的营销模式，目前拥有自主品牌“亿民康”“悦生活”“深睡”等，其中“深睡”以具有促进深度睡眠的健康家纺产品为主打，定位为“轻奢”品牌，结合科技睡眠的理念，让睡眠与身体健康结合。

2017年实现营业收入4744万元，同比增长16.07%，毛利率 33.37%，稳中有升。公司注重自主品牌建设，着力投入产品研发和设计，为客户提供差异化服务，同时认真对待知识产权保护，研发出的新产品统一安排进行专利申请及权威性检测，目前将“负离子纤维共混纺丝技术，远红外牛奶蛋白纤维家纺面料”等核心技术提高到国际水准；重视人才引进与培养，建立考核机制，启动人才培养计划，建立股权、期权奖励机制。

6. 百思寒：线上营销已成熟

浙江百思寒羽绒股份有限公司专业从事羽绒寝具生产和销售，已经形成了从羽绒原材料采购、生产加工、电商销售等一体化的生产管理体系，并积累了一批稳定的优质客户。

2017年，公司实现营业收入2470万元，同比下降21.18%，毛利率34.17%。公司注重产品质量，改进加工工艺，提供优质的售后服务，经过多年发展和积累，已形成较大规模的销售网络，目前与各大电商平台都有密切合作，如天猫、京东、淘宝、唯品会、聚美优品等，并多次获得电商平台各类奖项，成为线上羽绒家纺行业第一标杆品牌，并连续多年在羽绒制品的“双十一”活动中销量领先。2017年，公司与多家高端定位民宿、客栈积极合作，搭建线下体验—线上成交的新零售模式，并开发线上新零售系统，精准定位的客户群体，先体验、后下单的消费模式，为新零售的模式注入了活力。

综上所述，较早上市的新丝路、远梦家居、凯盛家纺、斯得福等企业发展的稳定性和持续性较好。相对而言，2017年新上市的企业在规模和特色优势上还需进一步提升。2017年是新三板规模增长和行业开启高质量发展重要的一年，在新的发展时期，家纺行业应借助新三板平台合理融资，重视品牌建设，提高产品质量，积极投入技术研发，配套人性化服务，搭载互联网与信息化开拓创新渠道，着力向科技、时尚、绿色的新家纺转型发展。

表6　家纺行业上市新三板企业2017年总资产、营业收入、净利润排名

总资产			营业收入			净利润		
公司简称	万元	排名	公司简称	万元	排名	公司简称	万元	排名
新丝路	97696	1	新丝路	77516	1	远梦家居	1268	1
远梦家居	49624	2	远梦家居	49752	2	太湖雪	1123	2
斯得福	21925	3	斯得福	31883	3	利洋股份	656	3
凯盛家纺	16663	4	凯盛家纺	19007	4	斯得福	612	4
华辰股份	16121	5	太湖雪	16093	5	凯盛家纺	596	5
莱美科技	13920	6	莱美科技	16015	6	中健国康	512	6
太湖雪	13663	7	汉哲股份	15141	7	咏鹅家纺	348	7
宝威纺织	13606	8	芙儿优	14696	8	莱美科技	303	8
汉哲股份	12059	9	咏鹅家纺	13665	9	芙儿优	248	9
芙儿优	10963	10	华辰股份	13625	10	晚安家纺	244	10
富亿达	9186	11	富米丽	12828	11	宝威纺织	192	11
咏鹅家纺	8001	12	雅美特	11036	12	名品实业	62	12
名品实业	7950	13	优雅电商	10943	13	富米丽	59	13
馨格股份	7846	14	利洋股份	9013	14	亿倍股份	31	14
富米丽	6795	15	亿倍股份	8842	15	雅美特	10	15
利洋股份	5992	16	晚安家纺	8573	16	馨格股份	−24	16
雅美特	5919	17	宝威纺织	7924	17	百思寒	−99	17
优雅电商	4914	18	馨格股份	5913	18	杜玛科技	−376	18
百思寒	4854	19	名品实业	5693	19	富亿达	−405	19
晚安家纺	4526	20	富亿达	5600	20	华辰股份	−492	20
亿倍股份	4086	21	中健国康	4744	21	优雅电商	−534	21
中健国康	3520	22	百思寒	2470	22	汉哲股份	−735	22
杜玛科技	2423	23	杜玛科技	1826	23	新丝路	−4443	23

中国家用纺织品行业协会

海宁家纺杯

2018

中国国际家用纺织品创意设计大赛

2018 China International Home Textiles Design Competion Awards

主办单位

中国家用纺织品行业协会
中国国际贸易促进委员会纺织行业分会
法兰克福展览（香港）有限公司
海宁市人民政府

承办单位

中国家用纺织品行业协会设计师分会
中国布艺名镇·许村

协办单位

海宁中国家纺城股份有限公司

支持单位

中国版权协会
中国版权保护中心

更多详细信息请登陆中家纺官网：www.hometex.org.cn

中国国际家用纺织品产品设计大赛

China International Home Textiles Design Competition Awards

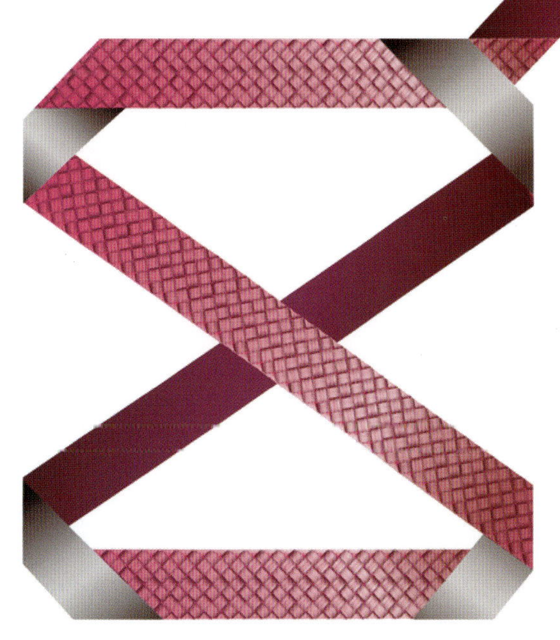

主办单位

中国家用纺织品行业协会
中国国际贸易促进委员会纺织行业分会
法兰克福展览（香港）有限公司
南通市人民政府

承办单位

中国家用纺织品行业协会设计师分会
南通市名牌战略推进委员会
南通市通州区人民政府
海门市人民政府
京东家纺

协办单位

中国家用纺织品行业协会床品专业委员会
中国家用纺织品行业协会布艺专业委员会
中国家用纺织品行业协会毛巾专业委员会
中国家用纺织品行业协会经销商专业委员会

更多详细信息请登陆中家纺官网：www.hometex.org.cn

震泽丝绸杯

中国丝绸家用纺织品创意设计大赛

主办单位
中国家用纺织品行业协会
江苏省苏州市吴江区人民政府

承办单位
中国家用纺织品行业协会设计师分会
江苏省苏州市吴江区震泽镇人民政府

协办单位
苏州吴江丝绸文化创意产业园

更多详细信息请登陆中家纺官网：www.hometex.org.cn

研发创新

竞出新智慧　赛出新水平　创出新成就
——“海宁家纺杯”2017中国国际家用纺织品创意设计大赛综述

贾京生

历时15个春秋的“2017中国国际家用纺织品创意设计大赛”于2017年7月8日圆满落下帷幕。大赛组委会以中国家纺原创设计可持续发展的战略高度、中国家纺行业市场发展的长远角度、中国家纺用品时尚趋势的国际视野为重点，针对我国家纺产业转型升级现状与全球信息化趋势，为大赛制定了一系列可持续发展的战略方向与跨界融合的战术举措，力求以大赛激活中国家纺创意设计的自信心与自觉性，达到整体提升中国家纺原创设计的整体影响力与家纺品牌国际知名度的战略目标。

本届大赛的主题定为“色·艺·无限”。所谓“色”，即美、色彩、种类、情景等；所谓“艺”，即才能、技术、艺术等；所谓“无限”，即大赛在举办15周年之际，重新回到原点，像首届大赛一样“无命题”“无限制”，以此无限，见证家纺创意设计的无限变化，超越家纺、创意、设计的界。大赛组委会共收到“创意画稿组”大赛参赛作品1873幅，其中包含52所院校的1814幅（包含178幅海外作品）、12家企业的51幅、8幅个人报送作品；收到“整体软装组”大赛参赛作品586幅，其中包含33家单位（设计单位14家、设计院校19所）和81位设计师报送的作品。最终“创意画稿组”评出金奖1名、银奖3名、铜奖5名、优秀奖20名。“整体软装组”评出金奖1名，银奖2名，铜奖5名，优秀奖20名（图1）。

图1　2017年大赛评比现场

历时15载深厚积淀与精心打造的大赛，呈现出三个突出的特点：赛事活动更具权威性与专业化，创意作品更具国际性与高水平，社会影响更具引领性与广泛化。

权威性与专业化的赛事活动

宏观而言，“海宁家纺杯”2017中国国际家用纺织品创意设计大赛经历15载的智慧厚积、艺术探索与专业打造，使赛事活动更具权威性与专业化。即大赛组的织机构、评审专家更具权威性与专业化；大赛的评价体系、评价方式更具科学性、合理性；大赛的参赛选手、参赛作品更具专业性与创造性。

本次大赛组织机构、评审专家更具权威性与专业化。大赛由作为中国最专业、最权威、最具影响力的家用纺织品创意设计大赛组织者——中国家纺行业协会、中国国际贸易促进委员会纺织行业分会、法兰克福展览（香港）有限公司、海宁市人民政府、中国布艺名镇许村共同主办；由中国家用纺织品行业协会设计师分会、中国布艺名镇许村承办；海宁中国家纺城股份有限公司协办；海宁公证处承担全过程的监督与公证。本次大赛评审委员会由行业协会领导、行业协会总设计师、中国家纺生产企业基地领导、艺术设计院校专家教授、家纺企业总裁及董事、国外流行趋势研究专家组成评审团队，使作品创新水平评审的角度、高度、广度、适用度、时尚性、国际化更具权威性与专业性。本次大赛评审委员会成员有：大赛评审委员会主任、中国纺织工业联合会副会长、中国家纺行业协会会长杨兆华，大赛评审委员会执行主任、中国家纺行业协会总设计师、高级工艺美术师王易。大赛“创意画稿组”评审委员会专家有：杭州职业技术学院艺术设计专业负责人、教授白志刚，美籍华人流行趋势研究专家、北京市特聘教授、研究生导师刘晓萍，山东金号织业有限公司副总裁李光辉，中共海宁市许村镇党委书记杜莹池，上海罗莱研发中心家具寝室趋势开发总监罗玉娇，四川美术学院设计艺术学院服装系主任、教授、研究生导师卓克难，华尔泰国际纺织（杭州）有限公司董事长徐博华。大赛“整体软装组”评审委员会专家有：FCD·浮尘设计创办人万浮尘，深圳市微塔空间软装饰设计有限公司创始人、总经理向爱芝，大连工业大学艺术设计学院副院长、副教授、硕士生导师李禹，中装美艺软装机构总裁严建中，北京服装学院艺术设计学院教授、硕士生导师陈六汀。大赛新闻发言人为清华大学美术学院长聘教授、博士生导师贾京生（图2）。

本次大赛评价体系、评价方式更具科学性与合理性。2017年大赛组委会根据去年的大赛变化趋势与大赛后的总结，又一次进一步完善了评比规则、评选方式、评选过程，尤其是对于拟获得金奖、银奖、铜奖的作品，进行反复斟酌、多次讨论、全面比较，听取与充分发挥每一位评审专家的建议和意见，在此基础上，经过全体评审专家对拟定的金奖、银奖、铜奖作品的看法、想法、说法达成一致的情况下，才能最终确定获得金奖、银奖、铜奖的作品与获奖者。最终评出的获得金奖、银奖、铜奖的每一幅作品，都是以作品的原创性为基础、以作品的创意水平为核心、以作品的创新力度为重点，从近2500幅参赛作品中评出最佳层面的优秀作品，用评审专家的话来说就是让“参赛作品说话”。作为本次大赛新闻发言人，目睹了整个评审过程的每一个环节、每一次争议、每一次讨论，评审过程自始至终是在浙江省海

图2　画稿组评委、新闻发言人合影

（右起：王易、罗玉娇、李光辉、刘晓萍、白志刚、杨兆华、杜莹池、徐博华、贾京生、卓克难）

宁市公证处的全程公证、监督之下，严格以“公平、公正、公开”为核心，经过专业性、行业性、权威性的专家评委，对每一幅参赛作品纵横比较、幅幅斟酌、洞察精微、层层遴选、优中选优，最终评出大赛的金奖、银奖、铜奖、优秀作品。

本次大赛的参赛选手、参赛作品更具专业性与创造性。本次大赛共收到来自国内、国外的参赛作品1873幅（创意画稿组），其中包含52所院校的1814幅，其中178幅是海外院校的作品。国内参赛的高校涵盖了各类相关院校，有“985”“211”国内一流名校，如清华大学、东华大学、苏州大学、江南大学等；有国内顶级的专业性美术院校与设计院校，如鲁迅美术学院、天津美术学院、中国美术学院、湖北美术学院、四川美术学院、广州美术学院、南京艺术学院、北京服装学院、山东工艺美术学院等；还有纺织服装类职业院校及工程院校，如常州纺织服装职业技术学院、成都纺织高等专科学校、广东职业技术学院、江西服装学院、浙江纺织服装职业技术学院。在这些艺术设计院校和纺织服装院校中，参赛者涉及的专业极为广泛，有专业对口的染织设计专业、服装设计专业，还有跨越性的视觉传达设计专业、环境艺术设计专业等。本次大赛的178幅海外院校作品均出自纺织设计发达的日本、韩国艺术设计院校。在参赛选手、参赛作品更具专业性方面，有12家企业设计师的51幅参赛作品，其中有济南纺织服装工业设计中心、绍兴柯桥尚艺花型有限公司、烟台北方家用纺织品有限公司、海宁金永和家纺织造有限公司、北京瑞辉科技有限公司等，这些专业的企业设计师参与大赛，更使大赛参赛作品的专业水平、创新形式与适用设计达到了一个新高度。

国际性与高水平的创意作品

就参赛作品整体水平而论，“海宁家纺杯”2017中国国际家用纺织品创意设计大赛，经历15载智慧的厚积、艺术的探索与专业的打造，使大赛创意作品更具国际性与高水平。当我们梳理大赛主题变化之时，会发现大赛主题从“局部”的专业性转移到“融合”的文化性，又从“融合”的文化性走向“跨界”的行业性，而本次大赛主题又从行业的“跨界”到信息的“无限”，使得大赛从赛事主题上呈现出新鲜、新颖、多元的巨大变化。“海宁家纺杯”2017中国国际家用纺织品创意设计大赛，为了打造与深化家纺与软装产业的无缝衔接，真正实现跨界融合的“大家纺”概念，营造融入社会、走入生活的“诗意栖居”意境，大赛主办方坚持与时俱进，对大赛的理念、内容、形式、结构做出了跨界融合的改革创新。突破了原有以家纺图案花型为主体的创意设计大赛形式，细化出家纺创意设计和整体软装设计跨界融合的两类赛事核心，并分别组织不同专家进行两类作品的独立评比。获得此次大赛软装组金奖作品为《她是猫》，专家给予的专业评语是：“作品主题明确，寓意深刻，颜色简单而内容丰富，渲染力极强。选用深灰色作为空间的情感诉求为基调，动态与静态互动转换。床头灯的色影点缀到位，竖形灯罩与窗帘相得益彰。在相对沉稳的配色和造型系统中，几何形极简吊顶起到点睛和提亮效果，场景与陈设的细节有机地结合在一起。作品通过对猫的本性探索，仅仅抓住黑猫的犀利神韵，把主人的舒性与柔媚展现得淋漓尽致。软装面料的选择也较准确，材质运用系统连贯，具有很强的实施性。作品整体排版呼应性也较强。”（图3）

图3　金奖《她是猫》（软装组）作者：方芳

当今是信息化时代，造成了“世界是平的”。全球一体化趋势与格局，又全面促使家纺设计状态发生史无前例的改变。在这样的大背景下，中国家纺行业、家纺设计必须与时俱进，必须与世界时尚同步并行。因此，本次大赛主题设为“色·艺·无限”。“色”，即作品视觉美的设计成果；“艺”，即作品技巧美的设计方法；“无限”，即作品理念美的设计思维。大赛主题中的“无限”主旨与目的，既很突出，也十分新颖，更是空间无限。“无限”，既可理解与解读为设计边界、内容、形式的“无限制”，也可理解与体现出设计面貌“无穷的可能性”“无穷的时空性”“无穷的审美性”。“无限”的主题，所呈现的“一语双关”与“一语多义”，使本次大赛更具巨大的潜能空间与无边的魅力范畴。当然，主题所说是“无限制”“无命题”，其实，“无命题”不等于参赛设计作品“无主题”，“无限制”不等于参赛设计作品“无标准”（评价标准）。因为在“无限”中也隐藏着“限制”标准评价，即家纺产品设计作品必须是唯美的、唯新的、唯用的，评价中的唯美、唯新、唯用，就是一种评价优劣的“限制”与标准。从总体参赛作品来看，参赛者在充分理解大赛主题的基础上，充分展现了每个参赛作品的创新力度、创意形式与创造水平。“无限”的新题材、新形式、新技法、新融合、新材料、新构成的“无限性”作品，不仅规模大、自然而随意，而且呈现出多元多样、多姿多彩的“无限性”新面貌，全面彰显出青年人勇于创新的活力、勤于探索的生机与无拘无束的创造。获得此次大赛金奖的系列设计作品《乐舞》，凸显了主题的“无限性”所创作出作品的“无穷审美性”（图4）。该作品以世界艺术宝库中最璀璨、最神秘的敦煌壁画艺术为主题，以敦煌壁画中飘逸多变的飞天形象为重点，以深挖主题、彰显重点为手段展开了《乐舞》系列家纺作品的设计创作。该系列设计作品《乐舞》，宏观整体上的艺术效果、艺术风格气势恢宏，微观细节上的图案造型、色彩、构图浑然一体。明亮和谐的色彩搭配，微妙变化的色彩运用，整体色调的色彩把控，构成了美轮美奂的、形色交融的诱目色彩。通过飘逸、清雅、灵动的飞天造型，饱满、多变、丰富的场景构图，宫廷楼阁、高山流水、树木森林的丰富题材的背景渲染与映衬，营造出既有诗情、又有画意，既有可视的动感、又有可悟虚无的空灵，更有魅力无穷的悦目、赏心之意境。

图4　金奖《乐舞》（画稿组）作者：傅晓彤

本次大赛作品整体呈现出全新面貌与优异水平，用三个词来概括则是新颖性、新鲜性、新活力。即原创设计的新颖性，创意形式的新鲜性，整体作品的新活力。这些充分体现了大赛历时15年来始终以“创意设计”为重点的大赛宗旨，凸显了以“提升中国设计软实力”为核心的15年来的深厚积淀与奋力追求。正如中共海宁市许村镇党委书记、大赛的产业基地评委专家代表杜莹池所说：“每年的家纺创意设计大赛都是一场视觉的盛宴，感观的大餐。2017年的大赛一如往届，1800多件参赛作品目不暇接，在这片传统与现代、抽象与现实、民族与世界相互交融的作品海洋中，绽放出一朵朵无限创意、魅力时尚的设计浪花。很多作品在主题、色彩、创意、技法等方面的把握上越来越成熟，可谓是精彩纷呈、亮点频现，难以取舍。本届大赛让我感受最深的是系列化、整体化的作品越来越多，符合家纺面料‘跨界应用’‘整体家居’的发展方向，对我们企业的产品设计提供了较好的参考价值和借鉴意义。”本次大赛整体软装组的设计作品，在家纺面料“跨界应用”与“整体家居”设计创新方面做出了很好的探索。正如本次大赛软装组获得大赛银奖作品《禅》（图5），获得评审专家给予较高评价："作品的室内空间塑造具有很强的中国哲学的传统意蕴，是意境之作，把禅意风格体现得淋漓尽致。从家具的选型到素材的排列都非常干净，落地灯的造型及光源渲染，把整个画面全部点燃，与背景形成良好的互动。墙面的纹样似山峦，又似祥云，氛围感强烈而隐秀。最为出彩的是新中式圈椅造型的不同延展，与地毯、茶几、花罐、落地灯等自然融合。作品的软装和灯光处理得很有品位，用灰色系将空间的远近及明度区分得很清晰，尤其是休闲角的效果，非常成熟。"

图5　银奖《禅》（软装组）作者：卢昕

本次大赛参赛作品的数量之多、规模之大、理念之新颖、形式之丰富、技巧之多样、效果之诱人，让评委们眼花缭乱、美不胜收。美籍华人流行趋势研究专家、北京市特聘教授、研究生导师刘晓萍，对获得铜奖作品的时尚性、科技性、创新性的点评时这样说道："数字世界正在改变着我们的生活方式，颠覆着我们所认知的现实世界，同时也为我们带来新的感官刺激和愉悦体验。现代光学技术的发展，极大地拓展和丰富了我们新的视野。霓虹效应、全息影像，高科技的光影造像构成了当代都市的迷离魅惑与奇异景观，虚拟与现实交织，如梦似幻。设计师敏锐地捕捉了这一视觉景象，以夜景都市建筑的光影廓形为主题，运用亮丽光感的彩色线条，打造霓虹般的3D效果，再现了数码时代现代都市的奇妙景观。"（图6、图7）

图6　铜奖《深海的旅行》（画稿组）作者：金奕奕

本次大赛参赛作品在内容、形式、风格、手法上，呈现出无限的"百花齐放"之状与"百家竞艺"之态，古今与中外、传统与现代、人文与自然，可以说涉猎广泛，应有尽有。其表现手法上是多元、多样的，其艺术形式是开放、自由的。如同山东金号织业有限公司副总裁、大赛评委李光辉所言："我是首次参加'海宁家纺杯'的评选工作，这么多有创意的好作品让我耳目一新，很震惊。这些作品的灵感来自不同方向，有中华传统的文化题材、有国际时尚的潮流题材、有民族民俗的乡土题材、有现代都市的前卫题材，更有传统与时尚的融会贯通以及梦幻与现实的激流碰撞……完美地呈现出我国当前家纺设计百花齐放

图7　铜奖《Fictitious City》（画稿组）作者：张懿

的破竹之势，也让我们看到了传统文化正在与世界潮流趋势接轨。”（图8、图9）

图8　银奖《繁》（画稿组）作者：周勇

图9　铜奖《新地》（画稿组）作者：阳方强

引领性与广泛性的社会影响

就大赛深远影响而论，“海宁家纺杯”2017中国国际家用纺织品创意设计大赛，经历15载智慧的厚积、艺术的探索与专业的打造，使此次大赛的影响力更具引领性与广泛化。

15年的大赛平台与第十五届的大赛感召力，以大赛形式将国内外的潜能设计师召唤过来、聚集一堂，展现了具有艺术想象力、设计创造力的一件件作品，推出了一个个优秀的新锐家纺设计师。作为家纺设计教育来说，大赛是检验培养家纺设计人才水平、教学质量的一个契机与绝佳平台。通过大赛的平台，院校可以看到企业对市场的把握，看到与了解社会与市场，杜绝闭门造车，努力开放办学。因此，大赛不仅激发了学习家纺设计的学生们的积极性与热情，使学生们看到了中国家纺原创设计空间巨大、前途光明，是值得为之奋斗的。作为提升设计教育水平来说，许多高等艺术院校，还将家纺大赛创意设计内容作为主干课程设置于教学中，而且以此课堂教学参与大赛获得奖项作学生设计创新能力检验、提高教学水平的契机（图10、图11）。

图10　铜奖《朝水夕云》
（画稿组）作者：黎光辉

图11　银奖《黑白之间》
（软装组）作者：颜军

作为家纺企业来说，企业更加重视大赛中脱颖而出的新秀，是一次挑选新锐设计师的最佳平台。同时，家纺设计大赛的作品还是企业寻找设计创新灵感、创新方法、创新方向的突破口的平台。尽管参加大赛的学生作品并不成熟仍显稚嫩，但学生大胆的想象力、丰富的表现手法，会给企业一些开拓性、创新性的启发。本次大赛评委、山东金号织业有限公司副总裁李光辉，对当今家纺企业创新设计感言道："目前，缺乏原创力、同质化竞争、附加值不高等，都是家纺行业发展的短板。相信我们的大赛能够成为连接创意与产业的纽带，通过这绘艺绘色的灵感来引领整个家纺行业的时尚潮流，引导家纺企业时刻把握流行趋势，促进家纺产品设计的推陈出新，进而带动整个家纺行业的整体提升。让大赛成为我国家纺发展进程中的指路明灯，相信我国家纺的未来也会因这创新创意的不断提升而更加美好！" 家纺设计大赛举行，不仅增强了中国家纺企业的设计创新意识，而且激活与深化了企业自主创造知识产权意识，有效提升了企业研发设计能力和创新设计能力。使企业通过强有力的产品设计来提升企业品牌知名度和有效实施企业品牌战略。大赛所产生的影响力与社会效应，吸引了中国家纺企业中的许多著名骨干企业、中国家纺名牌企业积极参与大赛（图12、图13）。

图12　铜奖《白芍花开》（软装组）作者：刘畅

图13　优秀奖《新印度风情》（软装组）作者：吴敏君

家纺创意大赛的引领性与广泛性，在本次大赛的前期、中期与后期得以充分体现。大赛不仅是创意设计作品的比拼，更有效搭建了企业与院校联动共进、共生、共赢的大平台。正如美籍华人流行趋势研究专家、北京市特聘教授、研究生导师刘晓萍所说："海宁杯大赛15周年了，15年的历程，这个比赛已成为中国国内以院校师生为主体、企业参与的历时最长、影响最大、传播最广的家纺创意设计专业竞技平台。大赛搭建了企业与院校、院校与院校、设计教学与产品实现之间的创意设计交流与对话，推动着设计与时代同行、设计教学与市场需求、产品生产工艺之间的一体化接轨。历届获奖作品已成为院校面向社会、开放性教学的导向借鉴。本届大赛在参赛者众、作品面貌新，尤其是设计题材风格的多元化、设计理念的主题化与作品的系列化、色彩运用的时尚趋势化以及强烈时代感的整体呈现上为大赛15年坚持不懈所带来的成果与变化做了完美的注解，印证着大赛带动行业与设计教育发展的足迹。"大赛构建了一个交流的平台，不仅设计师与设计师交流，设计师与企业互动，设计师与市场沟通，设计师与消费者互通，而且还使学生们参与了国内与国外的家纺设计交流，不同设计文化的交流（图14）。

图14　优秀奖《秘密花园》（软装组）作者：刘静茹

本次家纺创意设计大赛整体上尽管竞出了新智慧、赛出了新水平、创出了新成就，但是，也还存许多急需改进的方面与努力提升的巨大空间。这正如本次大赛评委、中共海宁市许村镇党委书记杜莹池所指出的那样：“美中不足的是，参赛作品的成果转化仍旧没有得到很好的突破，这既是各位参赛者和各艺术设计院校需要思考的问题，更是作为大赛承办方的我们需要思考的问题。按照中国家纺协会杨兆华会长提出的‘未来争取做到让大赛的获奖作品引导家纺企业的产品研发生产’的目标，我们仍需努力。”要想使参赛作品的成果转化有所突破，还必须解决一些设计能力的广度、深度、专业性、行业性的问题。一些参赛作品也暴露出一些基础不扎实、设计不落地、修养不厚实的浮躁性，还暴露出结合染织工艺进行设计创新的欠缺性，是结合印染工艺和织造工艺，还是结合刺绣工艺来设计，缺乏缜密考虑。再有设计作品所呈现的设计思维，更多的是平面图案设计，设计作品作为生活应用品的立体性、空间性、功能性等考虑欠缺，如产品设计什么空间用、什么环境用、什么人使用、什么季节使用等，或考虑不足，或没有涉及。因此，这些还需要青年设计师或准设计师们能够持之以恒地磨砺想象思维能力、积累设计阅历修养、熟悉纺织高新技术、掌握市场趋势信息，培养自己创造性的想象能力、感悟能力、选择能力、归纳能力、提炼能力、转化能力等各种设计潜质。所有这些，中国家纺行业协会、海宁市政府以及全国艺术院校、各类媒体都在为其努力、奋斗。我们做的不仅仅一场热闹的赛事，而是一种恢宏久远的事业，是一种中国家纺设计专业的事业、中国家纺行业设计的事业、中国生活方式设计的事业，还是国家设计原创力提升、中国品牌形象塑造的事业。

清华大学美术学院

“张謇杯”2017中国国际家用纺织产品设计大赛综述

阎维远

“张謇杯”是由中国家用纺织品行业协会、中国国际贸易促进委员会纺织行业分会、法兰克福展览（香港）有限公司、南通市人民政府联合主办的中国国际家用纺织产品设计大赛（以下简称为“张謇杯”）。“张謇杯”自2006年开始，此次“张謇杯”迎来了第十二个年头。

本届大赛评比主题为“幸福‘织味’”。正如主题所述，家用纺织品既是每个家庭必备的生活用品，又承载着人们对幸福生活的追求。本年度大赛的主题主张回归设计的本源，提倡具有幸福感的产品，展现设计的温度和情怀。

经过大赛组委会的认真工作，自三个月开赛以来，共收到来自国际、国内（含港澳台）100多家品牌家纺企业、设计公司、独立设计师、设计院校师生和家纺兴趣爱好者报送的参赛作品330套（件）。在江苏省南通市公证处的全程公证下，经过专业评委的层层遴选，评选出产品设计奖18套（含金奖3套、银奖6套、铜奖9套）；品牌文化设计奖6套（图1、图2）。“张謇杯”在行业内外产生了越来越广泛的影响，得到越来越多家纺企业、专业艺术院校和优秀设计师的重视和参与，吸引了一大批新人、新秀参加，催生出众多设计观念上的革新以及艺术表达上极具探索性的精品力作。一直在创新的“张謇杯”，为企业和院校搭建了合作交流的空间和平台，通过此平台，设计师们接轨市场，分享各自的精彩设计和创作理念，接受社会的检验。大赛扶持、孕育和鼓励了一批批具有实践精神的设计才俊，提升了中国家纺行业研究与设计的整体水平，提高了原创设计的态度追求和表现能力，积极、科学地推动了我国家纺产业的良性发展（图3）。下面从两个方向重点分析本届“张謇杯”的亮点。

图1　大赛评比现场

图2　大赛颁奖现场

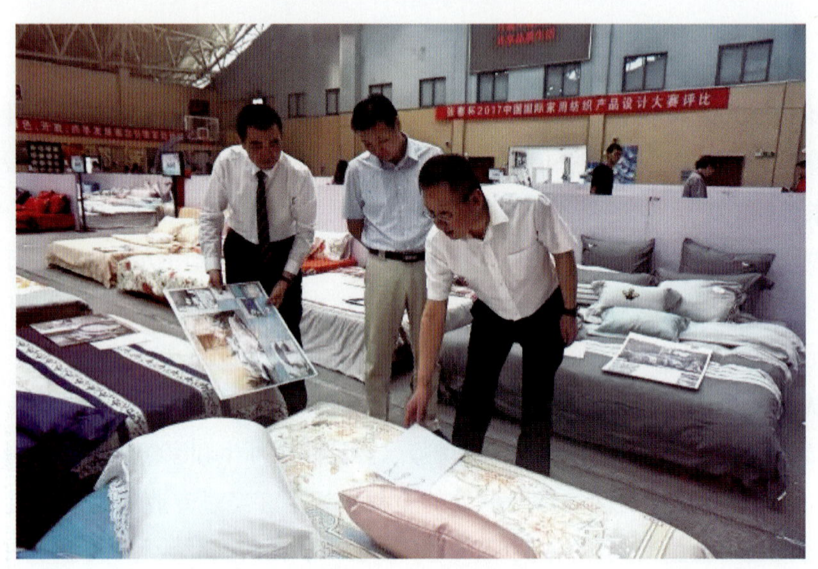

图3　中国纺织工业联合会副会长、
中国家用纺织品行业协会会长杨兆华担任评审委员会主任

一、精进超越、负责担当、赞大赛的组织者

成熟的大赛组委会，力求使“张謇杯”成为一个概念，一种文化、设计和行业的概念，使大赛工作成为一种行为，一种文化、负责和担当的行为。组委会和评委从不保守和教条，自始至终不断科学地规范评选规章和方法模式，按照优秀的思路、意见及建议进行总结和实践，做出适当的改变和调整，他们以与时俱进的态度把大赛建设成一种高层次的、具有指导性的、充满朝气的活动。“张謇杯”这项赛事已经成为中国家纺设计的一面方旗帜，是规模量较大、水平较高、影响力较广、信任度较强的国际性大赛之一。“张謇杯”热切希望中国家纺产业坚持改革创新，在努力实现中华民族伟大复兴的今天，立足行业，面向世界，继续在原创型家纺设计、中国家纺品牌企业文化型方向进行实践和探索，借助“张謇杯”中国国际家用纺织品设计大赛之力，展现中国家用纺织品产业的辉煌与成就。

本届“张謇杯”大赛“产品设计金奖”得主分别为浙江纺织服装职业技术学院学生俞培培所设计的《遨游》、江苏盐城悦达家纺有限公司耿男男设计的《恒·YUE》、江苏工程职业技术学院朱雪梅、毛玉蓉、龚蕴玉等设计的《心灵之铀》。江苏工程职业技术学院朱雪梅、毛玉蓉、隋萍等设计的《Love Forever》，烟台明远家用纺织品有限公司刘春凤设计的《倾·置》，蓝蚂蚁家纺设计公司吴继玲、卫晓燕设计的《归家》，贵州省安顺市西秀区少数民族苗娃服装厂杨学珍设计的《鸟兽虫鱼知多少》，韩国安嘉瑛设计的《On the road Ⅱ（在路上2）》，滨州亚光家纺有限公司设计的《幸福味道》6件作品获“产品设计银奖”。另有9件作品获“产品设计铜奖”，30件作品获“产品设计优秀奖”，《八月迷情》《欧罗》《青出于蓝》3件作品获中国家纺品牌产品流行风尚奖，《罗马盛宴》《沁园春》《盛世年华》3件作品获中国家纺品牌产品文化概念奖。

二、自我觉悟、锐意进取、赞参赛的设计作品

本届大赛的设计作品艺术性强、原创性突出，尤其是一部分作品把中国元素作为文化财富进行创作运用，在意识上，十分值得大家仰视，在观念上，是十分值得大家学习的。他们的作品尽管水平参差不齐，有的是刚刚参加工作的后生新锐，有的是锋芒外露的知名企业，但作品均展现出当下我国企业和设计师的自我建树和觉悟，都充分发挥出了艺术设计的才华，表现出锐意进取的姿态，呈现出追求鲜明个性的态度，符合国际赛事的定位、品质和影响力。

图4　金奖作品《遨游》

金奖作品《遨游》（图4）灵感来源于广阔而神秘的大海，利用大海漩涡和鱼群聚集表现出海的博大和鱼的优美，展现出鱼与海之间的和谐景象。在表现形式上，作者抛弃以往圆润曲线对水柔美的表征，而是利用多边三菱角形态体现大海的凝重与通透，配合自由自在洄游鱼群螺旋形的造型，充满灵动的气息。作品色彩对比强烈，运用布贴绗缝、画中藏花的手法，使整个作品更具立体感。

图5　金奖作品《恒·YUE》

金奖作品《恒·YUE》（图5）运用抽象油画，不规则的斑驳痕迹，磨毛处理的“幻觉”以及虚实相映的手法，于简单、重复中建立内在秩序，营造不同层次的视觉效果，彰显雅致的极简主义生活方式，契合轻奢、简约的国际流行趋势。其朴素之美和亲近本元产生的幸福“织”味溢于言表，更多了一份从容、坚定和淡泊。作为“金奖三甲”之一的作品，无论是设计水准、创意能力还是色彩表达、材料工艺、技术手法都具创新性，有一种洗去铅华的内在张力，原创作品

图6　金奖作品《心灵之釉》

图7　银奖作品《Love Forever》

图8　银奖作品《倾·置》

从众多作品中脱颖而出亦是实至名归，最终有待市场和消费者检验。

金奖作品《心灵之釉》（图6）创意大胆，个性十足，取材于原生态森林动物纹样，表现了作者对美好生活环境的追求和自然环保的设计创作理念。作品巧妙地将蜡染、扎染工艺所特有的丰润和富于变化的特点与绣花工艺的细腻、立体感相结合，以虚实相生的手法表达出作者别具一格的设计创意。

银奖作品《Love Forever》（图7）将现代电脑刺绣工艺与传统水墨画相结合，东方主观写意手法与西方客观写实手法相结合，整体上以巨大的“九命猫”轮廓给人以视觉冲击力，细节上以绣线密度的变化体现水墨韵味，构图巧妙，作品整体色调简单雅致，中国的五色墨配以罗马的帝国黄，意境十足，十分契合当代年轻人的审美，也极切合“幸福织味”的大赛主题。

银奖作品《倾·置》（图8）深蓝浅蓝的枕头，粗条、细条、圆点的靠枕和床单，仿佛一大桶深蓝浅蓝的颜料一滴滴、一根根倾置在画布上。蓝白的色调是天空的颜色，也是大海映衬白云的颜色，是纯洁无瑕的颜色，也是深邃思考的颜色。可以联想到地中海，也可以联想到印花布，可以用线条的规则感搭配中式的严谨，也可以中性的构图搭配美式的随意和地中海的闲适浪漫，冷静而绚丽，史诗感十足。

银奖作品《归家》（图9）以水墨画与绣花相结合的形式，体现了《游子吟》这首诗的深刻含义，面料的颜色以墨绿和灰色相结合来体现怀旧与记忆中远方家的感觉，局部用镶线绣的方式来体现家乡湖水的碧波荡漾，绣线中的颜色除了黑灰为主以外，加了一些亮色，在古朴的记忆感中跳跃出一些色彩，让记忆感鲜活起来。

银奖作品《鸟兽虫鱼知多少》（图10）系

图9 银奖作品《归家》

列作品以贵州特色蜡染图案为表现题材，纹样构成丰富、寓意深刻，图案线条光洁细腻、色彩古朴典雅。该系列作品继承和发扬了传统的贵州蜡染工艺，装饰效果强烈，具有很强的民族特色。

银奖作品《幸福味道》（图11）是一组毛巾的参赛作品。这组作品在众多的参赛作品中脱颖而出，获得评委们的一致好评。第一，作品符合大赛主题“幸福织味”，作品的主图案一只呆萌可爱的腊肠狗，仿佛时时刻刻都能“嗅”出幸福的味道，可爱灵动，一秒俘获人心。第二，毛巾的尺度、色彩、毛圈大小及舒适度均符合当今社会对简约和品质的一贯追求。绒面与缎面穿插结合，工艺复杂却给人大道至简的印象，充分体现“简约不简单”的初心。

银奖作品《On the road Ⅱ（在路上2）》（图12）是一幅造型生动、时尚有趣的拼布装饰作品，作者选择了生活中常见的单车元素进行打散重构设计。点、线、面的疏密绗缝，使得作品充满变化，虚实有致，灵动而富有生命力。

铜奖设计作品、流行风尚奖和文化概念奖设计作品也同样细致而美好地展现了本次大赛的主题，无论是设计水准、创意能力还

图10 银奖作品《鸟兽虫鱼知多少》系列作品

图11 银奖作品《幸福味道》

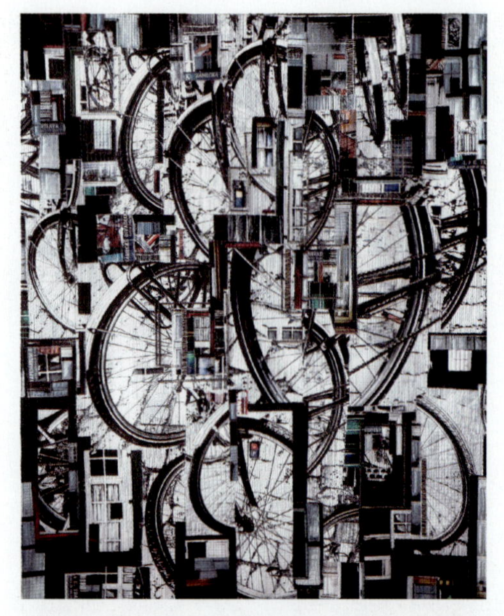

图12 银奖作品《On the road Ⅱ（在路上2）》

是色彩表达、材料工艺、技术手法都具有创新性，原创作品从众多作品中脱颖而出亦是实至名归。

每一年我们都在“张謇杯”家用纺织品设计大赛的参赛作品中阅读了设计者的成长足迹，感受艺术与科技的融合与实践，欣赏他们凭借对专业与时尚的敏锐触觉，倾注无限的努力与关注倾力于自己的作品之中，营造追求卓越的氛围与气象。他们的作品成为大赛最引以为荣的成就，大赛中的每一件作品都能尽情体现设计师的设计个性，都表现了现代、人文的观念，同时又注重细节的设计理念，显示出设计者不盲从市场而注重个人风格、社会责任的率性。每位设计者都意识到，对时尚生活的不懈追求，促进了人类生活更加美好和幸福，无论是精神的或是物质的，创新的设计可以将任何事情物质化、商品化，它再现了人类的进步、经济的发展与生活的繁荣，同时也代表了设计者对于未来家纺潮流的透彻理解和深层认知，代表了开阔的眼界以及极富原创性的活力。对于今年的大赛而言，无疑已经成为过去时，但每位参赛者的思想仍在跳跃，他们带着梦想，乐观、从容地走向明天的设计道路，大赛对于他们来说，既是一个节点，也是新的开始。

天津美术学院

"震泽丝绸杯"2017中国丝绸家用纺织品创意设计大赛综述

张毅

2017年3月15日，以"丝·蕴"为主题的"震泽丝绸杯"2017中国丝绸家用纺织品创意设计大赛，在上海国家会展中心举办的2017中国国际家用纺织品暨辅料（春夏）博览会上正式启动。经过招赛、评比、公示、颁奖等一系列环环相扣、组织严密的大赛过程，前后历时近一年的时间，2017"震泽丝绸杯"大赛在美丽的苏州市吴江区震泽古镇落下帷幕。

本届大赛共收到参赛作品1562幅，在苏州市吴江区公证处的全程公证下，经过专业评委的层层遴选，最终评选出金奖、银奖、铜奖、最佳创意设计应用奖、最佳设计题材奖、最佳传统纹样表现奖，优秀奖、入围奖等奖项。

党的第十九次全国代表大会报告强调，文化是一个国家、一个民族的灵魂，没有高度的文化自信，没有文化的繁荣兴盛，就没有中华民族的伟大复兴。中国特色社会主义文化源自于中华民族五千多年文明历史所孕育的中华优秀传统文化。丝绸作为中华传统文化的重要载体和具有标志性的文化成果，"震泽丝绸杯"大赛正是中国家用纺织品行业协会和震泽政府为落实"构建中华优秀传统文化传承体系，加强文化遗产保护，振兴传统工艺"和《中华人民共和国国民经济和社会发展第十三个五年规划纲要》关于"加强非物质文化遗产保护与传承，振兴传统工艺"精神的具体行动。

总结本次大赛，可以看到，一是"震泽丝绸杯"大赛主题引领了中国丝绸家纺设计创新；二是参赛作品展现了中国当代丝绸产品设计水平，与国际时尚同步并行；三是创新组织工作，细致严肃确保大赛公正运行；四是大赛牵引震泽丝绸家纺产业发展的势头日盛。

一、"震泽丝绸杯"大赛主题引领了中国丝绸家纺设计创新

作为国内规格高规模大的专业丝绸产品创意设计大赛，本届大赛的参赛作品代表了中国丝绸产品设计的较高水平，也代表了国际丝绸产品设计的流行方向。与其他设计大赛相比，"震泽丝绸杯"大赛更注重丝绸产品的原创设计，立足于中国悠远而丰富的丝绸文化来进行家纺设计，用国际化时尚造型语言将中国丝绸文化表达出来，让世界了解中国的纺织设计文化，有助于中国纺织品设计分享国际流行趋势的话语权。2017"震泽丝绸杯"大赛的参赛作

品特色明显，主要表现在参赛者对于主题的把握更加到位，年轻设计师选择的设计题材更多样，更紧扣主题。此外，中国的年轻设计师们对时尚的领悟力和敏感度提高很快，设计自由度更高，设计表达手法也更丰富，作品有很强的时尚感，越来越充分体现出丝绸家纺的特色。另外，此次参赛作品具有时代性、时尚感、实用性强，很多作品与产品的实际设计非常接轨，只要稍做修改就可以直接为企业产品开发使用。

企业围绕市场开发产品，对于有颠覆性，开拓性的设计会有一定顾虑，设计师对生产过程不太熟悉，设计师新的想法往往不能很快转化成产品，这其中有一定矛盾。为了更好地将大赛的成果应用到企业，本届大赛作品评比结束后，震泽镇政府组织了苏州市吴江区丝绸行业的企业家和设计师来参观画稿并进行研讨，希望这种现场研讨会能够在以后的大赛评比中有更多丝绸家纺企业参与进来，给青年设计师提供更多观摩学习研讨的机会，让市场与设计结合更紧密。同时今后要扩大宣传，希望通过网络平台、自媒体等多种媒体传播方式对“震泽丝绸杯”大赛中青年设计师的作品进行宣传，推动和引领中国丝绸家纺设计创新。

二、参赛作品展现中国当代丝绸产品设计水平，与国际时尚同步并行

“震泽丝绸杯”中国丝绸家用纺织品创意设计大赛顺应了当代中国社会发展趋势，参赛作品很好地切合了设计主题，参赛作品的设计水平比上届大赛又有了新的提升，设计手法丰富，设计题材多样，设计构思精巧，更加符合丝绸产品的设计要求和实际应用，参赛作品整体上与国际流行趋势结合紧密，同时展现了中国丝绸产品凸显本土化流行趋势引领方向，这是一个重要的动向，展现了中国新一代家用纺织品设计师在国际丝绸纺织品领域所展现的文化自信、设计自信和时尚自信。

大赛评委天津美术学院阎维远教授在接受采访时表示：“今年，有很多来自全国艺术设计学院的学生参加比赛，对于他们来说，参加这样具有影响力和权威性的大赛，能够让学生在学习期间尽早地接触到行业和市场，对设计理念和艺术实践有很大的推动作用。同时，大赛也引领了艺术院校进行实践教学的新模式，真正地将教学到课题之间的桥梁搭建起来。在教学过程中，我们经常采用‘真题假做’或‘假题真做’的模式，而带领学生参加行业大赛，则能够做到‘真题真做’，成为很有意义的一件事和一次课题实践。在今年的参赛作品中，我发现设计师和学生都非常重视作品的原创性，另外在作品素材的选取上也非常丰富，包括花卉、人物、动物、建筑等，题材广泛，设计形式新颖。值得注意的是，在设计作品的过程中，学生以及设计师们应该多关注国际性流行趋势机构发布的相关内容，多了解当下的潮流方向，并用自己的设计理念及方式，将趋势融入设计中。”

大赛评委江苏金太阳纺织科技股份有限公司联合创始人袁红星认为：“‘震泽丝绸杯’”大赛是一个对接院校和企业的平台，对我们企业而言，在未来的设计研发团队建设上可以与院校更加接轨；对于院校的设计师而言，在今后面临的就业中也会更加成熟。我发现在本届大赛中，偏向于抽象的作品比较丰富，在评选过程中，也感受到一部分设计画稿投入企业生

产加工成产品的可行性还是很高的，特别是在创意部分，从很多作品中都不难看到设计者的原创思维，也能感受到这些原创思维来源于设计者对生活、对大自然的思考，这样的作品在之后的应用中可以很好地去展现。除此之外，我发现院校的参赛作品有一部分已经实现了和产业的接轨，但是毕竟很多参赛者还处在一个学校的阶段，和市场化的接轨还是有一定的距离。我觉得‘震泽丝绸杯’大赛这样一个平台，让这些作品面向市场，让产业去对接。对于学生自己的创作方向来说，对接市场方向更明确，‘震泽丝绸杯’大赛可以说正在引领这个方向，已经是跨出了非常重要的一步，接下来需要考虑的是，如何让这些作品源源不断地走向市场，让企业去实现对接、去采买，对学生和市场的良好对接起到更好的助推作用。”

三、创新组织工作，细致严肃确保大赛公正运行

“震泽丝绸杯”2017中国丝绸家用纺织品创意设计大赛共收到1562件参赛作品，参赛单位共计74家。大赛组委会邀请的七位专家评委组成了评审团，在苏州市吴江区公证处的全程监督下，围绕大赛主题，根据奖项设置，严格按照评审标准和评审程序，对所有参赛作品进行了认真评选。经过初评、复评、终评三个环节，最终遴选出获奖优胜作品：金奖1名、银奖3名、铜奖5名、优秀奖30名、最佳创意设计应用奖5名、最佳设计题材奖5名、最佳传统纹样表现奖5名，数十个入围奖作品。

值得一提的是，本届大赛突破创新，亮点频频。除了沿用2016年严谨规范的赛制规则外，从报名到评选都进行了优化。大赛主办方中国家用纺织品行业协会首次在大赛中采用线上报名和参赛作品全部内容上传，报名方式由原来传统的填写纸质报名表改为直接线上报名，并在上传作品的同时形成参赛编号，既简化了报名程序，使赛事的各项环节一体化，又大大提高了参赛各类信息统计的精准性，能够更加高效、灵活地满足评委们在各个评比阶段对参赛作品的分类、分级需求。同时也为后续的设计人才对接、作品开发建立了一个系统、可分层拓展的信息库。

本届大赛在奖项和奖金设置上根据大赛的规模进行了升级，单项奖的奖金由2016年的3000元增加至5000元，与铜奖持平。单项奖奖金的提升也反映出“震泽丝绸杯”大赛对具有特色的参赛作品的更多肯定和鼓励。同时本届大赛组委会与铜奖以上获奖者签署著作权协议，会将更多的获奖作品转化为实物产品，既实现了大赛作品的真正落地，又助力震泽的丝绸企业产品开发创新，使大赛发挥更大的功效，实现双赢。

大赛从2017年3月15日在上海国家会展中心正式启动，到2018年4月落下帷幕，在大赛整体的运作过程中，中国家用纺织品行业协会杨兆华会长及相关领导多次前往震泽沟通调研，组织策划，并安排专家到国内各设计院校进行大赛巡讲和招赛。震泽镇政府高度重视，把大赛看作震泽丝绸家纺转型升级的契机和机遇，全力配合大赛的各项工作。本届大赛能取得成功，与领导的高度重视和主、承办方细致周密的工作密不可分。

四、大赛牵引震泽丝绸家纺产业发展的势头日盛

通过两届丝绸家纺创意设计大赛的成功举办，震泽丝绸家纺行业的企业家及设计师们在丝绸家纺产品的设计与开发上得到了与国际化接轨的直接通道。如同具有十五年历史的“海宁杯”大赛那样，“震泽丝绸杯”大赛也正在对苏州吴江区的丝绸产业发生着越来越有力的牵引作用。

正如苏州市吴江区震泽镇人民政府副镇长卢斌煜在接受记者采访时所说：“震泽是一个丝绸小镇，更是一个丝绸古镇，丝绸在我们这里有着悠久的历史和文化，震泽曾在2017年被评为‘中国丝绸小镇’。而且我们震泽的产业和丝绸是息息相关的，早在清代光绪年间的全国丝绸出口有1/15是通过震泽出口的，至现在，震泽形成了以太湖雪、丝立方、山水丝绸、慈云、辑里‘五朵金花’为代表的蚕丝产业集群，大大小小的丝绸企业有两百余家，震泽蚕丝被产量也近乎占据了全国产量的半壁江山。之所以举办‘震泽丝绸杯’中国丝绸家用纺织品创意设计大赛，是因为目前震泽的丝绸产业中各企业的产品设计能力还比较薄弱，与丝绸历史上的文化地位有些不相称，我们希望通过这样的大赛来提升整个丝绸家纺产业的设计能力；其次也是为了促进丝绸企业和家纺企业的交流、交融、互补，让企业通过这个平台，往产业的高端发展。另外，大赛举办之前很多的丝绸设计作品往往单纯停留在设计层面，通过这样的大赛活动也可以促进企业和高校及设计单位的互动，让更多的设计来增加应用性，实现产品生产与销售。这次大赛我们也邀请到很多企业、设计公司来参加，目的也是想通过‘震泽丝绸杯’大赛提升震泽丝绸产业的影响力以及平台的运作能力。”

“震泽丝绸杯”2017中国丝绸家用纺织品创意设计大赛业已圆满落下帷幕，大赛对地方家纺经济的牵动及企业与设计院校、设计机构的合作发展正在进行中，大赛对中国丝绸家纺行业的发展起到了强有力的引导和促进作用，对中国原创丝绸家纺产品的设计正在发挥着深远影响。

2018年3月14日，2018“震泽丝绸杯”中国丝绸家用纺织品创意设计大赛已在上海国展中心2018中国国际家用纺织品暨辅料（春夏）博览会上正式启动，2018丝绸创意设计大赛再次启航，中国丝绸家纺产品设计的今天和未来，即将在2018年的“震泽丝绸杯”大赛上再次充分展现。

江南大学

附件：大赛金奖、银奖、铜奖作品介绍

金奖作品《江南·忆叠》搜集整理了江南文化的各种元素，提炼后再运用当代设计的空间叠透等造型方法将其重新组合，使传统文化元素的造型结构体现出强烈的现代感。该作品选用的色彩符合时下流行趋势的走向，如果能够将色彩层次搭配得更加丰富一些、加强虚实空间的对比，再把图案结构语言加上回位，作品会更加完美。

金奖作品《江南·忆叠》

银奖作品《鹤·语》的设计灵感来源于仙鹤，将仙鹤的形态造型结合线描、装饰花卉等表现手法加以变化，塑造出的仙鹤图案体态丰盈灵动，色彩和谐。在图案的背景设计中，横穿的线条与主体仙鹤相互映衬，突出了图案的空间层次感。设计稿中的辅助纹样提取了主图中的装饰花卉，在设计布局上呼应统一。在元素的排布过程中，点线面的构图关系把握到位，表现出扎实的设计功底。

银奖作品《鹤·语》

银奖作品《雪原林海》的题材立意好、构思巧妙，紧扣本次大赛“丝·蕴”的主题。作品将森林、树木和雪花纷飞的场景巧妙地结合在一起，色彩淡雅恬静，画面清新空灵，纯净自然。视觉上给人柔软丝滑的感觉，正符合了丝绸给人的感觉。在表现技法上，运用细致精巧的肌理效果，完美地表现出作品的设计创意。同时该作品具有很强的实用性，适用于床上用品和装饰用布，有一定的市场应用前景。不足之处是画面结构过于平整，底部雪花的形象稍显弱化，缺少一个精彩的主体形象。

银奖作品《雪原林海》

银奖作品《渐变》以多层次的肌理效果叠加拼贴组成，是一幅构成感十足的设计佳作。作品色调统一、层次分明，图案纹路的变化简约时尚，和谐整体的设计中又蕴含丰富的细节变化。一系列的辅助纹样适用于家纺产品及相关衍生产品，设计非常成熟。效果图视觉冲击力强，在家居软装中的搭配应用恰到好处，空间感突出。

银奖作品《渐变》

铜奖作品《庄生晓梦》将变化微妙的色彩与花、蝴蝶图形多层次重叠，呈现出梦幻般的朦胧美，符合作者立意的“庄生晓梦”意境。朦胧的图形往往流于迷乱无序，而此幅作品在背景中融合了一些黄色折线，在柔美的大基调中增添了几分铿锵韵律，保证了设计的整体性和次序性。如若蝴蝶的姿态再丰富一些，画面将更加生动。

铜奖作品《庄生晓梦》

铜奖作品《蒙德里安遇见敦煌》采用蒙德里安式的抽象几何元素搭配敦煌壁画的经典图案和配色，运用线条的切割和大量的对比色打破敦煌壁画的传统视觉感，把画面布置得既规整又充满韵律，是一幅中西合璧的新形式作品。主配图搭配疏密有序，节奏感强。整幅作品和谐统一，富有时代气息，巧妙地呼应了“丝·蕴”主题。

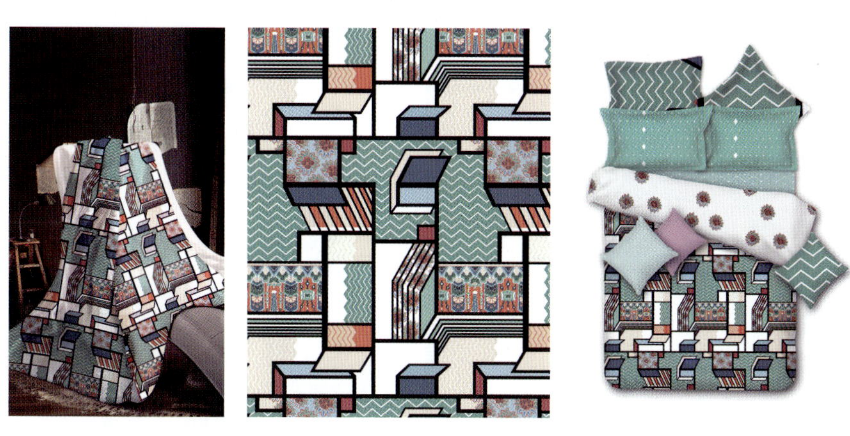

铜奖作品《蒙德里安遇见敦煌》

铜奖作品《丝城新韵》以中国著名的文化古城——苏州为灵感元素，以古城旧时的繁华市貌和街景作为创作内容。画面中穿插着不同情节，各色人物、大小船只、房屋桥梁鳞次栉比，组织错落有致，同时又具有丰富的情趣。设计者作了一次很有意义的创新尝试，将历史条件、艺术个性、艺术观相结合，创造出无比丰富、意韵深厚的优美形式。同时将传统形式的风俗画转化为纺织品面料设计，使作品在极其浓烈的现代气息中又能够明显感受到传统的吸引力。

铜奖作品《丝城新韵》

铜奖作品《乐舞》以长安乐舞为灵感来源进行创作，用白描的形式生动地叙述了乐舞中吹奏弹唱的场景，为我们再现了盛唐歌舞的气势恢宏。整体设计舒展流畅，编钟、亭台等元素也选用得恰到好处，再以滤色的形式叠加抽象的、充满律动的线条，让画面充满了趣味性。该作品适用于生产丝绸类制品，如果能在配色的选用上多加斟酌，更好地区分画面的主次关系，则会使作品更加丰富。

铜奖作品《乐舞》

铜奖作品《幻都》将五彩缤纷的城市元素以平面化的造型语言进行重构，以中高明度和纯度的亮粉色进行表达，符合色彩流行趋势方向。城市元素的纹样变化简约归纳，具有较强的节奏感和韵律感，如果再增加一些中等明度和纯度的粉色调进行衬托，则会更加突出画面的层次感，丰富主图案的节奏变化。

铜奖作品《幻都》

TRENDS
2018/2019

中国家用纺织品流行趋势

Shanghai
August 2017

TRENDS

2018/2019

中国家用纺织品流行趋势

组织单位：中国家用纺织品行业协会

法兰克福展览（香港）有限公司

研究单位：中国家纺流行趋势研究与推广工作室

意大利康斯坦丁时尚设计策划集团

发布单位：中国家用纺织品行业协会

推广单位：江苏叠石桥市场管理委员会

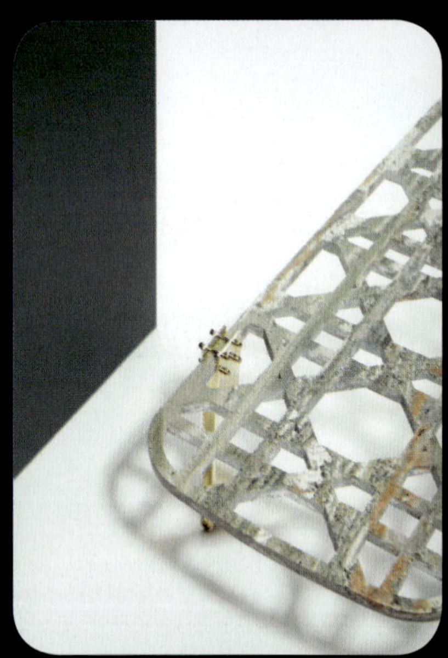

回归本真
DOWN TO EARTH

这一趋势的灵感源于对自然界和与之相关联事物的关注。数字屏幕的日益普及和它匮乏的内涵所产生的紧迫感，引发了我们对自然界的根源和经验与地球之间关联性的研究。

人们对材料产地、生产方法及资源利用的兴趣日趋增长，尤其是对具有乡土根源典型特征的兴趣的复燃。可利用元素回收及天然材料的废物再生产为此提供不寻常的解决途径。废弃产品、工业产品与手工制作齐头并进。材质的表现方式在人造和纯天然的混合体中产生了变化。通过与自然界和谐共生关系的研究，使面料在质感触觉和表面上得到了优化提升，更加柔软，同时加入了现代的设计感。

色彩的运用表现了对自然世界的特别关注。反映了人们试图与周围环境重新连接，从再生材料创造产品价值的意愿。

此主题的色彩传达着平和与宁静，并表现出原始环境的能量与活力。

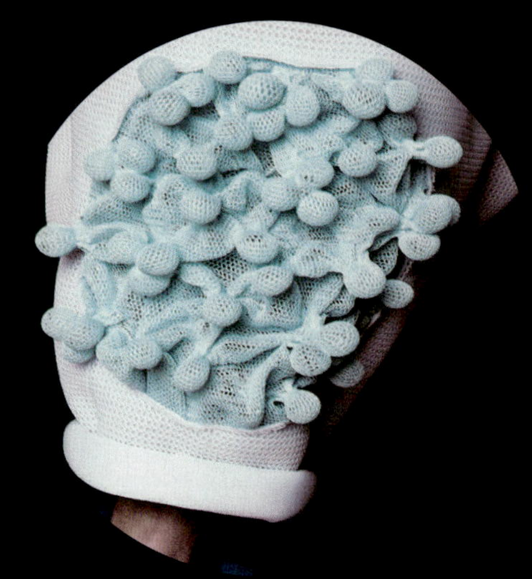

联系感知
CONNECTED SENSES

数字革命开始于通过数字实体功能转化和换位越来越多的“现实生活”活动。如今，相反的趋势越来越明显，虚拟在物质世界中逐渐显露出来。

为了应对体验经济，数字化将会越来越多地融入物理世界，所谓的“现实数字”，使其更加具象和人性化。

这种技术的变化改变了我们的互动方式，改变了我们对世界的感知，改变了有形与无形、物质与非物质的关系。这种变化导致了一种新的数字的异国情调的诞生。

这一趋势检测了高度数字化的性质，一种新的迷幻意象，现实与超现实共生交融。

主题的色彩由清晰的、唤起数字景观的冷色调构成。全息色在于增强与黑色或深红色、紫色的对比关系。

Records, Inc.

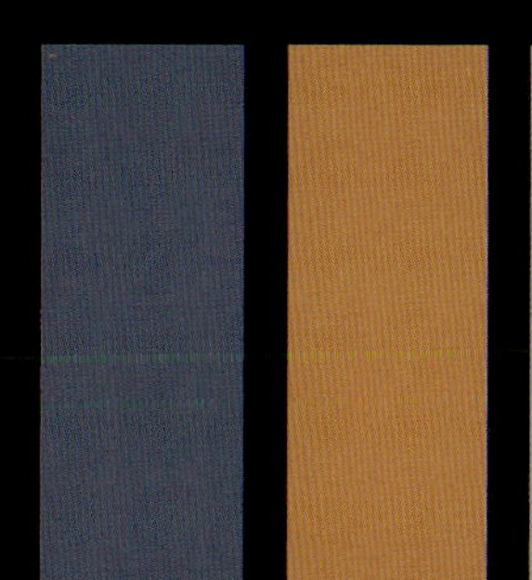

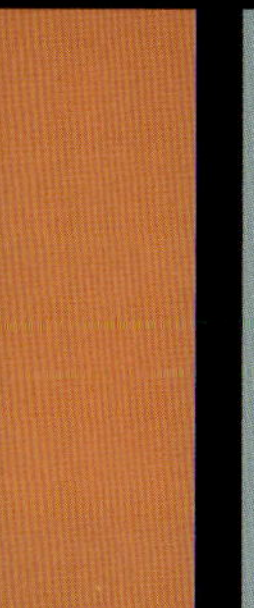
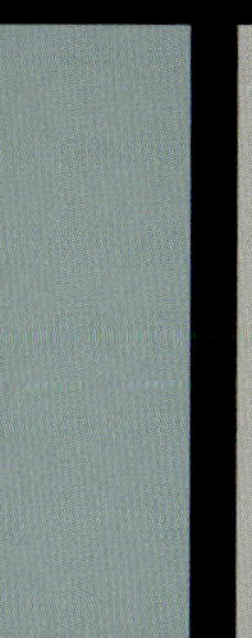

不设边界
NO BORDERS

多维的城市竞争和网络正在改变我们感知环境、身份和传递文化物质的方式。

就整体而言，文化及其衍生项目所体现出的持续杂食性和复合性已使其具有跨越国界的特质。当面临情感和不同遗产文化差异的风险时，也意味着新的创造奇迹的机遇的到来，特定的根源与额外的激励和影响，表达了城市环境的多层复杂性。

用一种不寻常的现代创新手段改写传统的、富有历史性的特定遗产，实现了民族和城市之间的传统工艺品和当代设计的折衷和混合修改。

红色和橙色等非常温暖的传统色彩，融入到新的城市环境中，与受城市环境影响的航空蓝色和凋零的玫瑰色等 较冷色调，共同组成了这一主题的色彩。

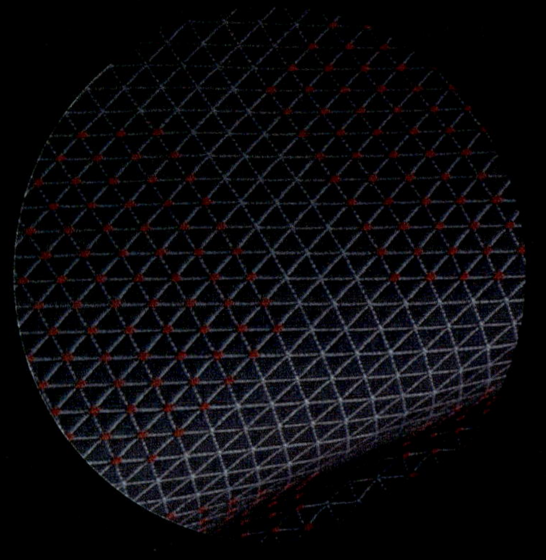

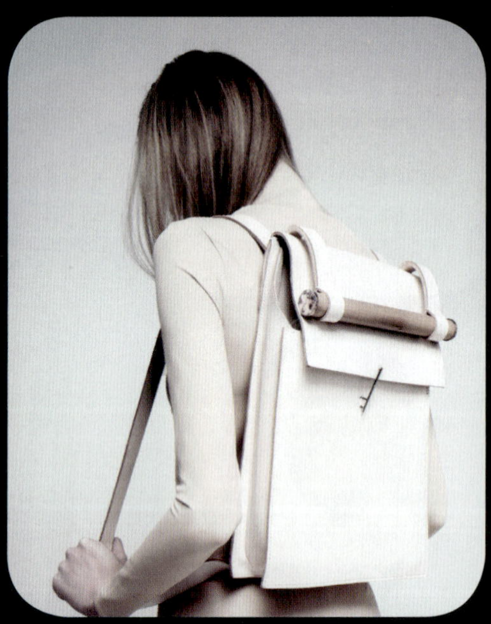

再度思考
RE-THINKER

我们正处于一个转变的时期，我们摒弃多余的存在，发现永恒的经典，重塑未来的价值。我们已存的记忆与未来休戚与共。我们掌控客观历史，选取有价值的历史内涵，并使其更具生命力、更珍贵。具有独特风格和质量特征的产品，会随着时间的推移变得更好，可以持续使用，也可以在循环经济中更具光彩。

经典产品通过创新的外在处理和功能材料的引用，可持续性变得非常复杂。大众产品引入手工制作的细节，被消费者逐渐关注。

这一趋势的色彩清晰而细腻。从淡粉色到奶油色、水绿色和一些深色，如深紫红葡萄色、海军蓝和森林绿。

相关产业

我国棉纺织市场形势运行分析

中国棉纺织行业协会

2017年，在国家经济政策稳定，经济发展步入新常态，供给侧改革持续推进的宏观背景下，我国棉纺织行业实现了运行质量和效益的稳中向好发展。亏损面缩小，国际竞争力提升。步入2018年，随着中美贸易摩擦的持续升温，在国储棉库存进一步降低等内外因素的作用下，我国棉纺织行业在稳中向好发展的进程中也面临着一系列的问题与挑战。

一、棉纺织行业整体发展概况

（一）主营业务收入和利润稳定增长

根据国家统计局数据，2017年，我国棉纺织行业主营业务收入总计21054万亿元，同比增长3.03%；利润总额1037亿元，同比增长1%；出口交货值922亿元，同比增长6.86%。

根据中棉行协跟踪企业数据显示，2017年，我国棉纺织行业主营业务收入累计同比增长5.72%，主营业务利润累计同比增长3.75%，出口交货值累计同比增长0.43%，亏损面为17.05%，较年初亏损面缩小3.37个百分点。

中棉行协跟踪的企业中，大中型企业比例大，抗风险和盈利能力相对较高，和国家统计局数据相比，主营业务收入和利润同比增长幅度都较高。但是主营业务收入增幅低于我国GDP全年增速6.9%的增幅。

（二）产品产量稳定提升

2017年，棉纺行业纱线产量1929万吨，同比增长2.4%，布产量610亿米，同期持平。棉纤维和非棉纤维用量分别增加40万吨和7万吨。棉纤维在原料比重增加1个百分点（表1）。

表 1　棉纺原料用量及产量

项目	2016 年	2017 年
棉纤维用量（万吨）	715	755
非棉纤维用量（万吨）	1263	1270

续表

项目	2016 年	2017 年
棉和非棉总量（万吨）	1978	2025
棉纤维占比（%）	36	37
纱线产量（万吨）	1884	1929

数据来源：中国棉纺织行业协会

（三）行业景气指数稳中有升

中棉行协综合企业原料采购、生产、销售、库存以及经营等状况按月度发布景气指数，当指数高于50，表示棉纺行业景气程度向好，低于50则表示景气程度欠佳。从图1可以看出，从2016年初至今，除2017年9月、10月的旺季景气指数在枯荣线之上，多数月份景气指数在枯荣线之下。2017年景气指数平均值为49.4，较上一年度均值提高1.5，行业景气度稳中有升。

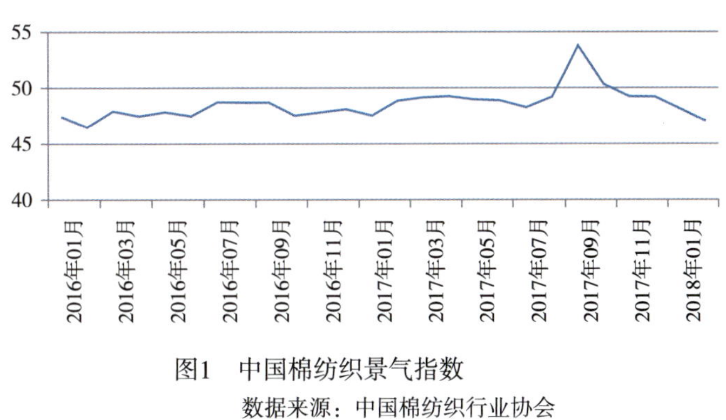

图1　中国棉纺织景气指数

数据来源：中国棉纺织行业协会

二、棉纺原料情况

（一）储备棉情况

2017年，储备棉轮出于3月6日起正式开始，截至9月29日轮出全部结束。2017年，储备棉累计投放437.83万吨，实际成交322.36万吨，成交率为73.63%。其中，新疆棉成交183.74万吨，占成交总量的57%；地产棉成交138.62万吨，占成交总量的43%。从调研反映的情况看，新疆棉品质好于内地棉花，竞拍成交率接近100%。

随着近几年国家储备棉库存的消化，截至2017年年底，国储库棉花约520万吨。从2018年度储备棉投放初期情况来看，成交率较上年度同期偏低近20个点，新疆棉投放比重下降，市场对储备棉观望情绪浓厚，企业对内地棉花拍储热情不高，主要原因为2017/2018年度国内棉花产量和质量都较高，市场供应相对充足，国储棉质量相比新棉质量较差，企业购买意愿不强（表2）。

储备棉在稳定国内棉花市场价格，填补国内棉花供需缺口方面发挥了较大作用，在储备棉轮出过程中，棉纺企业的参与为化解国家储备棉去库存任务做出了巨大贡献。

表 2　2018 年储备棉投放初期情况

时间	挂牌数量（万吨）	成交均价（元/吨）	成交率（%）	去年成交率（%）
第一周	15.00	14443	75.32	98
第二周	15.00	14378	58.94	74
第三周	15.00	14193	52.19	70
第四周	9.00	14123	53.66	60
第五周	18.00	14189	46.55	61

数据来源：全国棉花交易市场

（二）进口棉花情况

2017年，我国进口棉花115.48万吨，上年度为89.66万吨。受国家配额政策限制，进口棉花数量只能填补一部分国内用棉缺口，缺口的其他部分近几年由国储棉填补。为了消化国储棉库存，自2016年开始不再发放滑准税配额，只发放89.4万吨关税内配额，关税外进口要缴纳40%高额关税，经了解，部分企业由于高品质产品订单要求，国内棉花无法满足原料品质需求，进口了一定量的高额闯关棉花。

在进口棉花比例中，美棉凭借较高的性价比、无三丝、净重结算等优势，在有限的进口数量中占据近半比重，澳棉品质高，但售价也相对偏高，主要由生产高品质产品棉纺企业使用，印度棉花在近年产量超越中国，成为世界最大的产棉国，但棉花加工多为皮辊棉，杂质和三丝相对较多，棉花品质不高，我国进口印度棉花数量较少（表3）。

表 3　2017 年棉花进口情况

项目	数量（万吨）	占比（%）	占比变化（%）
总量	115.48	100	0
美国	50.63	43.84	14.47
澳大利亚	25.8	22.34	-2.02
印度	11.2	9.70	-3.50
乌兹别克斯坦	9.3	8.05	-2.33

数据来源：海关总署

（三）棉纺用原料价格走势

2017年，我国棉纺行业使用原料中，化学短纤合计1270万吨，其中涤纶短纤（含再生）900万吨，黏胶短纤340万吨，其他类短纤30万吨。在棉纺原料比例中合计占到63%。从图2可以看出，国内棉花由于配额限制，不能随意进口，加上国储棉对市场价格的稳定，棉花折标准级价格整体稳定在15000~16000元/吨之间，波动幅度不大。涤纶短纤和黏胶短纤作为用量最大的两种化纤，参与全球市场化竞争，且直接受上游石油、PTA和浆粕价格的影响，价格波动明显高于棉花。

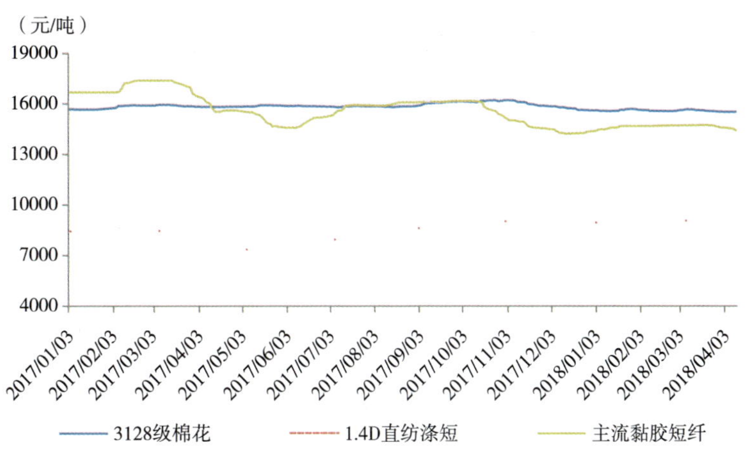

图2　棉纺用主要原料价格走势图

数据来源：中国棉纺织行业协会

三、棉纺产品进出口情况

棉制纺织品和棉制服装作为纺织品、服装类最主要的产品，为我国赚取外汇和对外贸易顺差做出了巨大贡献。从表4可以看出，2017年度，以金额计棉制纺织品进出口均保持稳定小幅增长，受人民币大幅增值影响，棉制服装出口金额有所降低。进口金额同比增幅较大。

表 4　2017 年我国棉制纺织品及服装进出口情况

种类	出口		进口	
	金额（亿美元）	同比（%）	金额（亿美元）	同比（%）
棉制纺织品	249.29	2.21	68.29	4.76
棉制服装	571.12	-1.44	27.02	9.98

数据来源：海关总署

2017年，我国进口棉纱线共计198.36万吨，同比增长0.78%。越南、印度和巴基斯坦依然是进口纱数量最大的三个来源国。其中越南棉纱线进口量接近印度和巴基斯坦进口数量的总和，占进口量比重的36.1%。越南的纱厂中由我国转移投资或新建的企业占有相当大的比重，天虹集团是最为典型的代表，在越南出口到我国的棉纱线中，80%为中资企业生产（表5）。

表 5　2017 年我国棉纱线主要进口市场情况

国别	2017 年		2016 年	
	数量（万吨）	占比（%）	数量（万吨）	占比（%）
总计	198.36	100	196.80	100%
越南	71.61	36.10	62.41	31.71
印度	39.04	19.68	41.46	21.06
巴基斯坦	34.06	17.17	38.81	19.72
乌兹别克斯坦	9.32	4.70	8.81	4.48

数据来源：海关总署

四、新年度棉纺织行业发展影响因素

从中棉行协调研情况分析，2018年开局良好，走访企业春节假期后销售态势良好，企业家信心充足，对市场形势较为看好。但随着中美贸易摩擦升级、人民币汇率走强、国储棉投放数量接近底线等一系列因素影响，棉纺织行业在2018年度依然面临一系列不确定因素的影响。

1. 中美贸易摩擦

随着中美贸易摩擦的升级，我国商务部拟将进口美棉列入加征关税名单。美棉作为有限的进口配额中比重最大的棉花种类，如加税实施，包括未清关的美棉进口将受到很大影响。同时棉纺织品及棉制服装作为我国重要的对美贸易顺差品种，如美国对该品种加征关税，将对出口造成影响。

2. 汇率

2017年全年人民币兑美元升值幅度超过6%，2018年，伴随美国贸易保护主义、美联储加息、欧元区经济复苏等因素影响，汇率的走势充满不确定性，如果汇率出现大幅波动，将影响棉纺织品及服装的出口结汇和金额。

3. 国家棉花政策

随着储备棉储备量的减少，储备棉轮储或将提上日程。储备棉和配额作为补充国内棉花缺口的两大来源，储备棉和配额政策的变动将直接影响内外棉价差，进而影响国内棉纺织行业的运行。

4. 原料价格波动

原料成本约占棉纺成本70%的比重，原料成本的波动对棉纺行业有很大影响。2018年，伴随叙利亚等地区国际局势的动荡，新年度我国原油期货品种的上市对国际原油定价权的市场博弈，原油价格将直接传导涤纶短纤的价格，同时2018年国内主要的黏胶新增产能将投产，对黏胶短纤的价格进一步形成压力。棉花、涤纶短纤和黏胶短纤的价格波动将成为影响棉纺织行业运行的重要因素。

五、相关建议

1. 储备棉

应当建立国储棉轮入轮出的有效机制。

（1）建立价差预警动态平衡机制。如内外棉花价差在一定时期内持续突破1500元/吨，启动保护国内棉纺织企业的棉花供应机制。

（2）国储棉轮入应循序渐进，分批轮入，避免集中大量轮入抬高棉价。

（3）国储棉的种类应保证内外棉花搭配，保证国内棉纺高品质需求。

（4）加强储备棉投放环节的监管力度，杜绝乱收费现象。

2. 配额

（1）建议将加工贸易和一般贸易配额合并，企业有意愿使用加工贸易配额，可以采用申领制度。

（2）中期来看，为弥补市场缺口及棉价稳定，除轮入储备棉花，建议增发一般贸易配额，增发的配额可以采取竞拍或招标形式进行投放，结果在相关网站公开，保证公平性。

（3）长期规划，希望放开配额限制，保证国内棉纺织企业在国际市场的公平竞争环境。

3. 化纤短纤

随着科技进步和产品开发的多样性，化纤短纤作为重要的棉纺原料，在可纺性、功能性、舒适性、时尚性等方面逐渐能够满足市场需求，且化纤和棉花相比不受配额限制，能够充分参与国际市场竞争，建议有研发和管理能力的企业充分利用化纤短纤的优势，加大相关产品研发和市场开发，以增强企业竞争力。

撰稿人：郭占军

2017年中国化纤行业运行分析与2018年运行预测

吴文静

2017年是党的十九大胜利召开的一年，是实施“十三五”规划的重要一年，是供给侧结构性改革的深化之年，也是《化纤工业“十三五”发展指导意见》正式颁布实施的第一年。党的十九大报告指出，中国特色社会主义进入新时代，我国社会主要矛盾已经转化为人民日益增长的美好生活需要和不平衡不充分的发展之间的矛盾。把深化供给侧结构性改革作为建设现代化经济体系的首要任务，提出“坚持去产能、去库存、去杠杆、降成本、补短板、优化存量资源配置，扩大优质增量供给，实现供需动态平衡”。

在供给侧结构性改革推动下，2017年，化纤行业运行稳中向好、质效领跑。化纤行业加快淘汰落后和兼并重组，在总量增加有限的情况下，产业集中度进一步提高；化纤行业整体开工率较2015年、2016年进一步提升，库存保持低位运行，产品价格在原料成本支撑下震荡上行，化纤行业运行质量明显改善，效益大幅增长。

一、2017年化纤行业运行情况

（一）生产

据国家统计局统计，2017年，化纤完成产量4919.55万吨，同比增加4.97%（表1）。其中涤纶产量3934.26万吨，同比增加4.84%；锦纶产量332.92万吨，同比增加8.83%；黏胶短纤产量363.8万吨，同比增加3.68%。

表1　2017年化纤产量

纤维	2017年（万吨）	2016年同期（万吨）	同比（%）
化学纤维	4919.55	4686.63	4.97
人造纤维	427.63	411.98	3.80
其中：黏胶短纤	363.80	350.89	3.68
黏胶长丝	17.99	16.73	7.50
醋酸纤维	36.56	35.63	2.62
合成纤维	4480.75	4265.35	5.05

续表

纤维	2017 年（万吨）	2016 年同期（万吨）	同比（%）
其中：涤纶	3934.26	3752.63	4.84
锦纶	332.92	305.91	8.83
腈纶	71.91	71.99	-0.12
维纶	8.40	8.72	-3.72
丙纶	29.41	25.31	16.17
氨纶	55.11	51.03	7.99

资料来源：国家统计局、中国化学纤维工业协会

2017年，化纤行业整体开工率较上年进一步提高（图1），特别是涤纶行业提升明显，涤纶长丝平均开工率在78%附近，直纺涤纶长丝有效开工率一度超过90%，涤纶短纤开工率平均在74%左右。2017年内锦纶行业开工率持续提高，但全年平均开工率仍较低，在70%左右。黏胶短纤行业受环保政策的影响，开工率略有下滑。黏胶长丝行业开工率保持95%高位运行。氨纶行业因供需变化、环保政策等问题，开工率波动较大。腈纶行业由于原料丙烯腈价格高位上涨而导致亏损，因此行业负荷大幅下调。

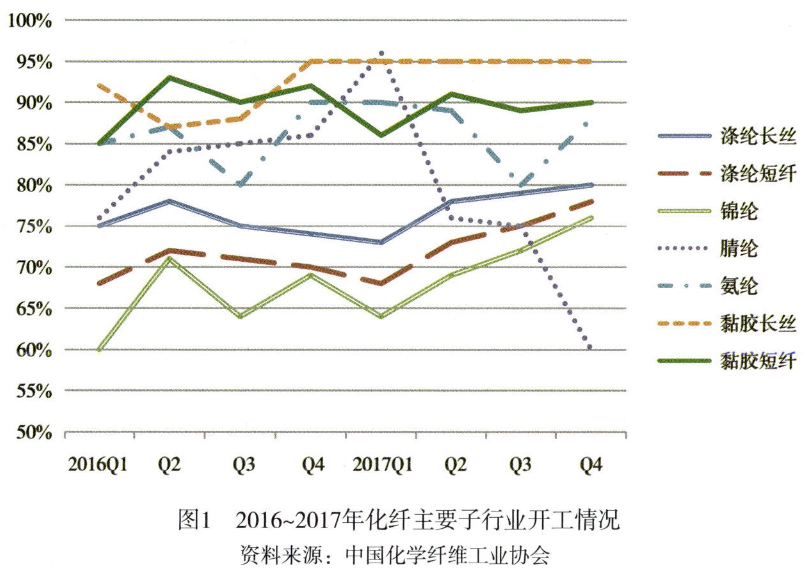

图1　2016~2017年化纤主要子行业开工情况

资料来源：中国化学纤维工业协会

（二）价格

2017年，全球经济复苏和我国经济平稳增长带动了化纤产品的需求增长，供给侧结构性改革推动了行业结构性矛盾的改善，国际油价攀升对化纤行业成本端起到了支撑作用，库存低位市场氛围良好，化纤市场在以上多重因素叠加下，价格重心比2016年进一步提高，主要产品价格均有不同程度的上涨（表2）。从化纤产品价格走势看，总体先抑后扬，合纤市场与国际油价走势关系密切（图2~图6）。

表 2　2017 年化纤产业链主要产品价格变化

行业	产品	单位	2017 年	2016 年	变动	幅度
原油	WTI 期货	美元 / 桶	50.8	43.5	7.3	17%
聚酯涤纶	PX 台湾 CFR	美元 / 吨	853	795	58	7%
	PTA	元 / 吨	5173	4617	556	12%
	MEG	元 / 吨	7087	5420	1667	31%
	涤纶直纺 POY 150/48	元 / 吨	8328	6981	1347	19%
	涤纶直纺 FDY 150/96	元 / 吨	8736	7583	1153	15%
	棉型涤短	元 / 吨	8307	6910	1397	20%
锦纶	CPL	元 / 吨	15252	11126	4126	37%
	PA6 高速纺切片	元 / 吨	17408	12732	4676	37%
	锦纶 6 FDY 70D/24F	元 / 吨	21132	15611	5521	35%
腈纶	AN	元 / 吨	12898	9088	3810	42%
	腈纶 1.5D × 38mm	元 / 吨	15505	12607	2898	23%
氨纶	氨纶 40D	元 / 吨	35127	29333	5794	20%
黏胶纤维	进口阔叶浆	美元 / 吨	898	887	11	1%
	国产溶解浆	元 / 吨	7596	7274	322	4%
	黏胶短纤	元 / 吨	16082	14866	1216	8%

资料来源：中国化纤信息网

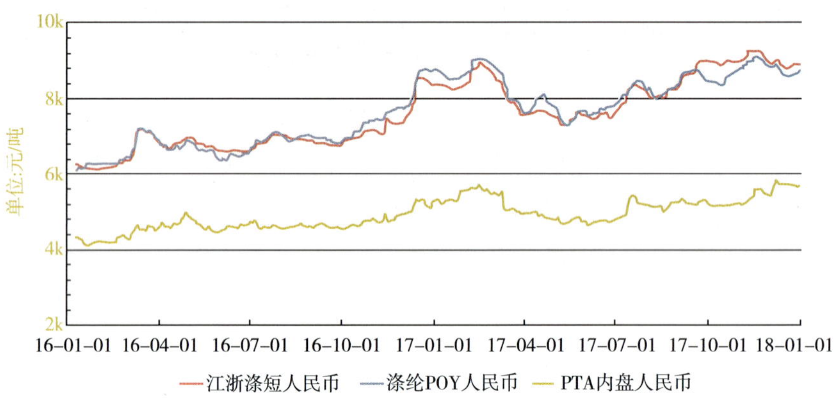

图2　2016~2017年涤纶长丝、涤纶短纤与PTA价格走势图

资料来源：中纤网

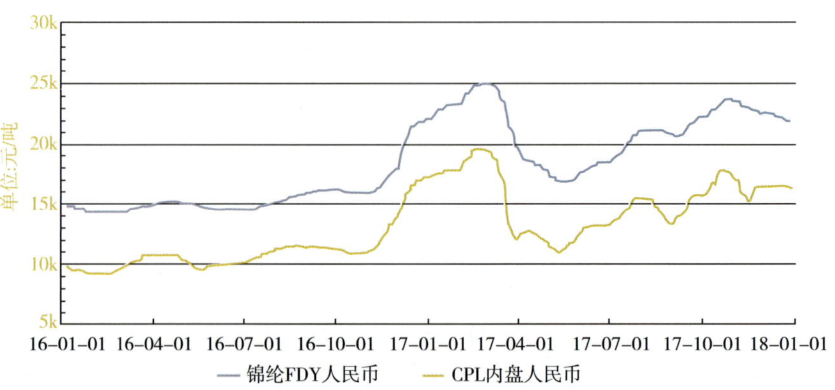

图3　2016~2017年锦纶与CPL价格走势图

资料来源：中纤网

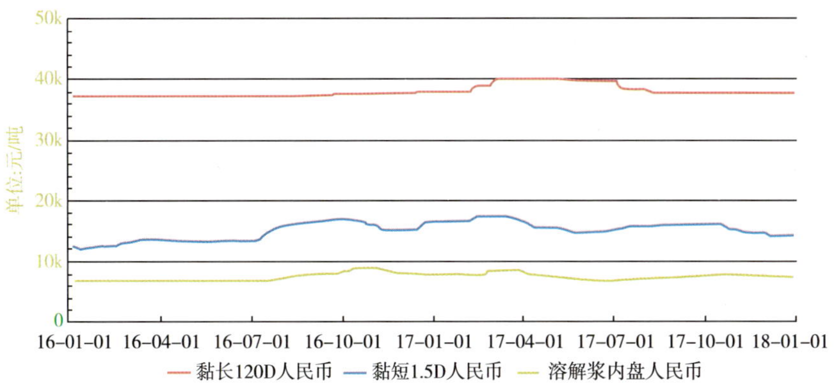

图4 2016~2017年黏胶长丝、黏胶短纤与溶解浆价格走势图

资料来源：中纤网

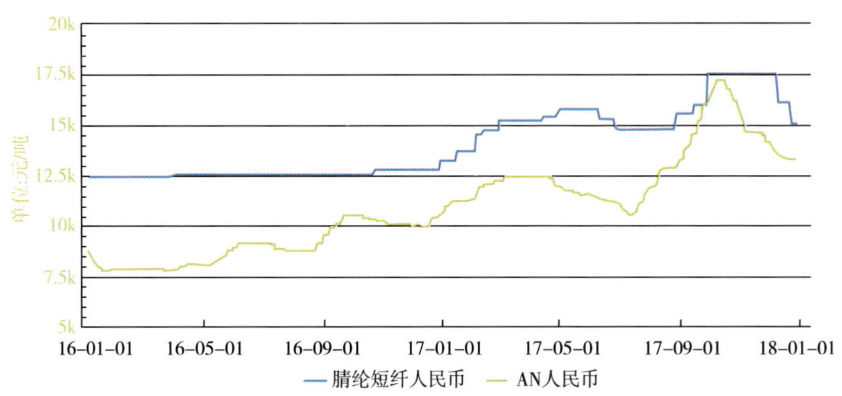

图5 2016~2017年腈纶与AN价格走势图

资料来源：中纤网

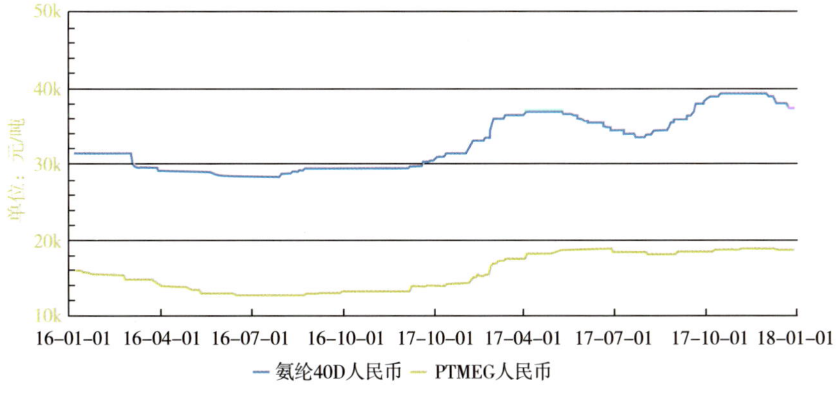

图6 2016~2017年氨纶与PTMEG价格走势图

资料来源：中纤网

（三）库存

2017年，化纤主要产品库存呈先增再降走势（图7）。2017年年初，化纤产品价格延续了2016年四季度的上涨态势，导致库存逐渐累积；4月之后，行情好转，行业进入去库存阶段，库存逐渐降至低位；同时，产品价格持续攀升，企业获得不错的效益，效益驱动下企业保持高负荷开工，化纤产品库存于四季度又有所增加。

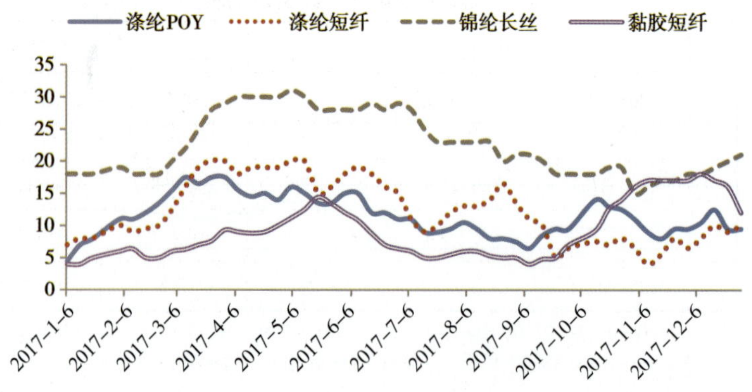

图7 2017年化纤主要产品库存变化

资料来源：中纤网

（四）进出口

2017年共进口化纤91.68万吨，比2016年增加10万吨，增幅13.11%。其中，黏胶短纤进口量最大，达20.74万吨，同比增加5.68%，这和国内Lyocell纤维产业化生产起步较晚，产量较低有关；涤纶短纤增幅最大，达29%，这和国内减少固废进口，再生纺缺口扩大有关；其他纤维进口量同比也有不同程度的增加。一方面说明我国对进口纤维产品仍有一定的刚需，另一方面也说明国内市场回暖需求增加（表3）。

表3 2017年化纤产品进口情况

纤维	进口数量			进口金额		
	2017年（吨）	2016年同期（吨）	同比（%）	2017年（万美元）	2016年同期（万美元）	同比（%）
化学纤维	916825.9	810550.1	13.11	281316.2	246960.6	13.91
其中：涤纶长丝	127354.8	119349.3	6.71	33869.7	30315.3	11.72
涤纶短纤	159543.7	123677.4	29.00	23023.6	16894.9	36.28
锦纶长丝	113467.9	111919.0	1.38	42890.2	40870.0	4.94
腈纶	147404.8	138235.4	6.63	34377.8	30012.6	14.54
黏胶长丝	5118.6	4983.9	2.70	4688.3	4270.6	9.78
黏胶短纤	207444.3	196301.5	5.68	54293.5	46492.6	16.78
氨纶	26910.3	26432.3	1.81	20309.0	20239.7	0.34

资料来源：据中国海关数据整理

2017年，我国出口化纤产品突破400万吨，占到产量的8.13%（表4）。出口产品仍以涤纶长丝和涤纶短纤为主，分别占总出口量的50.47%和25.15%，合计占75.62%；腈纶出口量增幅高达51.83%，一方面是因为基数较小，但也是企业加大产品开发力度、努力开拓国际市场的结果。2017年，化纤出口金额增长13.51%，比数量增幅高出10.48个百分点，出口均价同比提高10.17%。出口数量增幅有所下降，可能是综合因素造成，一方面以美国、印度为代表的国际贸易保护主义抬头，贸易壁垒增加；一方面国内市场好于国际市场，影响了企业的出口热情；另一方面是否与国际化纤厂商提高了开工率有关，还有待于进一步考证。

表 4　2017 年化纤产品出口情况

纤维	出口数量			出口金额		
	2017 年（吨）	2016 年同期（吨）	同比（%）	2017 年（万美元）	2016 年同期（万美元）	同比（%）
化学纤维	4045820.7	3926798.5	3.03	732658.4	645472.7	13.51
其中：涤纶长丝	2042078.2	1976715.4	3.31	303417.3	259174.3	17.07
涤纶短纤	1017437.1	1020050.8	-0.26	105118.2	96080.5	9.41
锦纶长丝	214126.0	188159.5	13.80	70207.8	56000.7	25.37
腈纶	45713.9	30108.0	51.83	8882.1	5212.9	70.39
黏胶长丝	81010.8	74587.2	8.61	42109.8	38861.2	8.36
黏胶短纤	313352.8	314899.1	-0.49	61817.8	56584.6	9.25
氨纶	57722.8	58702.3	-1.67	30359.7	30709.3	-1.14

资料来源：据中国海关数据整理

（五）投资

2017年，化纤行业实际完成固定资产投资额1330亿元，同比增长19.2%，比2016年投资增速提高了18.86个百分点（表5），逆转了2011年以来的下降趋势（图8），特别是涤纶行业和人造纤维行业的投资增速高达54.49%和27.79%。虽然智能制造、绿色制造和纤维新材料是近几年投资热点，但也要密切跟踪行业投资情况，协会呼吁行业保持理性投资，避免一哄而上，保护好供给侧结构性改革的成果。

表 5　2017 年化纤行业实际完成投资情况对比

行业	2017 年实际完成投资额（亿元）	同比（%）	2016 年实际完成投资额同比（%）	2015 年实际完成投资额同比（%）
化学纤维制造业	1330.36	19.20	0.34	2.87
纤维素纤维原料及纤维制造	267.81	16.03	9.81	0.54
化纤浆粕制造	31.00	-31.87	52.23	-3.76
人造纤维制造	236.81	27.79	2.77	1.29
合成纤维制造	1062.55	20.03	-1.86	3.43
锦纶制造	193.49	1.39	4.95	12.80
涤纶制造	422.45	54.49	-16.02	2.75
腈纶制造	22.71	23.06	-18.47	83.53
维纶制造	10.85	23.73	-73.79	-25.75
丙纶制造	15.58	9.73	-41.04	9.53
氨纶制造	54.73	-3.60	-10.67	30.86
其他合成纤维制造	342.73	6.19	28.66	-5.72

资料来源：国家统计局

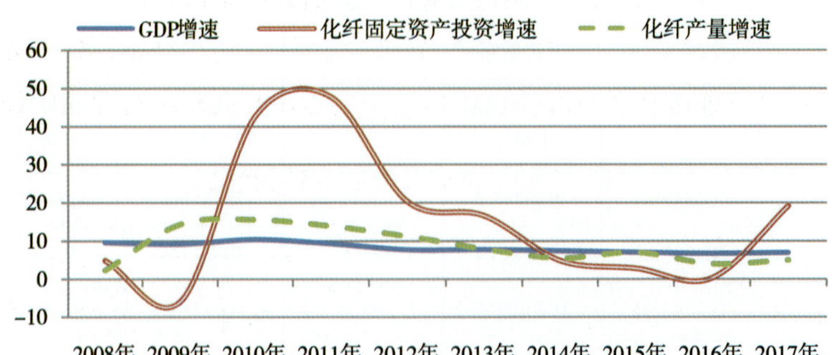

图8 2008~2017年GDP与化纤固定资产投资及产量增速图

资料来源：国家统计局、中国化学纤维工业协会

（六）质效

国家统计局数据显示（表6），2017年化纤行业完成主营业务收入7905.82亿元，同比增长15.69%，实现利润总额444.95亿元，同比增长38.30%，比2016年利润增长率提高了18.44个百分点，是纺织子行业中增长最快的行业，对纺织全行业利润增量的贡献率为50.5%。行业亏损面13.02%，同比减少了3.25个百分点，亏损企业亏损额同比也大幅减少41.29%。

在子行业中，涤纶行业实现利润总额20.56亿元，同比大幅增长63.40%，为化纤全行业贡献了46.20%的利润，但相对产量占比超过80%来讲，单位产品利润率仍相对较低，还需进一步提升产品的附加值；人造纤维行业实现利润136.16亿元，同比增长17.11%，但亏损企业亏损额却大幅增加78.77%，说明企业盈利能力分化，也和各地的环保政策执行标准不一有一定关系；腈纶行业总体处于盈亏边缘，部分企业亏损加重，亏损企业亏损额同比增加139.78%。

表6　2017年化纤行业经济效益情况

纤维	利润总额			亏损企业亏损额		
	2017年（万元）	2016年同期（万元）	同比（%）	2017年（万元）	2016年同期（万元）	同比（%）
化学纤维制造业	4449494	3217220	38.30	235957	401930	-41.29
纤维素纤维原料及纤维制造	1476295	1273108	15.96	83199	47531	75.04
化纤浆粕制造	114742	110506	3.83	8855	5945	48.96
人造纤维制造	1361553	1162602	17.11	74344	41586	78.77
合成纤维制造	2973200	1944112	52.93	152758	354399	-56.90
锦纶制造	530416	419411	26.47	27925	48822	-42.80
涤纶制造	2055680	1258070	63.40	62965	218286	-71.15
腈纶制造	3119	20551	-84.82	5299	2210	139.78
维纶制造	20961	15492	35.30	643	1502	-57.20
丙纶制造	28674	18987	51.02	1621	10027	-83.84
氨纶制造	179945	100922	78.30	37338	48428	-22.90
其他合成纤维制造	154405	110679	39.51	16966	25124	-32.47

资料来源：国家统计局

2017年，化纤行业运行质量明显提高（表7），已获利息倍数同比提高1.06，说明偿债能力提升；应收账款、流动资产、总资产等周转效率提升；主营业务利润率达5.63%，同比提高0.92个百分点；主营业务增长率和总资产增长率的提高，反映出行业发展和成长性良好。

表 7　2017 年化纤行业运行质量情况

项目		2017 年	2016 年同期	同比
偿债能力	资产负债率（%）	57.37	57.36	0.01
	产权比率（%）	134.56	134.55	0.01
	已获利息倍数	5.03	3.97	1.06
营运能力	应收账款周转率（次）	16.80	15.02	1.78
	产成品周转率（次）	18.75	19.12	-0.37
	流动资产周转率（次）	2.39	2.11	0.28
	总资产周转率（次）	1.07	0.98	0.09
盈利能力	主营业务利润率（%）	5.63	4.71	0.92
	成本费用利润率（%）	5.93	4.91	1.02
	总资产报酬率（%）	7.52	6.20	1.33
	净资产收益率（%）	14.14	10.87	3.27
发展能力	主营业务增长率（%）	15.69	3.71	11.98
	总资产增长率（%）	6.35	2.61	3.74
百元销售收入三项费用	销售费用（元 / 百元）	1.34	1.40	-0.06
	管理费用（元 / 百元）	3.07	3.25	-0.19
	财务费用（元 / 百元）	1.50	1.82	-0.32

资料来源：据国家统计局数据整理

化纤行业自2012年进入调整周期，利润率降至低位，这给行业放慢脚步开始反思的机会，行业持续不断地推进结构调整和产业升级、打造核心竞争力，利润率从2012年开始逐步上升（图9）。但利润率的回升，会促进行业固定资产投资的热情，这已在2017年有所显现。控制产能合理增长，继续调整产业结构，仍将是行业未来发展的关键。

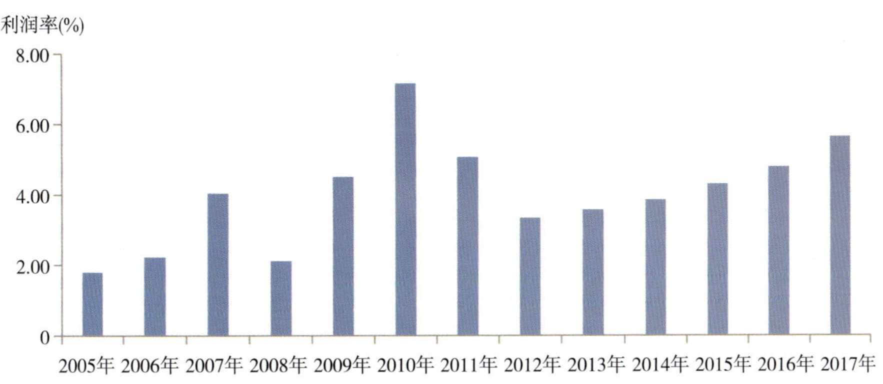

图9　2005~2017年化纤行业利润率

资料来源：据国家统计局数据整理

二、2018年化纤行业运行预测

（一）行业运行背景

1. 全球经济

全球经济正在经历周期性复苏，多方机构普遍认为这种周期性复苏势头将在2018年持续。联合国《2018年世界经济形势与展望》报告指出，2017年全球经济增长速度达到3%，这是自2011年以来的最快增长，预计全球2018年和2019年经济增长也将稳定在3%左右。IMF对全球经济判断更为乐观，经历了长达七年的复苏期，全球经济终于有望在2018年过渡到繁荣期，预计经济增速同比增长3.7%，较2017年加快0.1个百分点。

2. 中国经济

2018年是贯彻党的十九大精神的开局之年，是改革开放40周年，是决胜全面建成小康社会、实施“十三五”规划承上启下关键的一年，中国经济进入高质量发展的新时代。2017年中国GDP增长达6.9%，6年内第一次年增长速度加快，对全球经济增长的贡献约占三分之一。在内需和宽松的宏观政策带动下，预计2018年中国经济增长速度将保持稳定。

3. 汇率

中央经济工作会议定调了2018年人民币汇率的基本方向，即“保持人民币汇率在合理均衡水平上的基本稳定”。多方机构预测，2018年人民币对美元汇率仍将延续双向波动的态势，但总体支撑因素多于拖累因素，可能出现阶段性持续走强。

4. 纺织工业

全球经济持续复苏，消费信心随之改善，纺织消费需求总体将稳定增长，但增速并不会显著提升。人民币升值，会对纺织品服装出口造成一定压力。国民经济继续平稳增长，居民收入较快增长，将为内需消费提供健康良好环境。智能化、机器换人进一步冲抵劳动力成本上升的不利影响，再加上品质的提升，纺织业的国际竞争力持续恢复。

5. 原油

OPEC虽然为提升油价一直在做着减产的努力，但美国页岩油产量不断增加，双方博弈剧烈，2018年美国原油增产量将继续与欧佩克减产量及需求增加量上演拉锯战。在油价抬高的背景下，OPEC减产执行率可能会有所下降，甚至有可能逐步退出减产协议，因此2018年原油供需平衡压力或加大。但地缘政治风险增加了原油市场的不确定性，2018年仍然存在许多供应减少的可能性，对油价形成较强的支撑作用。

6. 新增产能

行业新增产能压力回升，据了解，今明两年，涤纶长丝装备的新增订单达到了历史高位，黏胶短纤也有大量新增投产项目。初步统计，2018年聚酯计划投产项目约500万吨，预估实际投产在300万~400万吨，多集中在上半年，因此下半年需求面临考验。化纤行业在供给侧结构性改革刚刚取得初步成效时，控制产能合理释放，仍将是行业需要认真对待的问题。

7. **环保**

2018年环保形势依然较为严峻，污染防治是全面建成小康社会决胜期的三大攻坚战之一。环保对化纤行业带来的影响，一方面会推动加快淘汰落后产能，另一方面可能导致一些辅料以及原材料的上涨，造成成本的上升；禁止洋垃圾进口，可能会继续增加再生行业的原料缺口。

8. **贸易保护**

以美国为代表的贸易保护主义抬头。我国是世界上最大的纺织品服装出口国，纺织品服装出口也是我国贸易出口的重要组成。在我国纺织品服装出口前10大市场中，美国占第一位。贸易战可能导致订单外移，对中国纺织服装业形成不利影响。

（二）化纤行业运行预测

2018年，需求预计稳定增长。原油可能是未来影响化纤价格的最主要因素，环境保护政策对再生纤维和黏胶纤维行业运行影响较大。2017年行业效益的大幅增加，固然是产业结构调整、加强产品开发的体现，但原油价格上涨，拉动库存产品价格上涨，对化纤行业效益的贡献很大。2018年原油市场不大可能像2017年一样稳步上涨，预计波动性增强，如果没有地缘政治因素干扰，也不排除震荡下行的可能。另外，聚酯涤纶和黏胶短纤行业新增产能压力回升，供需结构将走弱。PTA随着停产装置重启和新增产能的释放，相比2017年供应宽松。随着投资增加，对化纤行业良好形势能保持多久有所担忧。预计2018年，化纤产量增速在5%左右，出口量进一步扩大，行业效益继续增长，但由于基数和市场原因，增速将明显回落。

中国化学纤维工业协会

2017年中国印染行业发展报告

中国印染行业协会

一、2017年印染行业经济运行情况

2017年，印染行业供给侧结构性改革继续深入推进，全行业经济运行总体平稳，前高后低、平稳间有波动。产量增速回落，投资同比减少、但保持较大规模，出口保持增长，质量和效益同步提升。行业发展由“高速增长阶段”向“高质量发展阶段”转变。

（一）产量增速回落，同比小幅下降

2017年1~12月，规模以上印染企业印染布产量524.59亿米，同比减少1.71%，增速较2016年同期回落6.45个百分点。产量增速经过2016年的小幅增长回落至“十二五”时期的负增长态势。

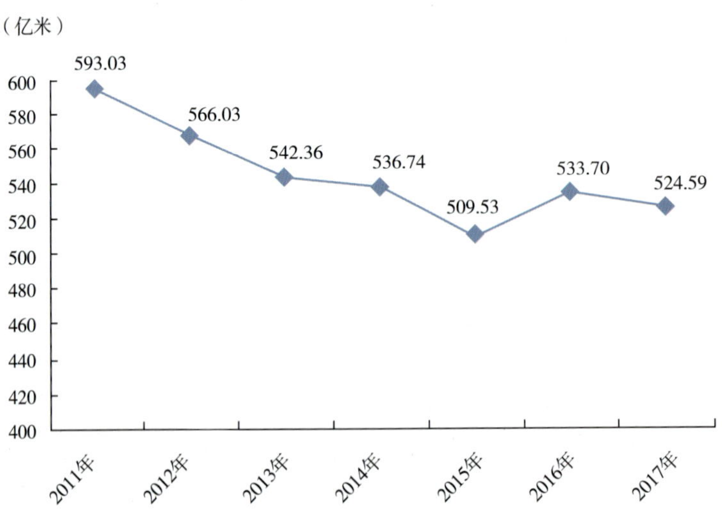

图1　2011～2017年规模以上印染企业印染布产量情况
资料来源：国家统计局

（二）固定资产投资增速进一步放缓

2017年1～12月，印染企业500万元以上项目固定资产完成投资额410.78亿元，同比减少7.14%，见图2。其中，棉印染精加工企业实际完成投资额355.07亿元，同比减少3.06%；化纤织物印染精加工企业实际完成投资额55.09亿元，同比减少26.79%，见表1。

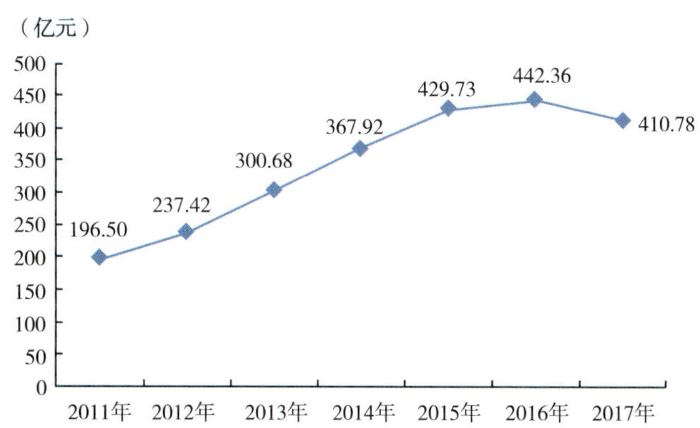

图2　2011～2017年印染企业500万元以上项目固定资产实际完成投资情况

资料来源：国家统计局

表1　2017年1~12月印染企业500万元以上项目固定资产投资情况（不含农户）

固定资产投资额		棉印染精加工		化纤织物印染精加工	
数值（亿元）	同比（%）	数值（亿元）	同比（%）	数值（亿元）	同比（%）
410.78	-7.14	355.07	-3.06	55.09	-26.79

资料来源：国家统计局

2014年以后，受国内外市场需求不足、生产要素成本上涨、融资困难等因素影响，印染行业投资增速持续放缓，但2014年、2015年仍保持两位数的增长速度。2016年，印染行业投资增速回落至一位数，同比增长2.94%；2017年投资增速进一步回落，多年来首次出现负增长，投资增速低于纺织全行业5.2%的增速12.34个百分点，但仍完成较大规模投资额。在基本上没有新增产能的情况下，大规模投资表明企业转型升级投入较高。如图2所示。

（三）运行质效基本良好

1. 运行质量保持相对稳定

2017年1~12月，印染行业主要运行效益指标见表2。规模以上印染企业三费比例6.78%，同比增加0.14个百分点；成本费用利润率5.60%，同比增加0.25个百分点；销售利润率5.30%，同比增加0.24个百分点；产成品周转率25.94次/年，同比减少1.28%；应收账款周转率10.44次/年，同比增加5.43%；总资产周转率1.31次/年，同比增加4.51%，这反映出行业管理水平不断提高，营运能力持续增强，行业运行质量相对稳定。

表 2 2017 年 1~12 月印染行业运行效益指标

印染企业	规模以上印染企业	棉印染精加工	化纤织物染整精加工
三费比例 (%)	6.78	6.65	8.46
同比（百分点）	0.14	0.16	–0.24
成本费用利润率（%）	5.60	5.56	6.15
同比（百分点）	0.25	0.23	0.64
销售利润率（%）	5.30	5.26	5.80
同比（百分点）	0.24	0.22	0.58
产成品周转率（次 / 年）	25.94	26.01	24.92
同比（%）	–1.28	–1.38	0.07
应收账款周转率（次 / 年）	10.44	10.65	8.23
同比（%）	5.43	5.74	2.40
总资产周转率（次 / 年）	1.31	1.33	1.03
同比（%）	4.51	4.68	2.84

资料来源：国家统计局

2. 盈利能力稳中有进

2017年1～12月，规模以上印染企业实现主营业务收入3571.80亿元，同比增加6.56%，增速较2016年同期增加5.84个百分点；实现利润总额189.18亿元，同比增加11.64%，增速较2016年同期增加6.21个百分点。主营业务成本3134.27亿元，同比增加6.32%，受要素价格上涨影响和环保投入的增加，印染企业成本负重短期内难有转变，成为影响行业效益的重要原因，如图3~图5所示。

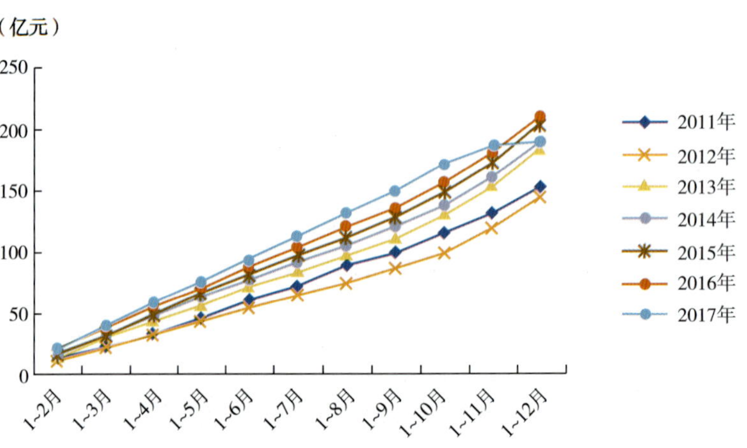

图3 2011～2017年规模以上印染企业主营业务收入情况

资料来源：国家统计局

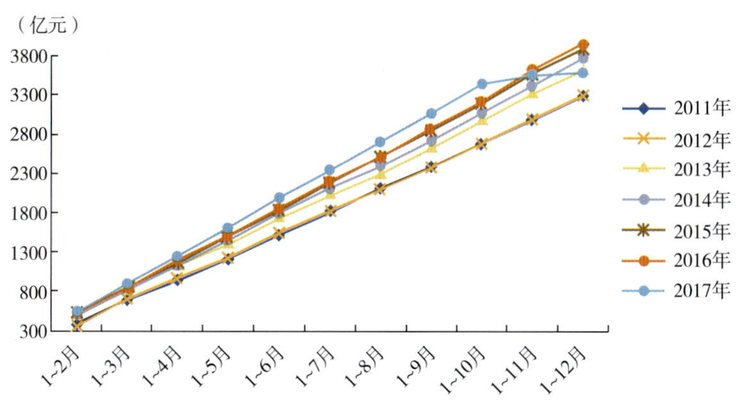

图4　2011～2017年规模以上印染企业利润总额情况
资料来源：国家统计局

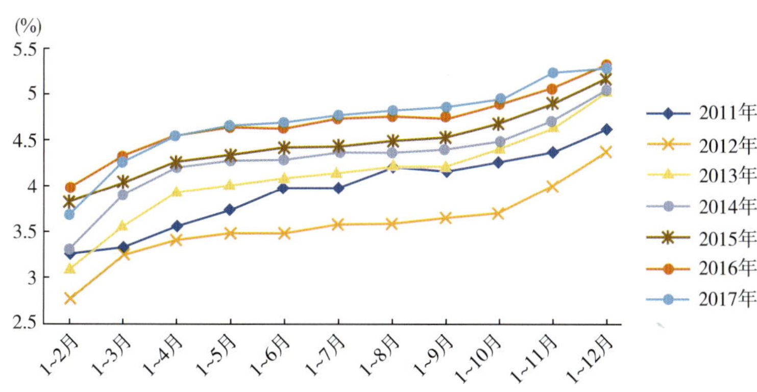

图5　2011～2017年规模以上印染企业销售利润率情况
资料来源：国家统计局

3. 亏损面扩大，亏损额增加

2017年1~12月，规模以上印染企业亏损企业户数240家，亏损面13.86%，较2016年同期扩大1.79个百分点。亏损企业亏损总额16.74亿元，较2016年同期增加12.01%，增速较2016年同期增加9.8个百分点。如图6所示。

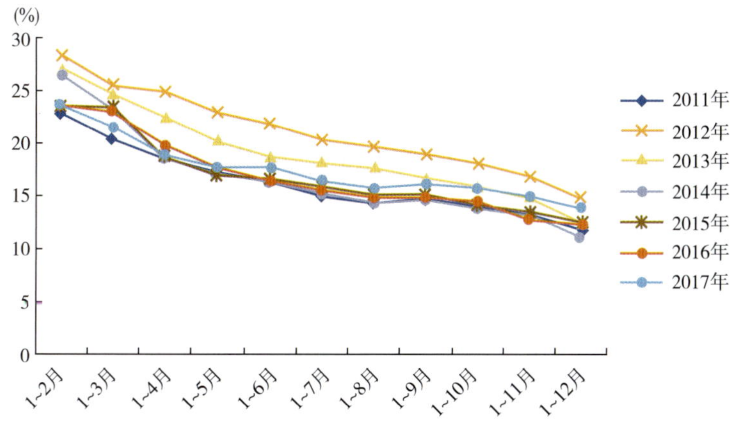

图6　2011～2016年规模以上印染企业亏损面变化情况
资料来源：国家统计局

4. 内销市场对行业发展支撑作用增强，供给结构进一步优化

根据国家统计局公布的数据，2017年，规模以上印染企业出口交货值454.49亿元，同比减少3.57%。1～12月内销占销售产值的比重达87.28%，较2016年同期增加0.71个百分点，较2011年同期增加4.64个百分点，见图7。

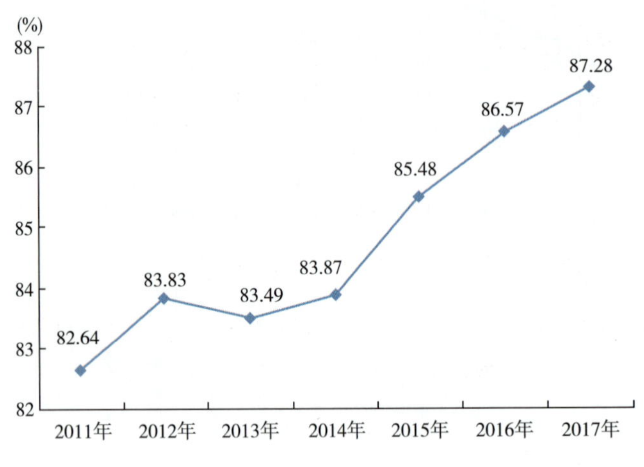

图7 2011～2017年规模以上印染企业内销占比情况

近5年来，市场结构不断调整，内销持续向好，对行业的支撑作用进一步增强。一方面得益于居民实际收入保持较高增长，消费预期改善，同时消费升级特征显著，同时企业加大新型纤维面料、多组分纤维面料和功能性面料的研究与开发力度，这些产品的加工水平不断提高，所占比重不断增加，满足了人们不断升级的消费需求。但需要说明的是，由于印染面料属于中间产品，内销中有相当大一部分是通过加工成服装或家纺产品而间接出口。

（四）外需基本保持平稳

2017年1~12月，印染八大类进出口总额249.24亿美元，同比减少0.2%，增速较2016年同期提高6个百分点；贸易顺差209.84亿美元，同比增加0.51%，增速较2016年同期提高5.63个百分点，见图8。在巩固美、欧、日等传统市场的同时，我国对“一带一路”相关国家印染八大类的进出口数量110.47亿米，同比增加2.51%；出口金额130.38亿元，同比减少2.67%，占我国印染八大类出口总额的比重达到56.80%。

1. 进口量价齐跌

2017年1～12月，印染八大类进口数量10.42亿米，同比减少1.89%，增速较2016年同期提高7.56个百分点；进口金额19.70亿美元，同比减少3.79%，增速较2016年同期提高7.73个百分点。进口平均单价1.89美元/米，同比减少1.94%，增速较2016年同期提高0.09个百分点。

2. 出口保持增长

2017年1～12月，印染八大类产品出口数量226.76亿米，同比增加5.21%，增速较2016年同期提高0.88个百分点；出口金额229.54亿美元，同比增加0.12%，增速较2016年同期提高4.98个百分点；出口平均单价1.01美元/米，同比减少4.84%，增速较2016年同期提高4.77个百分点。由图8可知，2011～2017年，印染八大类产品出口数量逐年增加，2011～2014年，出口

平均单价小幅增加，2014年以后年出口平均单价持续走低。近年来，印染布出口呈现量升价跌的态势，加快产品结构升级、提高产品附加值，优进优出是行业外贸发展的主要方向。

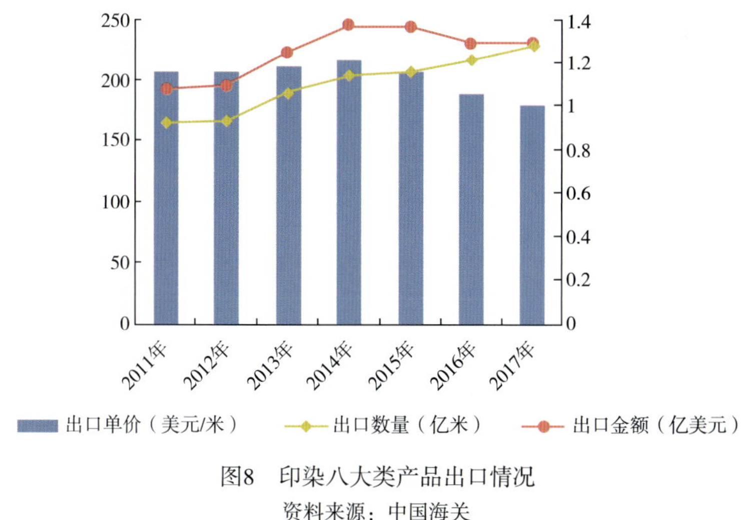

图8 印染八大类产品出口情况

资料来源：中国海关

（1）印染八大类产品出口情况。2017年印染八大类产品出口情况见表3。八大类产品中，棉混纺印花布没有延续去年大幅增长的态势，数量和金额同比降幅较大，但平均单价同比增加18.18%。除印花产品外，其余六大类产品的出口平均单价均呈不同程度的下降，其中T/C印染布下降较为明显。

表3 2017年1~12月印染八大类产品出口情况

品种	数量（亿米）	金额（亿美元）	单价（美元/米）	数量同比（±%）	金额同比（±%）	单价同比（±%）
纯棉染色布	11.91	23.02	1.98	-2.69	-5.07	-2.53
纯棉印花布	17.91	20.41	1.12	3.01	4.53	1.79
棉混纺染色布	3.78	7.46	1.99	6.11	5.25	-1.01
棉混纺印花布	0.54	1.05	1.65	-60.57	-53.26	18.18
合成长丝织物	139.94	121.22	0.90	10.29	6.19	-3.33
涤纶短纤织物	12.43	9.11	0.76	-8.96	-12.06	-3.95
T/C 印染布	14.77	17.89	1.38	-9.48	-20.79	-12.32
人纤短纤织物	25.48	29.38	1.20	5.68	1.14	-4.17
合计	226.76	229.54	1.01	5.21	0.12	-4.84

资料来源：中国海关

（2）主要出口市场情况。2017年，印染八大类出口市场前十位依次为越南、尼日利亚、孟加拉国、印度尼西亚、巴西、贝宁、菲律宾、巴基斯坦、缅甸和美国。前十位出口数量合计94.28亿米，占总出口数量的41.58%；出口金额101.97亿美元，占总出口金额的44.42%，见表4。越南、印度尼西亚、菲律宾和缅甸等东南亚国家已成为我国印染布主要出口市场。2017年，出口越南数量和金额同比下降较明显，但越南仍是最大的出口市场。

表4　2017年1~12月印染布出口主要市场情况

国家及地区	数量（亿米）	金额（亿美元）	单价（美元/米）	数量同比（±%）	金额同比（±%）	单价同比（±%）
越南	17.5	29.56	1.69	-9.15	-17.68	-9.38
尼日利亚	13.86	8.15	0.59	72.76	64.57	-4.74
孟加拉国	12.14	17.24	1.42	6.73	7.66	0.87
印度尼西亚	10.96	11.4	1.04	8.23	10.18	1.8
巴西	8.2	6.48	0.79	8.17	10.79	2.42
贝宁	7.04	5.46	0.77	5.82	9.43	3.42
菲律宾	6.45	5.84	0.91	26.53	14.98	-9.13
巴基斯坦	6.26	6.06	0.97	-6.8	-25.51	-20.08
缅甸	5.94	5.71	0.96	18.14	25.01	5.82
美国	5.93	6.07	1.02	20.27	13.06	-5.99

资料来源：中国海关

（3）传统出口市场情况。2017年，印染八大类产品对欧盟市场出口数量同比增加11.78%，出口金额同比增加6.73%，自2012年起出口欧盟市场占比呈逐年增加态势；近年来对美国出口表现良好，出口美国市场占比自2014年起逐年增加；2011~2017年出口日本市场占比保持稳定，出口香港市场占比逐年下降，如图9所示。近几年，随着科技进步和经济发展，人们的着装理念发生了变化，更加注重环保、多种功能性和智能化，顺应这一市场需求，高性能、多功能面料市场潜力巨大。此外，欧美市场对纺织品的生态要求越来越高，日本等欧美以外的一些国家对产品的生态安全也越来越重视，对我国印染产品出口提出越来越高的要求的同时也提供了市场增长点。印染行业通过产品转型升级，适应市场需求，出口保持基本平稳。其中，对美国出口呈较明显的增长趋势，出口数量同比增加20.27%，出口金额同比增加13.06%，见表5。

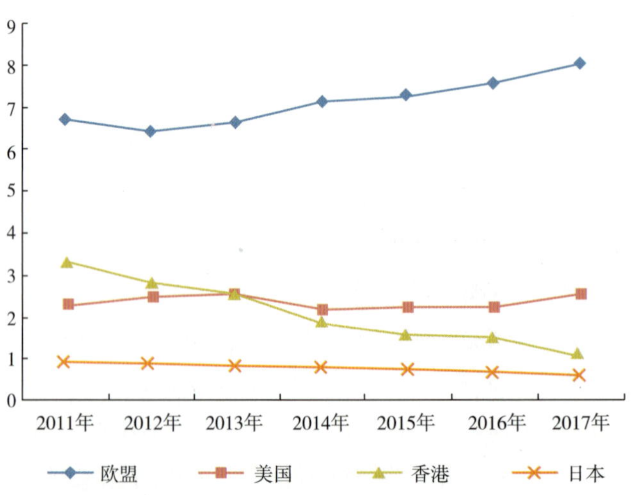

图9　2011~2017年印染布传统出口市场占比情况

表 5　2017 年 1~12 月印染布出口传统市场情况

国家及地区	数量（亿米）	金额（亿美元）	单价（美元 / 米）	数量同比（±%）	金额同比（±%）	单价同比（±%）
欧盟	18.21	19.30	1.05	11.78	6.73	-4.52
美国	5.93	6.07	1.02	20.27	13.06	-5.99
中国香港	2.64	3.86	1.46	-13.02	-19.26	-7.18
日本	1.42	1.12	0.78	-0.56	0.92	1.49

资料来源：中国海关

（4）新兴市场出口情况。近两年来，受国际能源和大宗商品价格持续低迷与美国、欧盟制裁等因素影响，俄罗斯经济持续负增长，对俄罗斯出口数量和金额持续走低，2017年，出口数量和金额同比分别下降10.83%和8.86%。2017年，由于印度单方面提高纺织品服装进口关税，对我国印染布出口造成一定影响，2017年，对印度出口数量和金额同比分别下降4.39%和0.58%。2017年，印染八大类产品对新兴市场的出口出现了萎缩，受新兴国家市场需求旺盛、竞争日益激烈、内部环境阻碍以及贸易壁垒日益增多等因素的影响，我国印染产品出口新兴国家将面临新的机遇与挑战。见图10。

表 6　2017 年 1~12 月印染布出口新兴市场情况

国家及地区	数量（亿米）	金额（亿美元）	单价（美元 / 米）	数量同比（±%）	金额同比（±%）	单价同比（±%）
东盟	51.53	64.81	1.25	2.21	-4.73	-6.79
俄罗斯	4.21	4.05	0.96	-10.83	-8.86	2.21
印度	5.42	4.22	0.78	-4.39	-0.58	3.99

资料来源：中国海关

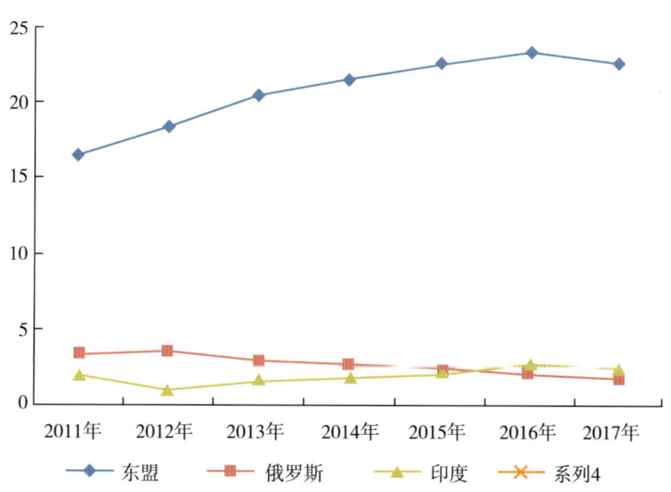

图10　2011 ~ 2017年印染布新兴出口市场占比情况

二、2017年印染行业面临的主要问题

（一）综合成本持续上升

2017年，由于燃料动力成本、原材料成本、用工成本和环保投入的增加，导致印染企业经营成本上升。规上企业主营业务成本占主营业务收入的比重高达87.75%，对企业的经济效益造成一定影响。其中，染化料助剂价格上涨50%以上，劳动力用工成本上涨10%，企业融资难、融资贵的问题越发突出，企业赋税特别是增值税随着人工成本的增长也持续上涨。在国内煤价降至十年最低情况下，工业用电价格并未联动下调，国内电价接近越南、美国等地两倍左右。生态环境保护日益受到重视，企业在环保建设上的投入也逐年增加，印染企业“煤改气”工作有序推进，成本上涨50%左右。综合成本的持续上升是印染行业面临的主要问题，成本压力加大也是造成印染企业在国内投资的积极性下降，部分企业将新增投资转向海外的重要原因。

（二）不平衡不充分矛盾日益凸显

当前，我国社会主要矛盾已经转化为人民日益增长的美好生活需要和不平衡、不充分的发展之间的矛盾，不平衡、不充分在印染行业的体现主要是不同地区、不同企业发展不平衡，在环保水平、科技水平和管理水平上都存在较大差距。坚持以生态文明建设为核心，坚持科技、时尚、绿色的发展理念，坚持以供给侧结构性改革的工作主线，实施技术创新、管理提高和产品升级，着力解决行业在发展过程中出现的各种不平衡、不充分的问题，是印染行业实现更加绿色、更可持续发展、更高质量发展的关键和重要突破。

三、2018年印染行业发展趋势与重点方向

责任导向的绿色产业、创新驱动的科技产业、文化引导的时尚产业是我国纺织服装产业的新定位，印染行业是科技与时尚高度融合的产业，同时肩负纺织业节能减排的重任，是“科技、时尚、绿色”的最佳诠释。当前，在经济新常态下，印染作为高附加值服装面料、家用纺织品和高技术纺织品等产业的重要技术支撑正在不断转变发展思路，向高质量发展迈进。2018年，中国印染行业发展将以“科技、时尚、绿色”为抓手，以技术创新、智能制造、产品升级和节能环保为重要支撑，构建技术密集、资源节约、环境友好和科技人才密集型产业，推进行业高质量发展。

（一）国内外形势对印染行业的影响

从国内层面来看，经济的总体基调由“高速增长阶段”转向“高质量发展阶段”。高质量发展是当前和今后一个时期国家层面确定发展思路、制定经济政策、实施宏观调控的根本要求，推进行业高质量发展是适应当前形势和产业实际的现实选择。新变化对印染行业发展

质量提出了新要求。从消费方面看，人民群众基本生活需求满足后，开始越来越重视产品或服务的质量、品牌、信誉度、安全、环保等指标。个性化、多元化的消费特点日益突出，需要提供更多优质产品以满足人民群众日益增长的美好生活需要和优美生态环境需要。从投资方面看，我国印染行业已经度过粗放规模扩张的阶段，转向以质量提升为主线，科学规划、产业聚集、结构优化的新时期，由此带动的投资活动，进入了总体基本平稳状态。从市场供求方面来看，预计2018年市场供求总体保持平衡，以提质增效、减排降耗为主线的转型升级活动还将进一步加快，新的经济增长点不断显现，印染行业进一步向集约型、质量效益型、绿色清洁型的发展轨道上迈进。

从国际层面看，世界复苏态势进一步明朗，预计全球贸易改善态势将延续，但仍然存在一些不确定因素：包括美国可能启动贸易保护，美联储进一步加息，开始缩表行动；欧洲一体化也仍然面临挑战；一些发展中国家和新兴经济体经济呈现下行趋势；英国脱欧给欧盟与英国关系发展带来不确定性；贸易保护主义影响全球贸易的稳定；日本经济的外部环境仍然复杂，而其经济增长的内生动力并不十分强劲等。在此大环境下，预计2018年我国印染布出口将保持平稳增长，增速与2017年基本相当。

（二）进一步提高印染技术水平和科技创新能力

纺织品染整加工是赋予纺织面料功能、提高面料品质和档次的关键环节，染整技术决定着面料及服装的品质。未来的一段时间，印染技术的发展主要突出节能环保和提升纺织品品质，重点开发高质量纺织品染整技术、功能性纺织品染整技术、多组分纺织品染整技术、高色牢度纺织品染整技术和新型纤维染整技术；进一步研发节能减排染整技术，包括清洁生产工艺、三废治理技术等；加强印染行业智能制造技术，研究开发包括在线检测技术、数字化自动化技术和MES系统等。技术创新是企业生存和持续发展的原动力，企业对印染新技术的研发、应用和创新是企业提升核心竞争力的关键，革命性技术创新将带动印染行业的升级，推动印染行业的可持续发展，是行业未来发展方向。

（三）行业发展融入更多时尚元素

印染行业是赋予纺织品满足人们对美好生活新期待以及保证纺织品内在品质的重要环节，是具有高创意感染力、高市场掌控力、高附加值特征、并引领消费潮流的产业。随着人民生活水平的提高，时尚消费日益成为行业新的经济增长点，“产业+时尚”是行业未来的发展趋势。今后，行业将在时尚领域发挥自身优势，加强与服装、家纺等终端产业的对接，从产品设计、色彩管理、流行趋势等方面协同创新，为消费升级提供广阔空间；加强数码喷墨印花颜色、图案设计，增强仿真效果，引领全球时尚潮流。

（四）提高行业绿色、可持续发展能力

绿色和可持续发展是体现印染行业转型升级的重要方面，也是行业发展的必然趋势。随着生态文明建设的不断深入，印染行业将加快实施结构调整，全面提高行业节能环保水平和可持续发展能力，进一步淘汰高耗能、高耗水、低效率的落后设备；加大清洁生产技术的

研发力度，从源头削减污染，提高资源利用效率，减少污染物的产生和排放；进一步完善污染治理技术和设施，加强过程控制与末端治理相结合，主要污染物实现达标排放或资源化利用；强化从源头上对有害物质的控制，采用环保、高效的染化料助剂，提升产品生态安全，满足人民日益增长的优美生态环境需要。

撰稿人：林琳

2017年中国缝制机械行业运行发展分析及2018年展望

中国缝制机械行业协会

2017年，我国缝制机械行业抓住国内外经济回暖、下游缝制设备周期性升级换代等重大机遇，以加快新品迭代和智能化应用为抓手，加快产能恢复，聚焦创新与品质，加强供应与营销体系建设，积极满足国内外市场需求。全年来，行业产销实现两位数的中高速增长，出口止跌回升，智能升级加快，质效显著提升，行业运行呈现出“稳中向好、智能引领”的显著特征。

但是，随着国家环保督察深入推进，原材料持续大幅上涨，招工难、用工贵等问题日趋升级，我国缝制机械行业也面临着成本压力加大、加快提质增效等问题与挑战。因此，创新发展方式，加快智能转型，转向高质量发展，建设新型缝制机械工业体系，成为行业面临的重要任务。

一、2017年行业经济运行概况

（一）景气指数大幅提升，经济运行稳中向好

2017年，我国缝制机械行业产销形势较上年显著改善。其中，生产保持中高速增长，内销明显回暖，外销止跌回升，补库信心增强，经济效益提升，工业增加值大幅增长，智慧缝制在行业蓬勃发展，呈现出国际引领态势。

据中国轻工业信息中心数据显示（图1），2017年我国缝制机械行业综合景气指数较2016

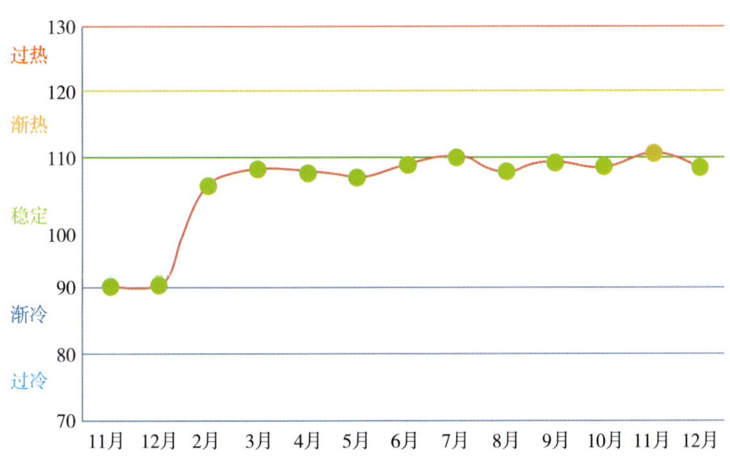

图1　2016年11月~2017年12月缝制机械行业综合景气指数变化情况

数据来源：中国轻工业信息中心

年明显提升，各月指数均维持在100以上的稳定区间。12月行业综合景气指数108.12，其中，主营业务收入景气指数113.78，出口景气指数121.29，资产景气指数104.59，利润景气指数96.67。四项指标全年来均维持在稳定与渐热区间，显示了持续、稳健和高速的增长势头。

（二）生产中高速增长，产品智能转型加快

据初步测算，2017年行业累计完成工业总产值约570亿元（含缝前缝后、零部件等）。

据统计数据显示（表1），2017年协会统计的百余家骨干整机企业累计完成工业总产值188.4亿元，同比增长27.71%，累计生产缝制机械612.9万台，同比增长23.86%。

表1　2017年行业百家主要整机生产企业分产品产量情况

产品名称	年产量（万台）	同比（%）
家用缝纫机	160.4	8.18
普通家用缝纫机	74.9	14.07
多功能家用缝纫机	85.5	3.50
工业缝纫机	432.2	32.47
高速平缝机	59.3	5.82
电控高速平缝机	186.2	65.35
包缝机	92.6	31.81
绷缝机	17.7	6.93
厚料机	20.3	13.98
特种机	28.8	13.97
自动缝制设备	2.1	50.00
电脑绣花机	2.0	30.38
其他缝纫机	23.0	1.54
缝前缝后设备	20.4	–2.89
汇总	613.0	23.86

数据来源：中国缝制机械协会

其中，行业值的增长高于量的增长，一方面是上游原材料及人工持续上涨，导致机壳毛坯、电控系统、重点零部件等价格上调，使得整机出厂价格均有小幅提升；另一方面是产品结构加快转换，技术附加值和单价高的产品如自动模板机、自动缝制单元设备、超多头高速刺绣机等智能化产品占比较快提升。

1. 工业缝纫机：电脑平车产销爆发，引领行业高速增长

据初步测算，2017年行业工业缝纫机总产量接近700万台（含在大陆外资、台资企业），产能基本恢复到2012年水平。

2017年，协会统计的百余家骨干整机企业累计生产工业缝纫机432.17万台（图2、图3），同比增长32.47%，约占全行业总产量的62%。其中，行业主导性产品电脑平缝机产量达到186.2万台，同比增长65.35%，掀开下游行业设备升级换代高潮；自动模板机产量突破3

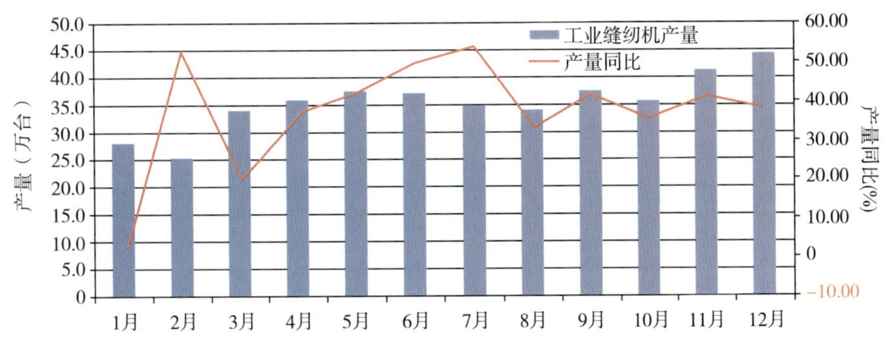

图2 2017年协会统计百余家整机企业工业缝纫机月度产量情况
数据来源：中国缝制机械协会

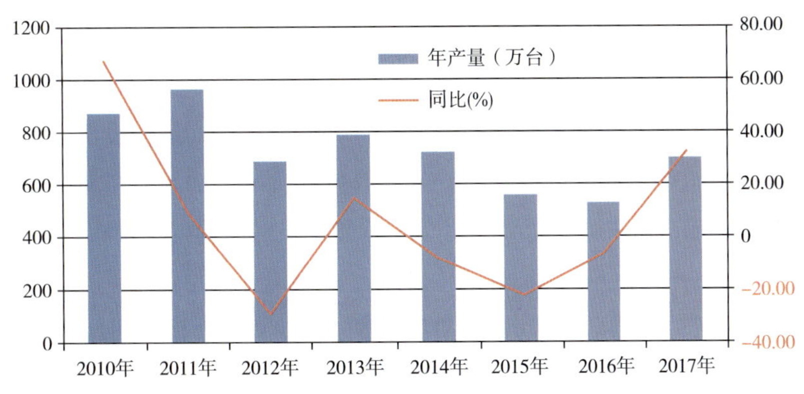

图3 2010~2017年我国工业缝纫机年产量变化情况
数据来源：中国缝制机械协会

万台，同比增长超过60%；多头电脑刺绣机产量2.02万台，同比增长30.38%，高速、加装特种装置的高附加值产品占比较快增长。

2. 家用缝纫机：多功能家用机生产规模持续减少

2017年，协会统计的近10家家用机主要整机企业累计生产家用缝纫机160.4万台，同比增长8.18%。其中，多功能家用机产量85.5万台，同比增长3.50%；普通家用机产量74.87万台，同比增长14.07%。

2017年，我国普通家用机总产量预计为150万台左右，生产主要集中在浙江缙云，多年来产能均相对稳定，在130~160万台上下波动，依然是世界黑头家用机生产大国。多功能家用机生产随着兄弟、重机、伸兴、积家等外资和台资企业近年来不断向越南等国转移，我国多功能家用机生产规模急速下降，初步估计2017年行业总产量不超过180万台（图4），仅为越南产量的1/3。

3. 缝前缝后设备：智能裁床及铺布设备需求不断升温

2017年，协会统计的10余家主要服装机械整机企业累计生产缝前缝后设备（含自动裁剪刀、整烫设备、智能裁床及拉布机等）20.39万台，同比减少2.89%。智能裁床及铺布设备由于具有精度高、省人工、智能化程度高等优势，近年来在上海和鹰、拓卡奔马、元一科技等国内骨干企业的积极推广下，市场需求和份额逐步扩展，初步统计2017年行业总产量接近4000台，同比增长30%左右。

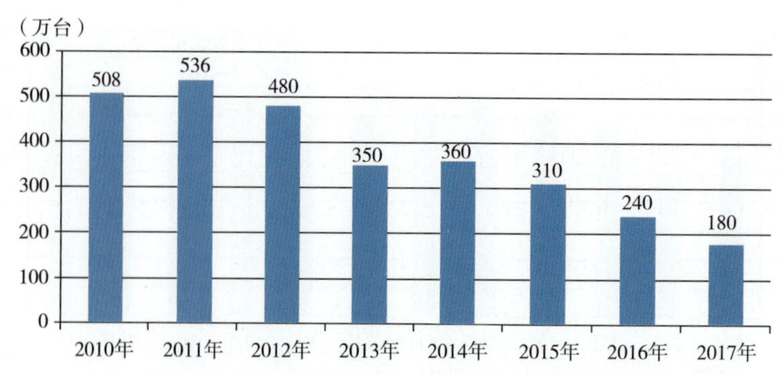

图4　2010~2017年我国多功能家用缝纫机年产量变化图

数据来源：中国缝制机械协会

（三）内销快速回暖，智能化设备热销

2017年，下游服装、家纺、皮革、箱包、家具等行业生产均呈现稳中有增的良好态势，订单较快增长。受招工难、成本上涨等影响，下游行业进一步加快对智能、高效缝制设备的采购和升级换代的步伐，需求集中释放，推动我国缝制机械内销市场快速回暖。

据协会统计，2017年行业百余家骨干整机生产企业累计销售产值约183.32亿元，同比增长26.98%。据协会统计与测算，2017年工业缝纫机内销约331万台，同比增长约69.56%（图5），内销同比由负转正，年内大幅增长。同时国内中高端市场还积极从国外引进各类工业缝制设备4.27万台，满足自动缝制、智能裁剪等方面的需求。

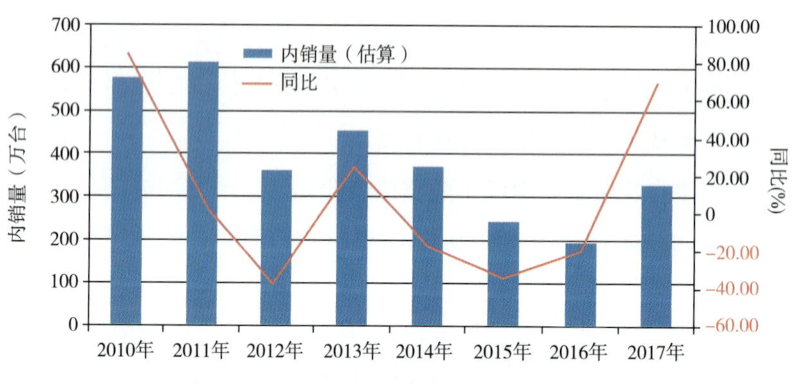

图5　2010~2017年工业机内销及同比情况

数据来源：中国缝制机械协会

据对部分区域经销商调研了解，随着北京、上海、杭州、合肥等城市加大城市化建设和拆迁力度，国内纺织服装、皮革等产业向安徽、山东、江西、河南等地区加快转移步伐，回乡办厂的自主创业人员增多，服装等加工企业呈现小型化、乡村化和快速增多的趋势，对缝制设备的新增需求快速显现。2017年市场热销的品种聚焦在新款智能型电脑平车、电脑包缝机、绷缝机以及智能模板机、各类自动缝纫机和通用型自动缝制单元设备，需求的结构主要是新工厂开工需要采购新设备，进行设备更新换代以及智能化设备替代人工，预计这一需求结构和趋势至少还将延续到2018年上半年。

（四）库存小幅回升，结构持续优化

据协会统计显示（表2），2017年行业百余家整机企业产品库存量约60.7万台，同比增长8.43%。其中，家用机库存为6.89万台，同比减少23.87%；工业机库存为51.67万台，同比增长15.53%；缝前缝后设备库存为2.22万台，同比减少5.11%。

表2　2017年行业百家主要整机生产企业产销存情况

产品分类	产量（台）	产量同比（%）	销量（台）	销量同比（%）	产销率（%）	库存（台）	库存同比（%）
家用缝纫机	1604050	8.18	1612662	10.34	100.5	68989	-23.87
工业缝纫机	4321750	32.47	4254065	24.24	98.4	516719	15.53
缝前缝后设备	203965	-2.89	199239	3.99	97.7	22235	-5.11
总计	6129765	23.86	6065966	19.53	99.0	607943	8.43

数据来源：中国缝制机械协会

由于今年市场需求旺盛，行业主要企业月产销率均超过100%，原有库存和传统的产品在持续出清、新品补库力度相对较弱。鉴于对2018年良好市场预期的判断，加之机壳毛坯、电控、挑线杆等重点部件一直供应紧张，为抓住2018年开春市场高潮，从9月开始，行业企业均开足马力进行生产，加班加点进行补库存，工业机的单月产量由10月的35万台，迅速越升至11月的41万台和12月的45万台，累计产销率也从10月的102%下降为98%，工业缝纫机库存同比由负转正。

调研显示，经过这一轮的库存出清和再补库，工业缝纫机的产品结构得到较快升级，直驱型电脑平车、电脑包缝、电脑绷缝以及各类直驱型厚料机、罗拉车，自动模板机等，成为库存的主要品种，产品附加值和智能化水平得到较大提升。

（五）进出口双向回升，需求不断累积

据海关总署数据显示，2017年我国缝制机械产品累计进出口贸易额达28.6亿美元，同比增长9.59%；贸易顺差18.0亿美元，较上年同期收窄0.55%。

1. 出口止跌回升，需求累积，传统与新兴市场需求逐渐回升

据海关总署最新数据显示（表3），2017年行业累计出口缝制机械产品23.3亿美元，同比增长5.44%。其中，2017年我国累计出口工业缝纫机369.30万台，同比增长11.55%，出口额10.21亿美元，同比增长6.40%；出口家用缝纫机719.50万台，出口额达2.34亿美元，同比分别下降7.87%和17.79%；出口刺绣机4.65万台（含单价4000美元以下产品），同比下降3.82%，出口额3.89亿美元，同比增长10.73%；出口缝前缝后设备127.71万台，同比增长42.88%，出口额3.02亿美元，同比增长16.92%；出口缝制机械零部件3.85亿美元，同比增长7.85%。

表3 2017年我国缝制机械分产品出口情况

产品分类	出口量		出口额	
	数据（台）	同比（%）	数据（美元）	同比（%）
家用缝纫机	7195000	-7.87	233813064	-17.79
工业缝纫机	3692919	11.55	1021019393	6.40
刺绣机	46455	-3.82	389105794	10.73
缝前缝后设备	1277059	42.88	301654108	16.92
缝纫机零部件	66041640	9.17	384711814	7.85
总计	—	—	2330304173	5.44

数据来源：海关总署

受内销市场回暖和上半年行业生产有效供给不足的影响，从全年各月度出口情况来看（图6），2017年行业出口前低后高，出口增速从1~9月均为负值，直到年底11月、12月，出口开始显著发力，月出口额从10月的1.8亿美元快速提升至11月的2.65亿美元和12月的2.41亿美元，累计出口额增速实现由负转正。但全年行业出口回暖势头远远弱于生产增速，出口市场潜力正在较快累积，从10~12月出口增长态势来看，行业出口企稳回升的势头有望延续到2018年。

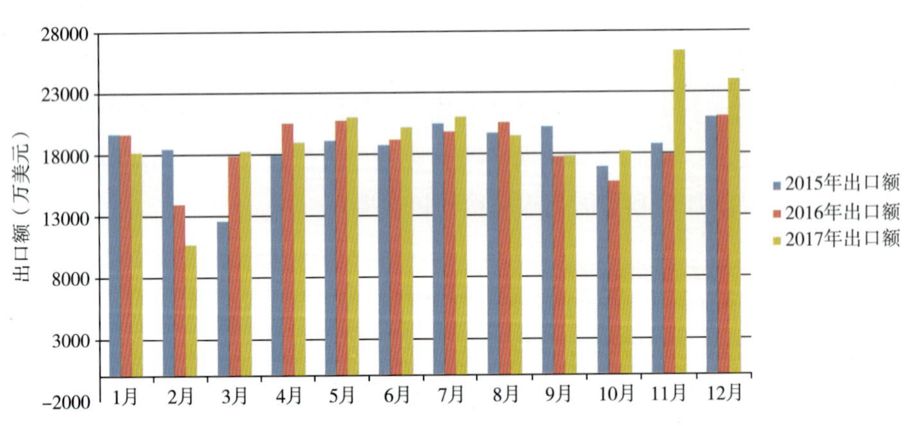

图6 近三年我国缝制机械产品月出口额变化情况

数据来源：海关总署

2017年，行业主要产品出口价格“有升有降”（表4）。一方面，受竞争加剧、翻新机出口、人民币升值等因素影响，2017年行业工业缝纫机产品平均出口单价小幅下滑，约276.5美元/台，同比下降4.62%。另一方面，随着产品结构的进一步升级，电脑刺绣机产品平均出口单价大幅增长，达8376.0美元/台，同比增长15.12%，主要是大机型、超多头、带附加装置的刺绣机出口明显增多。

表 4 2017 年我国缝制机械分产品出口价格情况

产品分类	出口均价（美元 / 台）	同比（%）
家用缝纫机	32.5	-10.77
工业缝纫机	276.5	-4.62
刺绣机	8376.0	15.12
缝前缝后设备	236.2	-18.17

数据来源：海关总署

从出口地区来看（表5），2017年我国对各大洲市场出口均呈现全面增长态势。亚洲地区依然是我国缝制机械产品最主要的出口市场，尤其是南亚的印度、巴基斯坦，东南亚的越南、印度尼西亚、马来西亚，西亚的土耳其、伊朗等地区市场需求量较大。2017年，我国对亚洲市场缝制机械产品出口总额达15.55亿美元，同比增长3.89%，占行业出口比重的66.7%。对欧洲和南美洲市场出口增势喜人，其中，受巴西经济复苏的拉动，以及墨西哥、秘鲁市场需求持续增长的影响，我国2017年对南美洲出口增幅18.27%，为2017年各大洲增幅最高，占行业出口比重由上年的6.7%增至7.5%。受俄罗斯经济好转，荷兰、德国、意大利等市场需求稳步增长的拉动，我国2017年对欧洲出口增幅11.16%，占行业出口比重由上年的10.4%增至11.1%。

表 5 2017 年我国缝制机械产品出口大洲情况

大洲	出口额（美元）	出口额同比（%）	出口额比重（%）	比重增减（%）
亚洲	1554859324	3.89	66.7	-1.0
欧洲	258034293	11.16	11.1	0.6
北美洲	178142988	4.11	7.6	-0.1
南美洲	174200099	18.27	7.5	0.8
非洲	154287620	0.86	6.6	-0.3
大洋洲	10779849	7.31	0.5	0.0
汇总	2330304173	5.44	100.0	—

数据来源：海关总署

从出口国家来看（表6），2017年印度、越南、美国、孟加拉、伊朗等国对我国缝制设备的需求稳中有进。印度、越南、美国依旧稳居于我国行业出口市场前三位，其中对印度出口3.12亿美元，占行业出口比重的13.4%，对越南出口2.39亿美元，占行业出口比重的10.3%。巴基斯坦、巴西、俄罗斯等国家经济快速复苏，有力拉动了我国缝制设备的出口，2017年我国对其缝制机械产品出口额同比高达33.19%、74.12%、56.87%。

表 6 2017 年我国缝制机械产品出口国别情况

国家和地区	总计		同比增长（%）	
	金额（美元）	同比（%）	数量	金额
印度	312053967	1.04	9.31	-1.82
越南	239374519	9.95	6.93	-1.34

续表

国家和地区	总计		同比增长（%）	
	金额（美元）	同比（%）	数量	金额
美国	171944585	3.85	56.49	109.63
巴基斯坦	121322104	33.19	16.95	-1.28
日本	109899673	-8.43	17.07	-7.93
新加坡	94100994	-27.71	-29.48	-32.73
印度尼西亚	85712383	14.94	-19.47	-13.86
孟加拉国	82904528	1.26	-11.55	-4.33
伊朗	58952769	8.97	27.29	53.40
土耳其	58135248	21.84	5.04	-4.89
荷兰	55132814	15.37	44.76	104.24
中国香港	54333625	3.41	-28.30	-29.43
巴西	48438926	74.12	61.69	87.91
德国	43537446	16.77	60.48	69.77
俄罗斯	37095697	56.87	37.76	6.77

数据来源：海关总署

2017年，我国“一带一路”战略不断推进，我国与沿线周边区域的工业合作不断加深，纺织服装等加工产能不断向南亚、中亚转移，引发该地区缝制设备进口需求的大幅增长。2017年，我行业对“一带一路”沿线国家总计出口14.52亿美元，同比增长5.02%，占我行业出口比重的62.3%，其中对乌兹别克斯坦、罗马尼亚、约旦、吉尔吉斯斯坦、哈萨克斯坦、叙利亚等市场出口额同比均接近或已然翻倍增长，未来发展的潜力较大。

2. **进口由负转正，高附加值工业设备进口激增**

据海关总署数据显示（图6、表7），2017年我国累计进口缝制机械产品5.3亿美元，同比增长32.52%。其中，工业缝纫机累计进口量4.27万台，同比增长37.12%，累计进口额1.35亿美元，同比增长26.35%。进口品种主要为自动缝制设备、特种工业缝纫设备等，平均进口单价为3161美元/台；缝前缝后设备累计进口1.2万台，同比增长34.33%，累计进口额2.82亿美元，同比增长50.16%。进口品种主要为智能裁床、智能拉布机、高级整烫设备等，平均进口

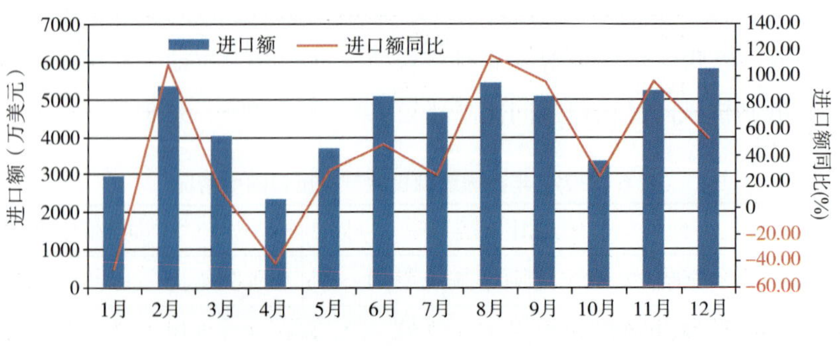

图7　2017年我国缝制机械行业月度进口额及同比

数据来源：海关总署

单价为2.35万美元/台。

表7　2017年我国缝制机械分产品进口情况

产品分类	进口量		进口额	
	数据（台）	同比（%）	数据（美元）	同比（%）
家用缝纫机	74194	-21.75	5689594	-17.91
工业缝纫机	42734	37.12	135798861	26.35
刺绣机	560	-4.92	20412407	28.69
缝前缝后设备	11942	34.33	282517030	50.16
缝纫机零部件	1837972	-1.21	85933195	5.06
总计	—	—	530351087	32.52

数据来源：海关总署

由于我国自主创新能力提升和替代进口能力的持续增强，多年来进口规模总体呈均持续下降趋势。2017年进口突然逆转实现大幅增长，一方面是因为2016年行业进口基数较低，另一方面主要得益于国内经济向好、内需升级对国外中高端缝制设备需求的阶段性和爆发性增长，说明在中高端消费领域，外资企业的技术与品牌依然具有强大竞争优势。

从进口国家来看（表8），我国缝制设备进口主要来自于日本、德国、意大利、中国台湾、越南、瑞士、美国、捷克等国家和地区，尤其集中在日本、欧盟、美国等老牌缝制设备出口国。2017年，我国从日本进口缝制机械产品总额达2.39亿美元，同比增长133.83%，占行业进口比重的45.1%，比重提高19.5%。欧洲方面，受国内需求激增影响，我国对意大利、瑞士、捷克等国缝制设备进口呈现大幅增长态势，年进口额增幅均在30%以上。

表8　2017年我国缝制机械产品进口国别及地区情况

国家和地区	总计		同比增长（%）	
	金额（美元）	同比（%）	数量	金额
日本	239027692	133.83	-13.90	31.34
德国	77012260	-44.70	58.18	33.50
意大利	57897553	110.33	35.20	78.38
中国台湾	55878475	20.23	-8.16	0.42
越南	21724710	49.82	113.76	30.74
瑞士	15996875	42.42	-81.82	-83.15
美国	13627148	105.31	-77.19	-25.45
捷克	12094178	31.56	161.19	105.35

数据来源：海关总署

从进口产品结构上来看（表9），我国主要是从日本、中国台湾进口工业缝纫机、裁剪拉布设备等，从欧盟各国进口自动缝制单元、特种厚料缝制设备、毛巾机、智能缝制生产线等，从越南进口多功能家用缝纫机及部分工业机。工业缝纫机进口方面，日本依然是我国最大进口国，年进口量1.81万台，进口额5618万美元，同比分别增长31.70%和17.55%，进口均价3098.8美元/台，同比下降10.74%。随着近年重机、兄弟、日星等部分外资企业在越南等国设立工业机生产基地，2017年我国自越南进口工业缝纫机量值均呈现翻倍增长，呈不断扩大趋势。

表9　2017年我国工业缝纫机产品进口国别及地区情况

进口额排名	进口国别	进口量			进口额			进口均价	
		数量（台）	同比（%）	比重（%）	数量（美元）	同比（%）	比重（%）	数量（美元/台）	同比（%）
1	日本	18129	31.70	42.4	56177535	17.55	41.4	3098.8	-10.74
2	德国	2526	-9.82	5.9	32105887	13.62	23.6	12710.2	25.99
3	中国台湾	14072	41.12	32.9	14943564	14.57	11.0	1061.9	-18.81
4	捷克	2811	48.65	6.6	10655349	29.49	7.8	3790.6	-12.89
5	越南	2194	203.88	5.1	7150450	361.64	5.3	3259.1	51.92
6	中国	2087	77.92	4.9	4086384	40.20	3.0	1958.0	-21.20
7	意大利	138	45.26	0.3	4030480	171.61	3.0	29206.4	86.98
8	加拿大	16	700.00	0	2342000	2241.30	1.7	146375.0	192.66
9	韩国	430	55.80	1.0	1621189	-10.09	1.2	3770.2	-42.29

数据来源：海关总署

（六）质效明显提升，发展动能增强

2017年，行业生产快速增长、产品结构较快升级、出厂价格企稳回升、资金链运行改善、产业集中度提高等积极因素推动行业质效显著改善。

据国家统计局数据显示（表10），2017年我国缝制机械行业231家规模以上企业资产总额293.52亿元，同比增长12.19%，生产投资意愿明显增加；累计完成主营业务收入320.9亿元，同比增长21.47%；实现利润总额20.38亿元，同比增长29.09%；毛利率16.78%，同比增长5.22%；主营业务收入利润率6.35%，同比增长6.27%；成本费用利润率6.76%，同比增长6.89%。

表10　2017年我国规模以上缝制机械生产企业效益情况

指标名称	全国总计	同比（%）
企业单位数（个）	231	—
主营业务收入（千元）	32090735	21.47
利润总额（千元）	2038464	29.09
毛利率（%）	16.78	5.22
主营业务收入利润率（%）	6.35	6.27
成本费用利润率（%）	6.76	6.89
亏损企业单位数（个）	19	-20.83
亏损额（千元）	81689	-55.03

数据来源：国家统计局

运营能力方面，12月我国缝制机械行业规模以上企业总资产周转率1.09，同比增长8.28%；流动资产周转率1.61，同比增长3.14%；产成品周转率10.67，同比增长12.33%，各项运营指标仍维持在合理范围内，且同比均略有提高，运营效率小幅提升。

偿债能力方面，12月我国缝制机械行业规模以上企业平均资产负债率44.65%，同比增长1.45%，较上年同期略有增长；利息保障倍数11.73，同比增长22.88%，产权比0.81，同比增长2.61%。由于生产形势好转及经济预期良好，行业规模以上企业平均长期偿债能力较好，没有突出风险。

此外，2017年行业亏损情况较上年同期明显好转。据国家统计局数据显示，行业230家规上企业中，亏损企业数19家，同比下降20.83%；企业累计亏损额0.81亿元，同比下降55.03%。

以上各项指标显示，行业运行质效持续提升，内生动能不断增强，总体向好趋势明显。

二、2017年行业发展特点

2017年，企业抢抓机遇积极增产，加大发展投入，推动产品升级，行业格局调整加快，强国特征不断显现，呈现以下发展特点。

（一）自主创新能力显著增强，增长动能转换加快

2017年，行业研发投入持续增加，核心专利技术较快增长。据协会统计，行业骨干企业2017年科研投入占比约达3.91%。据国家知识产权局统计数据显示，2017年行业发明专利申请公开总量1273件，同比增长26.7%，发明专利授权量352件，同比增长12.8%。

行业创新体系建设不断加强，科研实力较快增长。2017年，杰克技术中心被正式认定为国家级企业技术中心，杰克、标准、中捷、和鹰等骨干企业纷纷依托国内外的科研资源和人才，陆续在国内或国外建立研发分支机构，积极构建面向全球的研发体系，开展先进技术研发与储备。此外，还有行业多家企业设立了博士工作站、院士工作站、技能大师工作室等。

新技术、新产品加速涌现，行业增长动能不断释放。大数据、物联网、云平台、人工智能、机器人等先进技术与缝制机械快速融合，如具有缝厚自动感应和步进电动机自动调针距的智能高速微油平缝机，具有缝料感知、自动抓取输送定位、自动缝纫和收料的缝制单元设备等新产品快速进入市场并实现批量化。行业50项新产品获得CISMA2017智慧缝制示范产品奖，多项产品还分别荣获中轻联技术发明奖及技术进步奖，较好地满足了需求侧的升级需求。

（二）集中度快速提高，骨干企业领跑行业

2017年，行业产能加快向骨干企业聚集，集中度快速提高，呈现出新的竞争与发展格局。据统计局统计显示，我行业规模以上企业比2016年减少8家，比2015年减少33家，但规上企业主营业务收入、利润总额等指标却实现同比两位数的中高速增长。2017年协会统计的百

余家整机骨干生产企业中，前5家龙头骨干企业的工业缝纫机产量占全部工业缝纫机总产量的比重为52.6%，比上年提高10.4个百分点；前10家企业工业缝纫机产量占比为64.2%，比2016年同期提高11.5个百分点。

骨干企业领跑行业，竞争新优势凸显。据协会统计显示，2017年行业百家整机企业工业缝纫机生产增速为32.47%，而前10家骨干企业产量平均增速为57.44%，远远高出行业平均水平近25个百分点。如杰克产销遥遥领先，增速同比超过50%，品牌驱动较快发力，国际并购持续推进；上工申贝加快国际品牌资源整合，主营业务收入增速超过10%，在国际中高端技术领域持续发力，稳健发展；中捷科技聚焦自动模板机、特种机等优势产品，迈开差异化发展步伐，产销等指标正快速接近历史最好水平；西安标准加强多品牌互补，以云端技术统领智能化产品创新升级，积极向中高端品牌路线发展转型；美机深入推进精益生产，在生产、营销、研发等领域全面发力，产销创历史新高；大豪科技、浙江绮星、上海鲍麦等重点电控企业，业绩均全面飘红，其电控占有率已经占全行业90%以上，各自分别在客户细分、产品细分、技术特色打造方面角力并构建各自优势。

（三）行业向高质量发展不断迈进

2017年，行业持续推进供给侧改革，以技术创新与品质提升引领发展，以智能转型和结构调整促进升级，加快向高质量发展。表现在以下四点。

一是工业增加值大幅增长，效率持续提升。数据显示，2017年行业规上企业工业增加值同比增长16.2%（图8），分别高于全国规上工业企业、轻工行业9.6个百分点和8个百分点。统计显示，行业零部件骨干企业年人均产值由2016年的约22万元/人提升到2017年的约27万元/人，效率提升约22.7%；百家整机企业年人均产值由2016年的约60.4万/人提升到2017年的约63.7万/人，增长约5.5%。

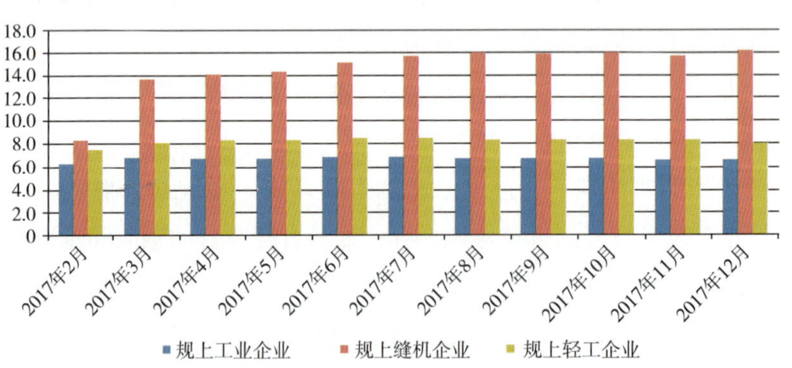

图8　2017年行业规上企业工业增加值增速对比情况

数据来源：国家统计局

二是经济增长质量不断改善。统计数据显示，2017年规上企业利润总额同比增长29.09%，毛利率同比增长5.22%，主营业务收入利润率同比增长6.27%，总资产周转率同比增长8.28%，产成品周转率同比增长12.33%，主营业务百元收入成本83.22元，较上年下降0.99元。其中主营业务收入利润率明显高于2016年和2015年同期水平（图9）。

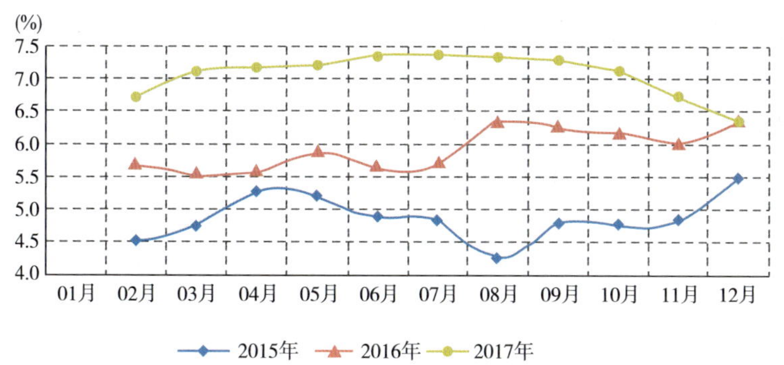

图9　近三年我国规模以上缝制机械生产企业主营业务收入利润率变化情况

数据来源：国家统计局

三是结构不断优化升级。据协会初步统计，2017年行业自动化缝制设备产量占比约达到85%以上，提高近5个百分点；自动类工业缝纫机出口量占工业机出口总量比重为63.13%，比上年提升约10.2个百分点；以自动模板机为代表的缝制单元设备实现规模化生产，标志着行业向中高端加快转型；规上企业数量继续减少，月产量千台以下的中小微企业关闭近30家，企业组织结构不断优化。

四是产品质量不断提升。质量提升工程深入推进，骨干企业的平包绷三项主导产品质量与国际先进质量水平相比，主要性能指标平均达标率为90%左右，电脑套结机产品质量主要性能指标平均达标率超过80%，正全面接近和超越国际先进质量水平；各种先进的加工中心、自动生产线等持续引进，机械手得到较快应用，机壳、零部件等加工精度和效率持续提升，加工手段不断升级。

（四）智能化打开产业发展空间，呈现国际引领态势

2017年是我国缝制机械行业智能化成果集中爆发和首次展现出国际智能技术引领态势的关键一年。表现在以下几点。

智能化产品品种激增。如以标准GC6931A、杜马DM1969型等为代表的“电子送料+触屏”智能平缝机，带自动换模、激光切割等功能的各类模板机，以自动贴袋机、自动钉扣机、自动锁眼机、自动接橡筋机等为代表的缝制单元及工作站以及牛仔裤智能生产线、衬衫智能生产线、毛巾智能生产线、羽绒被自动生产线、帽檐绗眉自动生产线等，这些具有智能特征的装备推陈出新，将行业带入智慧缝制新时代。

应用领域快速拓展，打开了产业发展空间。如自动模板机由羽绒服装缝制为主，经过功能拓展，快速向汽车座椅、箱包皮具、家居沙发、家纺床上用品等领域快速延伸；包缝机作为传统的服装包边缝设备，经过以正反向包缝机为缝制主机，经过自动流水线设计，在家纺行业的毛巾四边缝领域得到大量应用。诸多依托智能化技术进行创新升级的缝制设备新产品，实现了功能和应用场景的拓展，打破了产业边界，快速由传统以服装、箱包缝制为主向汽车、家居、家纺、产业用、军工等特种缝制领域扩展，激发了下游装备升级的需求。

智能缝制生产管理系统研发推进迅速，呈现国际引领态势。为布局未来智能缝制工厂建设，行业骨干企业积极开展智能缝制生产系统的探索和研究，如大豪研发了缝制设备智能远

程运维云服务平台，上工申贝研发了QonDAC网络在线监控生产系统，杰克研发的IPMS智能生产管理系统；标准公司研发的智能生产管理系统【TIMS智云1.0】；鲍麦克斯研发的缝制设备数控系统云管理平台。这些系统化的解决方案，将有力推动了《中国制造2025》在缝制行业不断落地。

（五）成本持续攀升，发展压力加剧

2017年，各种与企业生产经营密切相关的成本及费用均普遍上涨，企业成本压力加大，主要表现在以下几方面。

原材料成本大幅上涨。随着国家供给侧改革的深入推进，各种与行业发展密切相关的上游铸铁、钢材、铜铝等主要生产性要素价格大幅上涨，直接推升了企业采购及制造成本。如2017年硅钢涨幅约58%，螺纹钢涨幅约43%，线材涨幅40%，槽钢涨幅29%，电解铜价格增长23%，电解铝价格增长13.9%，铸造生铁价格增长约10%。

用工成本持续攀升。受工人紧缺和整体生活成本的提升，2017年企业用工成本普遍提升约15%~20%。据初步了解，我行业普工月工资普遍超过4500元，部分岗位工人工资已经达到7000元甚至8000元，企业利润和产品出厂价格的增幅难以赶上成本增幅，招工难问题一直比较突出。

环保督察等推升行业零部件、机壳采购成本。2017年，行业零部件发黑、电镀、热处理，机壳毛坯铸造、加工、喷漆等作业，受上游环保改造成本增加和产能不足价格上涨等因素影响，零部件外协及采购成本普遍有所提升。

成本费用明显加大。据国家统计局数据显示（表11），2017年行业规上企业累计成本费用301.70亿元，同比增长20.76%。其中三费（管理费用、营业费用、财务费用）合计34.63亿元，同比增长24.72%，稍高于主营业务收入增速。特别是财务费用大幅增长，人民币快速升值，对企业影响较大。

表 11　2017 年我国规模以上缝制机械生产企业效益成本费用情况

指标名称	全国总计	同比（%）
成本费用（千元）	30170185	20.76
主营业务成本（千元）	26706972	20.27
营业费用（千元）	1040237	27.78
管理费用（千元）	2160954	18.63
财务费用（千元）	262022	85.61
利息支出（千元）	190028	2.81

数据来源：国家统计局

（六）零部件供给能力不足，结构性失衡现象显现

由于前几年行业经济持续下行，零部件企业普遍减产力度较大，受招工难、用工贵、生产大起大落、利润持续走低等因素影响，零部件企业扩产和投资的信心明显不足。面对2017

年整机爆发式增长需求，零部件企业一方面只能采取加班加点、适度增添设备和人员等方式尽量扩大生产，但短期内产能恢复和提升面临较大困难；另一方面，上游发黑、电镀、热处理及毛坯铸造等作业受环保督察影响，生产能力普遍下降，导致零部件的毛坯采购及协作生产周期延长，产能无法得到较快提升，更加剧了零部件供需紧张程度，零件紧缺成为行业新常态。

另外，由于本轮增长较大幅度集中在对品质要求较高的大型骨干整机企业，导致优质及部分关键零部件产能远不能满足市场需求。如2017年电控、挑线杆等产品严重缺货，主要原因是优质零部件产能相对集中在少数骨干零部件企业，受用工、工艺、装备等限制导致短期内增产难，深层次反映出零部件的供应体系的结构性失衡，需要引导更多的零部件企业提升技术装备和加工能力，调整产品结构，提升质量水平，努力满足需求侧对高品质零部件的增长需求。

三、2018年行业形势及展望

2018年是贯彻党的十九大精神的开局之年，是改革开放40周年，是决胜全面建成小康社会、实施“十三五”规划承上启下的关键一年。对于我国缝制机械行业来说，则是迈进新时代、开启新征程、推动智慧缝制全面发展和强国战略深入实施的重要一年。因此，抓住难得机遇，深度挖掘智能化发展红利，推动行业转型升级和高质量发展，显得越发迫切。

（一）行业形势

2018年，全球经济持续复苏的趋势有望持续。在最新发布的《世界经济展望报告》中，国际货币基金组织将全球经济增长预期上调0.1个百分点至3.7%。总体来看，美、欧、日三大发达经济体不断改善，巴西和俄罗斯经济复苏势头强劲，印度和东盟国家等亚洲区国家经济将保持中高速增长，新兴经济体继续成为拉动全球经济增长的主要动力；国内方面，政府将2018年GDP增长率目标设定为6.5%，继续坚持稳中求进总基调。随着深入推进供给侧结构性改革，进一步扩大内需，国内的营商环境将持续改善，各种产业政策集中发力，将为实体经济稳健发展和转型升级提供重要支撑，预计经济动能转换和韧劲增强带来的稳定态势在2018年仍会持续。总的来说，良好的内外部经济形势和发展环境，将为我国缝制机械行业实现稳增长提供有力支撑。

2018年，我国缝制机械行业面临的机遇大于挑战。生产成本持续高位运行，内销市场渐趋饱和，产能结构性过剩，向中高端转型面临的科研人才匮乏、创新能力不足等问题，还将对行业稳定增长和向高质量发展带来一定影响和挑战。但是，伴随《中国制造 2025》、“一带一路”战略等政策深入推进，稳中向好的经济形势推动企业增产和投资稳定增长，下游行业对缝制设备周期性更新换代需求的延续，机器换人等市场红利持续放大，新一代信息智能技术与缝制设备行业深度融合快速升级等，这些重大机遇和利好因素，要远远大于行业面临的挑战。行业企业应增强信心，抢抓机遇，迎难而上，聚焦智能，加大创新，推动企业在增长中加快转型升级。

2018年，我国缝制机械行业将继续保持增长。一是下游行业缝制设备更新换代的周期性红利，从2017年的供需结构和比例来看，市场对缝制设备的需求还存在一定缺口，这种趋势有望继续延伸到2018年；二是补库需求释放，目前全行业整机、经销等环节几乎是零库存，按照正常的库存量，行业尚有近百万台工业缝纫机的补库需求；三是招工难、用工贵等问题将加速智能升级红利持续释放，下游行业对智能高效缝制设备的需求将热度不减；四是国际市场有望较快增长，一方面2017年由于我国内需旺盛，导致国际市场订单的供给存在一定缺口，需求已经较快累积，另一方面，国际市场巨大的存量设备特别是平缝机，进行更新换代及智能化升级的空间较大，这些需求都将在2018年逐步释放，成为行业稳增长的重要拉动力。

综上所述，预计2018年我行业经济将继续保持稳中有增，生产紧张状态预计在下半年会有所缓解，产销逐步趋于平衡，生产增速将有所趋缓，但有望继续保持两位数的中速增长；内销市场继续扩大，但逐渐趋于饱和，增速会呈现比较明显的下降；出口将延续增长势头，出口额、出口量有望继续中低速增长，量值再创历史新高。

（二）发展展望

1. 国际市场转型升级需求将成行业稳增长主推力

随着行业骨干龙头企业国际竞争力迅速增强，我国缝制设备在品质、技术、品牌等方面的快速提升以及国家“一带一路”战略等深入实施，东南亚、中东、南美等传统及新兴市场将持续巩固，欧、美等中高端市场份额有望逐步扩展，非洲市场逐步扩大，国际市场空间将进一步被打开，发展空间和潜力较大。未来2~3年，预计拥有上千万台缝制设备存量的国际市场将陆续开启传统设备更新换代周期，国际市场将成升级换代主力。

2. 骨干龙头企业优势大幅跃升，强国特征不断显现

当前行业骨干龙头企业的产销规模、国际化能力、综合竞争力等快速提升，与国际知名企业的差距正在大幅缩短。随着行业结构调整的深入推进和集中度的持续提升，我国骨干龙头企业在产能提升、技术协同、品牌聚合、产业链建设等方面的综合优势将会快速呈现出国际超越和引领态势。预计国际并购重组步伐还将进一步加快，全球缝制机械竞争格局将加快演变，中国国际品牌有望快速崛起并迈进世界第一阵营，行业步入世界缝制机械强国的第一阶段目标有望在未来2~3年完全实现。

3. 智能转型深入推进，加快向中高端迈进

在产业政策和技术变革驱动下，未来下游行业的转型升级需求，将从聚焦智能生产向智能化工厂建设较快持续转变，发展红利巨大。行业将会有更多的企业把握这一重大机遇和需求，加快投入，深入推进。特别是随着物联网和人工智能技术的快速成熟和应用，行业将会在智能生产线、智能管理系统、智能化整体解决方案等中高端领域研发出更多的成果，逐步打破欧美等发达国家的技术垄断。

4. 制造手段和水平快速升级

一是针对多品种、小批量和高品质的零部件采购需求，零部件企业将加大柔性加工中心在企业的配置比重，零件加工精度、装备柔性化和市场变化适应性将得到提升；二是机械

手、机器人在缝制机械加工中的应用将得到较快普及，自动抓取、输送和全自动化生产，将在解决招工难和提质增效方面发挥重要作用；三是在机壳、机架的加工、涂装等作业环节，智能、柔性的整套加工流水线在骨干企业还将继续加大引进和应用，将推动行业制造水平快速升级。

5. 行业洗牌进程将加快

当前行业已经进入洗牌阶段，主要特征是行业集中度的较快提高和二八分化加剧，具体则表现为产能在企业之间的转移、国际并购活跃和少数中小企业的破产、关门。预计未来1~2年在环保等政策影响，行业产能快速恢复，以及企业供应链、产能、研发、品质、品牌、资金、成本控制等综合竞争实力较快分化下，企业寡头特征将更趋明显，又一轮激烈的市场竞争将会再度上演，关门、倒闭或主动退出的中小型企业会快速增多，产能和市场将进一步向优势骨干企业聚集。

（三）发展建议

1. 加强创新升级，增强发展动能

要深入实施研发驱动战略，加大科技创新投入，紧跟下游需求变化，细分市场，打造具有核心技术和差异化特征的拳头产品，更好地满足需求侧发展需求；要积极探索和推进模式创新，依托互联网+、物联网、大数据等先进技术，在市场营销、品牌塑造、技术服务、产业协作、平台建设等方面创新方式，提升质效，整合资源，打造差异化新优势；要加强管理创新，变革提升传统的体制机制，积极导入先进的MES等管理手段和方法，构建先进管理体系，打通管理流程，提升企业绩效和软实力；要加强质量创新，以提升企业生产经营全过程的大质量概念，梳理薄弱环节，提高质量标准，提升品质品牌，向品牌驱动加快转型。

2. 加快企业差异化发展步伐

当前下游行业已经步入品牌化消费、个性化消费和情感消费时代，企业应提升响应能力，紧跟发展潮流，聚焦用户需求，做好深度耕耘和拓展。整机企业要在品种、技术、品牌、服务、市场、产业链等全方位推进差异化战略实施，要快速响应和满足用户多样化的创新需求，以差异化创新、差异化品类、差异化市场，引领企业开辟新的蓝海；零部件企业应主动调整优化品类结构，打造差异化工艺技术优势，聚焦品质、聚集资源打造战略性大单品，体现出专业技术特色和质量品牌竞争力。

3. 加快企业国际化进程，提升国际竞争力

缝制机械的国际市场广阔，近年来需求量已经超过国内需求。随着经济全球一体化深入推进，立足国内，布局海外，推进企业国际化发展进程，已经成为企业可持续发展壮大的必由之路。因此，一是要实现销售和市场国际化，要加强国际市场的深度拓展，以发展代理、建立服务机构或分公司等多种方式，快速构建和壮大国际营销网络，将产品、品牌和服务迅速推向国际市场；二是要积极推进研发和生产的国际化，要积极利用和整合国际优质资源，发挥资本优势，通过实施优质资源的并购重组或国际合作，不断将企业的研发、采购、生产、品牌等体系面向全球布局；三是努力实现企业管理运营的国际化，要培养国际化的发展视野，引入国际化企业的经营发展方式，着眼全球引进国际化人才，积极吸收和利用外资，

提升全球资源配置能力，打造国际化品牌。

4. 推进资源整合与兼并重组，打造竞争新优势

当前已经进入快速变革的时代，产业洗牌将快速推进，市场由局部竞争不断向综合竞争全面转变，企业单打独斗或缺乏综合竞争优势将面临越来越大的生存发展风险。因此，一是要转变发展理念，加快由竞争向竞合转变，积极推进资源整合、重组或合资合作，实施强强联合，优势互补，打造出竞争新优势；二是要充分利用好产业大变局的时机，发挥资本优势，积极在国内外实施优质资源的收购兼并，快速获取优质的技术、品牌、市场等资源，拓宽产业边界，迅速做大做强企业。

5. 加强人才队伍建设，提升可持续发展力

人才是企业发展的第一宝贵资源。企业一方面要坚持人才引进和培养并举，加强科研、营销、管理、生产等重点专业技术人才的团队建设，要建立有效激励机制，加强人才储备，培养各领域的技术带头人；另一方面要健全职业管理体系，加强职业技能型员工队伍建设，以待遇留人、文化留人、事业留人，稳定和团结员工队伍，不断实施技能教育和素质提升工程，打造一支技术过硬、具有凝聚力和战斗力的队伍。

6. 瞄准新型家用机产业，重构家用机新优势

当前我国多功能家用机民族品牌年产量仅占全球产量的15%左右，不论在品牌、档次还是研发实力、生产规模等方面，均与外资品牌存在较大差距，与我国缝制设备制造大国地位不相匹配。建议工业机体系中的优质队伍积极向新型多功能家用机产业进行转型、转产，充分应用智能化技术、颠覆性思维、共享经济理念、互联网营销模式，对多功能家用机产品的用途、功能等进行重新定义，打破市场边界，找准用户需求升级的切入点，以打造爆品等方式，进行创新变革，实现对国际多功能家用机产业的追赶，重构我国新型家用机工业体系。

附　录

2017年度中国纺织工业联合会奖项

2017年度中国纺织工业联合会产品开发贡献奖获奖企业（家纺）

上海水星家用纺织品股份有限公司

上海珍奥生物科技有限公司

首批全国纺织行业质量奖复审合格企业（家纺）

新疆洁丽雅新越丝路股份有限公司

罗莱生活科技股份有限公司

2017年全国纺织行业质量管理小组评比一等奖（家纺）

序号	企业名称	小组名称	成果名称
1	达利丝绸（浙江）有限公司	梭织生产技术 QC 小组	提高双面丝毛的一等品率

2017年全国纺织行业质量管理小组评比优秀奖（家纺）

序号	企业名称	小组名称
1	达利丝绸（浙江）有限公司	提花工艺 QC 小组
2	孚日集团股份有限公司	365 根高支高密平纹产品 QC 小组
3	孚日集团股份有限公司	毛巾运动休闲包产品效率质量提高攻关 QC 小组
4	孚日集团股份有限公司	巾被类喷墨印花产品精细化质量攻关 QC 小组
5	福建龙岩喜鹊纺织有限公司	织造分厂准备工段 QC 小组
6	紫罗兰家纺科技股份有限公司	美芯 QC 小组

2017年全国纺织行业质量信得过班组评比优秀奖（家纺）

序号	企业名称	班组名称
1	达利丝绸（浙江）有限公司	提花车间常日班

2017年全国纺织行业质量管理小组工作卓越领导者（家纺）

达利丝绸（浙江）有限公司　　林平

2017年全国纺织行业质量管理小组优秀企业（家纺）

达利丝绸（浙江）有限公司

2017年全国纺织行业质量信得过班组建设先进个人（家纺）

达利丝绸（浙江）有限公司　　潘德庆

2017年全国纺织行业质量信得过班组建设优秀企业（家纺）

达利丝绸（浙江）有限公司

2017年全国纺织行业技术能手

贾李锋　　孚日集团有限公司高级技师

2017年全国纺织科技创新领军人才

杜换福　　滨州亚光家纺有限公司

2017年全国纺织科技创新创业人才

林平　　达利丝绸（浙江）有限公司

2017年度中国纺织工业联合会科学技术进步奖获奖项目名单（家纺）

一等奖

序号	项目名称	主要完成单位	主要完成人
1	活性染料无盐染色关键技术研发与产业化应用	青岛大学、愉悦家纺有限公司、天津工业大学、孚日集团股份有限公司、上海安诺其集团股份有限公司、华纺股份有限公司、鲁丰织染有限公司、山东黄河三角洲纺织科技研究院有限公司	房宽峻、刘秀明、李付杰、门雅静、纪立军、罗维新、林凯、张建祥、蔡文言、巩继贤、石振、田立波、陈凯玲、张战旗、李春光

二等奖

序号	项目名称	主要完成单位	主要完成人
1	构筑健康睡眠微环境功能家纺产品的集成技术研发及产业化	江苏金太阳纺织科技股份有限公司	袁洪胜、丁可敬、陈红霞、肖学良、唐虹、胡青青、钟婧、毛军、陆鹏、葛乃君
2	特种桑蚕丝及混纺织物关键技术研究和提花产品开发	达利丝绸（浙江）有限公司、浙江理工大学	祝成炎、丁圆圆、张红霞、寇勇琦、林平、俞丹、李艳清、田伟、雷斌、李启正
3	高导热化纤长丝及其新型凉感织物生产关键技术	江阴市红柳被单厂有限公司、湖南中泰特种装备有限责任公司、温州方圆仪器有限公司	肖红、黄磊、高波、程剑、槐向兵、代国亮、王翰林、周运波、张远军、庄嘉齐

三等奖

序号	项目名称	主要完成单位	主要完成人
1	宽幅涤纶家纺面料高效短流程染整关键技术开发及产业化	莱美科技股份有限公司、浙江理工大学	蒋志新、蒋谨繁、张超民、沈一峰、姜建堂、杨雷、朱林

2016~2017年度中国家纺金销奖

中国布艺家居十大竞争力品牌

众望控股集团有限公司
杭州奥坦斯布艺有限公司
浙江金蝉布艺股份有限公司
华尔泰国际纺织（杭州）有限公司
裕隆控股集团有限公司
浙江巴贝纺织有限公司
浙江和心控股集团有限公司
杭州柯力达家纺有限公司
东方地毯集团有限公司
桐乡市龙翔纺织有限责任公司
绍兴小轩窗居室用品有限公司
海宁市金佰利纺织有限公司
浙江玛雅布业有限公司

中国布艺家居十大新渠道

海宁市众越电子商务有限公司—帘到家
杭州奥坦斯布艺有限公司—FBC家居物联网生态系统平台
浙江思发路网络科技有限公司—48路家居网
宁波丽华家居用品有限公司—丽家网
西安美源贸易发展有限公司—卡思特龙艺术家居
浙江万家饰品股份有限公司—万家帘品

中国布艺家居十大新锐品牌

海宁市千百荟织造有限公司（千百荟）
浙江颐佳爱家居用品有限公司（颐佳爱）
浙江布言布语纺织科技有限公司（布言布语）
杭州圣菲丹纺织品有限公司（艾斯卡多）
杭州曼巴迈实业有限公司（美布美）
佛山市南海区金富源窗饰制品有限公司（金富源）
绍兴柯桥银莱纺织有限公司(众茂）
浙江民辉纺织有限公司（鸟语花香）
杭州泓锦珊家居有限公司（泓锦珊）

公共服务创新奖

北京方仕国际窗帘布艺商城有限公司
郑州锦荣国际轻纺城
潍坊星河国际轻纺城有限公司

“张謇杯”2017中国国际家用纺织品产品设计大赛获奖名单

（一）产品设计奖

金奖

序号	作品名称	参赛作者	所在单位
1	心灵之轴	朱雪梅、毛玉蓉、龚蕴玉等	江苏工程职业技术学院
2	恒·YUE	耿男男	江苏悦达家纺有限公司
3	遨游	俞培培	浙江纺织服装职业技术学院

银奖

序号	作品名称	参赛作者	所在单位
1	Love Forever	朱雪梅、毛玉蓉、隋萍等	江苏工程职业技术学院
2	倾·置	刘春凤	烟台明远家用纺织品有限公司
3	归家	吴继玲、卫晓燕	蓝蚂蚁家纺设计公司
4	蜡染鸟兽虫鱼知多少	杨学珍	贵州省安顺市西秀区少数民族苗娃服装厂
5	On the road... Ⅱ（在路上 2）	安嘉瑛（韩国）	
6	幸福味道		滨州亚光家纺有限公司

铜奖

序号	作品名称	参赛作者	所在单位
1	火烈鸟的春天	于艳	上海罗莱家用纺织品有限公司
2	沉默	魏英柱（韩国）	

续表

序号	作品名称	参赛作者	所在单位
3	平凡之路	顾立涛	江苏夏维怡纺织科技有限公司
4	草木染	黄开添	江苏卓泰微笑艺术家居营销股份有限公司
5	堇墨浮华	乔鹏武	江苏大唐纺织科技有限公司
6	成长历程	汤怀东	南通大东有限公司
7	菠萝设计	朴香美（韩国）	
8	脉		滨州亚光家纺有限公司
9	染韵	胡婷婷、葛翔、李维璐等	南通大学艺术学院

（二）中国家纺品牌文化奖

中国家纺品牌产品流行风尚奖

序号	作品名称	所在单位
1	青出于蓝	江苏工程职业技术学院
2	八月迷情	江苏省先进纺织工程技术中心
3	欧罗	豪申创意中心

中国家纺品牌产品文化概念奖

序号	作品名称	所在单位
1	盛世年华	江苏悦达家纺有限公司
2	沁园春	江西恩达麻世纪科技股份有限公司
3	罗马盛宴	福建佳丽斯家纺有限公司

“海宁家纺杯”2017中国国际家用纺织品创意设计大赛获奖名单

金奖

序号	作品名称	参赛作者	所在单位
1	乐舞	傅晓彤	青岛大学美术学院

银奖

序号	作品名称	参赛作者	所在单位
1	层峦叠嶂	代胜稳	江南大学
2	考槃	王东敏	青岛大学
3	繁	周勇	北京服装学院

铜奖

序号	作品名称	参赛作者	所在单位
1	历历在目	柴静文	青岛大学
2	深海的旅行	金奕奕	清华大学美术学院
3	朝水夕云	黎光辉	清华大学美术学院
4	新地	阳方强	湖北美术学院
5	fictitious city	张懿	北京服装学院

优秀奖

序号	作品名称	姓名	所在单位
1	返朴	方有为	北京服装学院
2	海上升明月	顾宇蓉	江苏工程职业技术学院
3	游走记忆的时间	贾雪艺	青岛大学美术学院
4	潘神迷宫	李慧	鲁迅美术学院
5	花艺无限	李苗	青岛大学美术学院
6	秘密花园	刘静茹	北京服装学院
7	水·墨	卢昕	浙江科技学院
8	溯梦	苗睿	武汉纺织大学艺术与设计学院
9	New Burano	彭锦程	北京服装学院
10	隼与卯	谭小娟	苏州大学
11	淌	韦佳璐	浙江科技学院
12	新印度风情	吴敏君	北京服装学院
13	岁月	吴星语	武汉纺织大学艺术与设计学院
14	盛夏果实	肖晓诗	北京服装学院
15	昆虫记	于越	青岛大学
16	兔爷的相框	袁潇	鲁迅美术学院
17	遥远	张耕赫	鲁迅美术学院
18	万山千山	周菲倩	鲁迅美术学院
19	剪影	周菲倩	鲁迅美术学院

入围奖

序号	作品名称	姓名	所在单位
1	my favorite	Choi jeong won	蔚山大学
2	fruit	Chol Soo Bin	蔚山大学
3	lirefly	Jang Bo Min	蔚山大学
4	doodle pattern	Jeon Seang Heon	蔚山大学

续表

序号	作品名称	姓名	所在单位
5	swimmer	JEONG HYE IN	蔚山大学
6	night sky	Jung Su Hyun	蔚山大学
7	阵雨	Kwon Najin	蔚山大学
8	Bubbles	Se WOON KIM	蔚山大学
9	鹗	Sim Ye Bin	蔚山大学
10	色炫彩浓庭前花开	白璐	中国美术学院
11	小叩春色	蔡丹妮	湖北美术学院
12	归园田居	蔡景美	北京服装学院
13	交融	蔡淑瑞	浙江理工大学科技与艺术学院
14	看着我	蔡雨潇	北京服装学院
15	绿韵	蔡张红	华南农业大学
16	风物镜像	曹蝉	南京艺术学院
17	硕果	曾楚瑶	北京服装学院
18	图腾	陈国斌	四川美术学院
19	叶·问	陈黎宁	浙江科技学院
20	沉浮	陈晓玲	青岛大学美术学院
21	蓝兰	陈心言	华南农业大学
22	我是·猫	陈艺丹	成都纺织高等专科学校
23	悠闲的猫	陈雨欣	绍兴市原生空品纺织品设计有限公司
24	忘返	陈子璇	北京服装学院
25	归途	陈子璇	北京服装学院
26	opposite world	陈紫薇	清华大学美术学院
27	船歌	崔昊东	青岛大学
28	悠幽	代胜稳	江南大学
29	浣·江南	丁明慧	北京服装学院
30	浮影	董明妍	华南农业大学
31	漂泊	冯盼	山东轻工职业学院
32	墨·意	冯世柱	华南农业大学

续表

序号	作品名称	姓名	所在单位
33	青青绫上	付沙	湖北美术学院
34	彩渡·浮生	付诗红	杭州职业技术学院
35	淡彩	傅晓彤	青岛大学美术学院
36	海东青	甘宏浩	北京服装学院
37	粉色的梦	关颖怡	北京服装学院
38	海滩狂欢	贵警萱	北京服装学院
39	海底的世界	郭堪景	华南农业大学
40	繁叶已落，生命未息	郭夕冉	北京服装学院
41	岁月静好	韩萌	南京艺术学院
42	佩斯利	韩子睿	四川美术学院
43	warm light over the frozen sea	漢有廷	蔚山大学
44	寻·遇	郝江楠	鲁迅美术学院（大连校区）
45	海洋公园	何苗　任梦雨	湖南工艺美术职业学院
46	叶魅	贺茜	烟台北方家用纺织品有限公司
47	中国节·世界年	洪彬彬	浙江工业大学之江学院
48	无题	洪所靖	蔚山大学
49	航	胡晓芸	浙江科技学院
50	古老的传说	黄淑铃	苏州大学艺术学院
51	战斗之翼	黄淑铃	苏州大学艺术学院
52	沿丝绸之路旅行系列	黄小锁	江苏南通爵图家纺设计机构
53	花魇	黄扬	浙江理工大学科技与艺术学院
54	守望麦田	黄茵	苏州大学艺术学院
55	枝	贾惟聆	浙江理工大学科技与艺术学院
56	烟雨荷塘	贾文杰	浙江理工大学科技与艺术学院
57	渲彩	江丽俐	四川美术学院
58	迷雾丛林	江丽俐	四川美术学院
59	手机生活	江昱晓	北京服装学院
60	当古老遇上小清新	姜文静	中华女子学院

续表

序号	作品名称	姓名	所在单位
61	sky lily flower	姜裕美	蔚山大学
62	flower wall	金奕奕	清华大学美术学院
63	丝路无疆	赖雯敏	苏州大学艺术学院
64	龙与都市剪影	李冰倩	北京服装学院
65	字寂	李翠翠	四川美术学院
66	攀阶	李琪	苏州大学艺术学院
67	梦·蝶	李天略	北京服装学院
68	猫的世界	李婷婷	青岛大学美术学院
69	理想	李想	鲁迅美术学院
70	天空下的乐章	梁之茵	清华大学
71	夏叶星辰	廖丽莎	苏州大学艺术学院
72	团·扇	林兰兰	湖北美术学院
73	my dream	林秀珍	蔚山大学
74	开屏	刘静茹	北京服装学院
75	深·蓝	刘婷毓	北京服装学院
76	以梦为马	刘演	鲁迅美术学院
77	秋芦	刘瑜	常州纺织服装职业技术学院
78	伪装者	娄颖杰	北京服装学院
79	满堂富贵	娄颖杰	北京服装学院
80	夜空中最亮的星	吕奕潼	河南工程学院
81	枝外	毛迪	浙江理工大学科技与艺术学院
82	韶华	潘科宏	烟台北方家用纺织品有限公司
83	森鹿共挽	钱依雯	南通大学
84	蝶隐绫绢	渠梦伟	北京服装学院
85	满——意	渠梦伟	北京服装学院
86	闲花凉影	任海燕	北京服装学院
87	闻香来	任海燕	北京服装学院
88	蝶梦	邵明君	湖北美术学院

续表

序号	作品名称	姓名	所在单位
89	苏醒	盛亚琪	绍兴文理学院
90	羽翼	师茜茜	苏州大学艺术学院
91	丛里寻踪	施艺馨	苏州大学艺术学院
92	丝路·迢迢	司雨	北京服装学院
93	墨水范山	宋晨功、张思梅	鲁迅美术学院
94	梦回田园–向白石老人致敬	宋久泰	济南纺织服装工业设计中心
95	俄罗斯方块与梭罗花	宋如馨	北京服装学院
96	拾光	孙瑞雪	鲁迅美术学院
97	荷颜悦色	孙甜甜	青岛大学美术学院
98	up	孙甜甜	青岛大学美术学院
99	苗瑞	孙伟红	北京服装学院
100	朦	陶李玮	北京服装学院
101	炼	田维维	青岛大学美术学院
102	田之椿	田哲琪	四川美术学院
103	随变	万一南	青岛大学
104	交相辉映	汪怡君	东华大学
105	起·伏	王晨	武汉纺织大学艺术与设计学院
106	自然主义	王晶晶	浙江理工大学科技与艺术学院
107	若即	王李婷	浙江理工大学科技与艺术学院
108	希	王妮	湖北美术学院
109	童忆	王绍华	青岛大学
110	空	王首逾	济南大学美术学院
111	花语鸟聆	王澍宸	江南大学
112	异想世界	王秀云	山东工艺美术学院
113	拟态	王亚茜	天津美术学院
114	游园惊梦	王怡欢	浙江理工大学科技与艺术学院
115	仲夏	王长龙	青岛大学美术学院
116	新古典	温妮	鲁迅美术学院

续表

序号	作品名称	姓名	所在单位
117	ORIGINAL	吴从红	浙江科技学院
118	方圆几里	吴佳璐	鲁迅美术学院
119	丝楼梦	吴类泽	浙江理工大学科技与艺术学院
120	象由心生	吴敏君	北京服装学院
121	一花一世界	吴敏君	北京服装学院
122	tradition and bird	吴秀珉	蔚山大学
123	蝶韵牡丹	吴羽珊	武汉纺织大学艺术与设计学院
124	牵丝	吴桢芊	东华大学
125	塞克林	吴祉昱	浙江理工大学科技与艺术学院
126	一线	谢珠宏	广东职业技术学院
127	谧	熊枫	湖北美术学院
128	绿意童趣	熊乔西	北京服装学院
129	向往	徐刚	江苏工程职业技术学院
130	顾兔才满	徐玉婷	湖北美术学院
131	一千零一夜	许丽敏	华南农业大学
132	沃土	许颖	江苏工程职业技术学院
133	影生	严寄予	北京服装学院
134	山丘	颜海妮	华南农业大学
135	游	颜海妮	华南农业大学
136	冰沁	杨黄静	华南农业大学
137	跳跃的小丑	杨婧娴	浙江科技学院
138	时间流	杨岚	绍兴文理学院
139	鲸生	杨靓靓	深圳第二高级技工学校
140	海中的小鲸鱼	杨新玉　沈光朋	天津工业大学纺织学院
141	威廉斯塔德	杨子瑶	北京服装学院
142	往城	叶敏	华南农业大学
143	雀婉	衣冠超	青岛大学
144	望春	于雯霞	青岛大学

续表

序号	作品名称	姓名	所在单位
145	图·腾	于旭敏	四川美术学院
146	霁夜风荷	俞若晨	东华大学
147	放飞的希望	俞婷	青岛大学美术学院
148	海上钢琴师	俞晓倩	北京服装学院
149	PERFORMER 奏乐者	张海涵	鲁迅美术学院
150	动静无界	张佳	北京服装学院
151	梢上梅花	张家乐	北京服装学院
152	碎	张苗苗	青岛大学
153	天际流	张萍	鲁迅美术学院
154	水殿清影	张晓琪	华南农业大学
155	挥霍	张燕霞	北京服装学院
156	虚拟城市	张懿	北京服装学院
157	虚拟城市 1.0	张懿	北京服装学院
158	村庄	张驭驯	南通大学
159	忆上海	章明芳	浙江科技学院
160	炫青春	章婷	南通大学艺术学院
161	碰撞	赵梦宇	湖北美术学院
162	沙溪—分镜	赵辛亦文	北京服装学院
163	秘境	赵辛亦文	北京服装学院
164	踏鹤寻芳踪	赵辛亦文	北京服装学院
165	大唐遗韵	郑骞	青岛大学
166	丛林暖阳	周晓君	烟台北方家用纺织品有限公司
167	一生	周忻	北京服装学院
168	寻·年	竺晨雨	浙江理工大学科技与艺术学院

“震泽丝绸杯”2017中国丝绸家用纺织品创意设计大赛获奖名单

金奖

序号	作品名称	参赛作者	所在单位
1	江南·忆叠	程子晏	鲁迅美术学院

银奖

序号	作品名称	参赛作者	所在单位
1	鹤·语	马鑫月	鲁迅美术学院
2	雪原林海	张燕霞	北京服装学院
3	渐变	毛日朗	西安工程大学

铜奖

序号	作品名称	参赛作者	所在单位
1	庄生晓梦	纪宁	鲁迅美术学院
2	蒙德里安遇见敦煌	倪冉	江南大学
3	丝城新韵	韩萌 / 刘志丹	南京艺术学院
4	乐舞	陈果 / 施钧耀	东南大学 / 江苏工程职业技术学院
5	幻都	苗康睿	北京服装学院

最佳创意应用奖

序号	作品名称	参赛作者	所在单位
1	花丛深处	彭琪	北京服装学院
2	长安代面	李雨晗	南京艺术学院
3	大美震泽	李楠 / 刘畅	江苏工程职业技术学院
4	翠绕珠围	娄颖杰	北京服装学院
5	洁・净	吕润捷	广东职业技术学院

最佳设计题材奖

序号	作品名称	参赛作者	所在单位
1	Klimt 的钟楼	孙烁楠	鲁迅美术学院
2	门鼓	刘今	北京服装学院
3	彩色条码	杨欢	湖南女子学院
4	丝蕴	蔡景美	北京服装学院
5	枢梦	李佳玉	北京服装学院

最佳传统纹样表现奖

序号	作品名称	参赛作者	所在单位
1	旅途	潘紫荆	湖北美术学院
2	花间瓷	杨梓鹤	鲁迅美术学院
3	真・贞	郭南希	北京服装学院
4	海雅	王萍	湖南女子学院
5	百子闹喜	孙宝玉	苏州太湖雪丝绸股份有限公司

优秀奖

序号	作品名称	参赛作者	所在单位
1	性格之“牛”	阿茹	浙江理工大学
2	初	赖佳洁	绍兴文理学院

续表

序号	作品名称	参赛作者	所在单位
3	彩墨	林斯琪	苏州大学
4	青铜的后现代	廖丽莎	苏州大学
5	本草·地骨子	谭玉娟	苏州大学
6	丝·运	任梦雨	湖南工艺美术职业学院
7	淡游	孙立娟	浙江理工大学
8	秋·拾	陈舒静	浙江理工大学
9	城市印象	王天意	鲁迅美术学院
10	神奇的宝贝	罗小庭	北京服装学院
11	迂回	袁孟坤	广东职业技术学院
12	风荷	俞若晨	东华大学
13	结	王可微	江苏工程职业技术学院
14	1912 美好年代	李雨晗	南京艺术学院
15	生机	王展	南通大学
16	水果·昆虫	王展	南通大学
17	古城小镇	曹天宇	鲁迅美术学院
18	有凤来仪	朱滢	江苏工程职业技术学院
19	丹青韵	刘涛	青岛大学
20	蝶梦	董雅思	北京服装学院
21	织梦	王棕正	鲁迅美术学院
22	伎乐之乐	苏曹木兰	南京艺术学院
23	融	明洋	鲁迅美术学院
24	若窗·棂然	孙艺玮	鲁迅美术学院
25	仲夏夜之梦	周勇	北京服装学院
26	须臾	周勇	北京服装学院
27	逢青	邱阳	湖南女子学院
28	再现	钟沛均	广州美术学院
29	古街映像	高盛涛	山东轻工职业学院
30	月球丛林	高盈盈	北京服装学院

入围奖

序号	作品名称	参赛作者	所在单位
1	净	周杨	绍兴文理学院
2	五子登科	李灿坤	苏州大学
3	皮影戏	周玲	苏州大学
4	被遗忘的部落	吴小丽	苏州大学
5	烟雨江南	施艺馨	苏州大学
6	岷江滚滚入苍溟	王玉莲	苏州大学
7	CHANGE	权家莉	苏州大学
8	心有猛虎　细嗅蔷薇	胡林丹	苏州大学
9	浪瓷	胡倩芸	苏州大学
10	源	位纯洁	河南工程学院
11	秋枫	何幸尧	广东职业技术学院
12	年轮	王曼纯	广东职业技术学院
13	RESOURCEFUL	王琦	苏州大学
14	编网	谢薛茵	广东职业技术学院
15	“实在”菠萝	张小婷	广东职业技术学院
16	椰心	刘裕港	广东职业技术学院
17	海洋	陈泽绵	广东职业技术学院
18	孔雀开屏	王李勇	广东职业技术学院
19	烦恼	黄孝东	广东职业技术学院
20	居地	陈淑岭	广东职业技术学院
21	蓝、湛蓝	胡丽敏	广东职业技术学院
22	金辉图腾	张帆	广东职业技术学院
23	等待	梁子聪	广东职业技术学院
24	蔓延	王京京	苏州大学
25	如鱼得水	王京京	苏州大学
26	幽兰之韵	顾丹凤	苏州大学
27	趣味	吴晓言	苏州大学
28	华·彩	高伟娟	深圳第二高级技工学校

续表

序号	作品名称	参赛作者	所在单位
29	彩云	任钰[illegible]	苏州大学
30	撞色	周洁	苏州大学
31	摇曳之舞	许明珠	苏州大学
32	旗袍	夏培	苏州大学
33	CORAL ISLAND	杨子瑶	北京服装学院
34	悦	张文博	湖北美术学院
35	雪月	阳方强	湖北美术学院
36	读马者	杨念	重庆交通大学
37	光影迷城	王泊凡	北京服装学院
38	万物生	肖丁怡娃	湖北美术学院
39	纵横	彭琪	北京服装学院
40	时光之影	张燕霞	北京服装学院
41	纹	张燕霞	北京服装学院
42	缤纷童梦	张燕霞	北京服装学院
43	蜀锦·秀	刘莉莉	雲蘭设计
44	叶落时节	彭琪	北京服装学院
45	青云长河上，蓝山流水旁	张杰	湖北美术学院
46	Fly·dream	李艳楼	湖北美术学院
47	怀旧书香	何婉莹	北京服装学院
48	都市旋律	王笑	北京服装学院
49	丝路花语	陈胜男	鲁迅美术学院
50	星罗棋布	雷鑫	浙江理工大学
51	鸢	袁潇	鲁迅美术学院
52	寻梦山海	田瑶	浙江理工大学
53	梦江南	闫思梦	鲁迅美术学院
54	思·路	许琳	苏州大学
55	唐·悦	娄颖杰	北京服装学院
56	深·海	王雪纯	浙江理工大学

续表

序号	作品名称	参赛作者	所在单位
57	路上	周佳雨	湖北美术学院
58	No Phubbing	金雨爽	浙江理工大学
59	青花・卷草	吕程	鲁迅美术学院
60	西子湖畔	斯忆	浙江理工大学
61	形之韵	殷亚兰	湖北美术学院
62	丝韵	王谦	江苏工程职业技术学院
63	韵	熊玉杰	河南工程学院
64	旋・转	钱多	江苏工程职业技术学院
65	烟城	孙试函	鲁迅美术学院
66	远山	周菲倩	鲁迅美术学院
67	蜃楼	刘琛	江苏工程职业技术学院
68	新像	杨叶	南京艺术学院
69	丝途	戴明睿	北京服装学院
70	梦苑	张帆	北京服装学院
71	思韵	陈子璇	北京服装学院
72	回忆录 影戏	陆李	北京服装学院
73	向南	王天歌	鲁迅美术学院
74	故梦游园	何柯昕	北京服装学院
75	意庭香	庄宁	绍兴文理学院
76	追・丝	孔豫瑶	北京服装学院
77	古镇邂逅	陈子璇	北京服装学院
78	停格	陈子璇	北京服装学院
79	邂逅震泽	邱昌梦	南通大学
80	万紫千红	章婷	南通大学
81	演员	张敏	南通大学
82	新秀赋罗绮	张益博	常州纺织服装职业技术学院
83	腾云驾雾	王臻	北京服装学院
84	唐咏	陈学敏	鲁迅美术学院

续表

序号	作品名称	参赛作者	所在单位
85	侗族情	黄雅兰	清华大学美术学院
86	童趣	姚仑希	北京服装学院
87	流	冯蒙	鲁迅美术学院
88	快	郭南希	北京服装学院
89	孟菲斯与先贤祠	高雪	鲁迅美术学院
90	春深似海	张陈美慧	北京服装学院
91	开	邢信玉	北京服装学院
92	当猫咪穿越了	潘艳艳	绍兴文理学院
93	碰撞	张艳波	河南工程学院
94	守护神	张琼	河南工程学院
95	森罗	潘婉婷	苏州大学
96	向往	徐刚	江苏工程职业技术学院
97	All-Embracing	许金亮	绍兴文理学院
98	以梦为马	李雨晗	南京艺术学院
99	如似“丝”游	李秀薇	北京服装学院
100	百家衣	汪玲	安徽工商职业学院
101	丝融	苏丹	北京服装学院
102	画凉	唐杰	南通大学
103	非遗所丝	耿谦	苏州大学
104	泽影风韵	郝隽 / 沈九美	南通职业大学
105	BlackYellow	马燕	常州纺织服装职业技术学院
106	尼日利亚的舞会	慈燕霞	常州纺织服装职业技术学院
107	腾蕴	刘涛	北京服装学院
108	花暮	张函	鲁迅美术学院
109	繁华之处	刘格雨	北京服装学院
110	花叶	江瑶颖	北京服装学院
111	新·丝绸之路	孙泽佳	鲁迅美术学院
112	绿野仙踪	江瑶颖	北京服装学院

续表

序号	作品名称	参赛作者	所在单位
113	织锦记	亓艺	浙江理工大学
114	梦回还	陈胜男	鲁迅美术学院
115	肆・人间	覃倩	广州美术学院
116	丝绸之路	王治超	江苏工程职业技术学院
117	格子戏	苗康睿	北京服装学院
118	瑞兽	施元泰	南京艺术学院
119	丛林幻像	罗丹	北京服装学院
120	相蕴	王东敏	青岛大学
121	丝・运	徐云飞	苏州科技大学
122	民族原生工匠	余凯玉	凯里学院
123	系列设计之一 林云	金奕奕	清华大学美术学院
124	童话	高云翠	西安工程大学
125	卉木萋萋	田月	青岛大学
126	KIRIGAMI	郑骞	青岛大学
127	嘻哈生活	曹剖雄	江苏工程职业技术学院
128	花洒苗美	张苗苗	青岛大学
129	秋意浓	董伟欣	广州美术学院
130	雅・兰心	宋欣怡	江苏工程职业技术学院
131	梦景	尚苗苗 / 代雯	安徽工商职业学院
132	韵	董雅思	北京服装学院
133	葵	刘洋	江西师范大学
134	斑斓丝蕴	施佳惠	青岛大学
135	山色	施钧耀	江苏工程职业技术学院
136	丝绸之路・陆	陈姝漪 / 刘思余	天津美术学院
137	凉凉	谢守宜	东华大学
138	隐见・影现	刘永平	广州美术学院
139	流华	范伟鹏	华南农业大学
140	生长	王亚茜	天津美术学院

续表

序号	作品名称	参赛作者	所在单位
141	意都	宋杜娟	北京服装学院
142	格局	宋杜娟	北京服装学院
143	星空	池秀秀	嘉兴学院
144	迷	梁琪慧	湖南女子学院
145	植物幻影系列	王笑	北京服装学院
146	谱风	杜宇轩	湖南女子学院
147	看“路”看世界	刘娟	南京艺术学院
148	菱落	江南	鲁迅美术学院
149	抽象派的幻想	毛日朗	西安工程大学
150	解构	高瑀阳	鲁迅美术学院
151	彝器之痕	曾楚瑶	北京服装学院
152	彝器之痕	曾楚瑶	北京服装学院
153	丝*敦煌	杨林	成都纺织高等专科学校
154	深海游戏	张婧一	北京服装学院
155	梦境之窗	顾惠云	北京服装学院
156	藏之韵律	顾惠云	北京服装学院

2017年国民经济和社会发展统计公报

表 1　2017 年年末人口数及其构成

指　标	年末数（万人）	比重（%）
全国总人口	139008	100
其中：城镇	81347	58.52
乡村	57661	41.48
其中：男性	71137	51.2
女性	67871	48.8
其中：0~15 岁（含不满 16 周岁）	24719	17.8
16~59 岁（含不满 60 周岁）	90199	64.9
60 周岁及以上	24090	17.3
其中：65 周岁及以上	15831	11.4

表 2　2017 年居民消费价格比上年涨跌幅度

指　标	全国（%）	城市（%）	农村（%）
居民消费价格	1.6	1.7	1.3
其中：食品烟酒	-0.4	-0.2	-1.1
衣着	1.3	1.2	1.3
居住	2.6	2.5	2.7
生活用品及服务	1.1	1	1.2
交通和通信	1.1	1	1.4
教育文化和娱乐	2.4	2.4	2.3
医疗保健	6	6.8	4.2
其他用品和服务	2.4	2.5	2.4

表 3　2017 年房地产开发和销售主要指标及其增长速度

指　标	单　位	绝对数	比上年增长（%）
投资额	亿元	109799	7.0
其中：住宅	亿元	75148	9.4
其中：90 平方米及以下	亿元	22367	-9.7
房屋施工面积	万平方米	781484	3.0
其中：住宅	万平方米	536444	2.9
房屋新开工面积	万平方米	178654	7.0
其中：住宅	万平方米	128098	10.5
房屋竣工面积	万平方米	101486	-4.4
其中：住宅	万平方米	71815	-7.0
商品房销售面积	万平方米	169408	7.7
其中：住宅	万平方米	144789	5.3
本年到位资金	亿元	156053	8.2
其中：国内贷款	亿元	25242	17.3
个人按揭贷款	亿元	23906	-2.0

表 4　2017 年居民消费价格月度涨跌情况

项目	1 月	2 月	3 月	4 月	5 月	6 月	7 月	8 月	9 月	10 月	11 月	12 月
月度同比（%）	2.5	0.8	0.9	1.2	1.5	1.5	1.4	1.8	1.6	1.9	1.7	1.8
月度环比（%）	1.0	-0.2	-0.3	0.1	-0.1	-0.2	0.1	0.4	0.5	0.1	0.0	0.3

表 5　2013~2017 年国内生产总值及增长速度

项目	2013 年	2014 年	2015 年	2016 年	2017 年
数值（亿元）	588019	635910	676708	744127	827122
增幅（%）	7.7	7.3	6.9	6.7	6.9

表 6　2013~2017 年全部工业增加值及增长速度

项目	2013 年	2014 年	2015 年	2016 年	2017 年
数值（亿元）	222338	233856	236506	247860	279997
增幅（%）	7.7	7.0	6.0	6.0	6.4

表 7　2013~2017 年社会消费品零售总额及增速

项目	2013 年	2014 年	2015 年	2016 年	2017 年
数值（亿元）	242843	271896	300931	332316	266262
增幅（%）	13.25	11.96	10.68	10.43	10.21